HEIDEMARIE KOCH

ES KÜNDET DAREIOS DER KÖNIG . . .

KULTURGESCHICHTE
DER ANTIKEN WELT

BAND 55

VERLAG PHILIPP VON ZABERN · MAINZ/RHEIN

HEIDEMARIE KOCH

ES KÜNDET DAREIOS DER KÖNIG . . .

Vom Leben im persischen Großreich

PHVZ

VERLAG PHILIPP VON ZABERN · MAINZ/RHEIN

V, 309 Seiten mit 199 Abbildungen und 36 Farbtafeln

Umschlag: König Dareios auf dem Relief in Bisotun, Detail von Taf. 3

Die Deutsche Bibliothek – CIP-Einheitsaufnahme

Koch, Heidemarie:
Es kündet Dareios der König ... : vom Leben im persischen Großreich / Heidemarie Koch. – Mainz/Rhein : von Zabern, 1992
(Kulturgeschichte der antiken Welt ; Bd. 55)
ISBN 3-8053-1347-0
Sonderausgabe ISBN 3-8053-1934-7
NE: GT

ISBN 3-8053-1347-0
Sonderausgabe ISBN 3-8053-1934-7
3. Auflage 2000

Printed in Germany by Philipp von Zabern
Printed on fade resistant and archival quality paper (PH 7 neutral) · tcf

Walther Hinz

zum 85. Geburtstag

Inhaltsverzeichnis

Hinweise zur Schreibung und Aussprache

Um das Lesen des fortlaufenden Textes zu erleichtern, wurde weitgehend auf die Schreibung von Sonderzeichen verzichtet. Diese treten nur bei direkten Zitaten, die in Umschrift wiedergegeben werden, oder Titeln auf. Ansonsten wurde eine vereinfachte Umschrift gewählt, die folgendermaßen aussieht:

Sonderzeichen in der Keilschriftliteratur	Lautwert	geschrieben im Text
š	sch	sh
č	tsch	tsh
ǰ	dsch	zh
ϑ	wie engl. th in "theater"	th
δ	wie engl. th in "the"	dh
χ	ch	ch

Einleitung

In den Jahren 1933 und 1934 wurden bei Ausgrabungen in Persepolis, der Hauptstadt des persischen Großreiches, in den Befestigungsmauern einige tausend Täfelchen aus Ton gefunden, die Texte in elamischer Keilschrift tragen. Diese Täfelchen sind während der Regierungszeit Dareios' des Großen (522–486 v.Chr.) geschrieben worden und in das 13. bis 28. Regierungsjahr, also in die Jahre 509 bis 494 v.Chr. datiert. Sie stammen aus dem Verwaltungsarchiv dieses Königs und sind nur ein kleiner Teil des ursprünglichen Bestandes. Die Täfelchen wurden ungebrannt aufbewahrt; als aber Alexander der Große im Jahre 330 v.Chr. nach Eroberung des Perserreiches die Palastanlagen in Persepolis anzünden ließ, wurde durch das große Feuer ein Teil der Täfelchen zufällig gebrannt und ist deshalb für uns erhalten geblieben, während eine nicht absehbare Anzahl für immer verloren ist. Die vorhandenen Täfelchen betreffen das Kernland des Achämenidenreichs, nämlich die Persis, die heutige Provinz Fārs, und die Elymais, also das Gebiet, das vom Hochland der Persis in die wasserreichen Niederungen Elams mit seiner Hauptstadt Susa hinüberleitet.

Bei den Texten handelt es sich in der Regel um nur kurze Verwaltungsnotizen; so steht z.B. auf einem Täfelchen: "1200 Liter Gerste wurden geerntet, Verfügung des Dushharta, Vahauka erhielt sie. 18. Jahr, Ort Krthvish", oder: "Einen Krug Bier erhielt der Rechnungsführer Tahmāspa. 22. Jahr". Mitunter sind aber auch die Ausgaben mehrerer Monate oder sogar eines ganzen Jahres in großen Endabrechnungen zusammengefaßt. Dabei werden viele verschiedene Beamte genannt, dazu die Orte, in denen sie tätig waren, und Arbeiter treten auf, für die sie sorgen mußten. Die Arbeiter haben viele verschiedene Aufgaben zu erfüllen und werden auch dementsprechend entlohnt. Fügt man alle diese einzelnen Informationen wie kleine Mosaiksteine aneinander, so erhält man ein lebendiges Bild vom Leben im damaligen persischen Reich.

Der Fund dieser Täfelchen ist um so bedeutender, da man bisher nur auf Nachrichten angewiesen war, die uns von Nicht–Persern überliefert worden sind, wobei namentlich die griechischen Schriftsteller und Geschichtsschreiber zu nennen sind, allen voran Herodot (485–425 v.Chr.) mit seinem großen Geschichtswerk, den "Historien".

Bei den Täfelchen haben wir es zum ersten Mal mit einer Fülle von Originalquellen zu tun, und zwar mit ganz sachlichen Verwaltungsvermerken, von denen man nicht befürchten muß, daß sie, beispielsweise aus politischen Gründen, verfälscht sind. Über viele verschiedene Fragen vermögen sie Auskunft zu geben, also nicht nur über die Verwaltung als solche, sondern auch über die Umwelt der Bevölkerung, ihr tägliches Leben, die Löhne und soziale Maßnahmen, die Stellung der Frauen, die Religion und kultische Bräuche und auch über die Geographie und die Wirtschaft. Dabei ist man immer wieder erstaunt, wie wohlorganisiert, aber auch wie "modern" in vielerlei Hinsicht das damalige persische Reich war.

Es soll daher im vorliegenden Band versucht werden, auf der Grundlage dieses bisher nicht ausgewerteten Materials und unter Zuhilfenahme der anderen sonst bekannten Quellen, vor allem aber auch unter Berücksichtigung der bedeutenden archäologischen Funde, das Leben im persischen Großreich anschaulich werden zu lassen, und zwar besonders in den Jahren um 500 v.Chr., aber auch mit Ausblicken auf die darauffolgenden fast 200 Jahre bis zum Ende des Achämenidenreichs.

I. Historischer Überblick

Woher die Perser eigentlich gekommen sind, ist bis heute nicht geklärt[1]. Sie waren indo-europäische Reiternomaden, die vom Norden her, am Kaspischen Meer entlang, nach Süden vorstießen. Die erste Erwähnung in der Geschichte stammt vom Assyrerkönig Salmanassar III. aus dem Jahre 843 v.Chr. Er berichtet in seinen Annalen von einem bis dahin unbekannten Volk, das sich "Pārsa" nannte und am Westufer des Urmia–Sees im heutigen Nordwestiran in der Landschaft Aserbeidschān lebte. Pārsa ist die altpersische Bezeichnung sowohl für die Angehörigen des Volkes, also die Perser, wie auch später für ihr Land und sogar für dessen Hauptstadt, die uns unter dem von den Griechen überlieferten Namen Persepolis, "Stadt der Perser", bekannt ist. Der Name Pārsa lebt auch in der heutigen Bezeichnung der Provinz Fārs weiter.

In dem Gebiet am Urmia–See scheinen die Perser kein leichtes Leben gehabt zu haben. Von allen Seiten wurden sie bedrängt. Im Nordwesten saßen die Urartäer, im Osten und Süden die Meder, ein den Persern verwandtes Volk, das wohl schon früher aus dem Norden eingewandert war. Deren Hauptstadt war Ekbatana, das heutige Hamadān (auf *Abb. 1–3*). Am schlimmsten war der Druck aber aus dem Südwesten von den Assyrern. Diese machten sich alle angrenzenden Völker botmäßig. Um diesem Drucke auszuweichen, drangen die Perser langsam weiter vor in Richtung Süden auf *Abb. 1*
das alte Königreich Elam mit seiner Hauptstadt Susa zu. Dieses erstreckte sich in den wasserreichen Niederungen des Karun-Flusses, aber auch noch viel weiter nach Osten ins gebirgige Hochland, wo sich das zweite bedeutende Zentrum der Elamer befand, die Stadt Anzan (heute Tall-e Malyān, etwa 50 km westlich von Persepolis; s. auf *Abb. 1*). Die elamischen Könige führten daher auch den Titel "König von Susa und Anzan". Das elamische Reich war über die Jahrtausende hin der große Konkurrent der Bewohner des Zweistromlandes gewesen, ganz gleich, ob es sich nun um Sumerer,

[1]Einen guten Überblick über den Forschungsstand bietet M.A. Dandamaev in Dandamaev – Lukonin 1 ff.

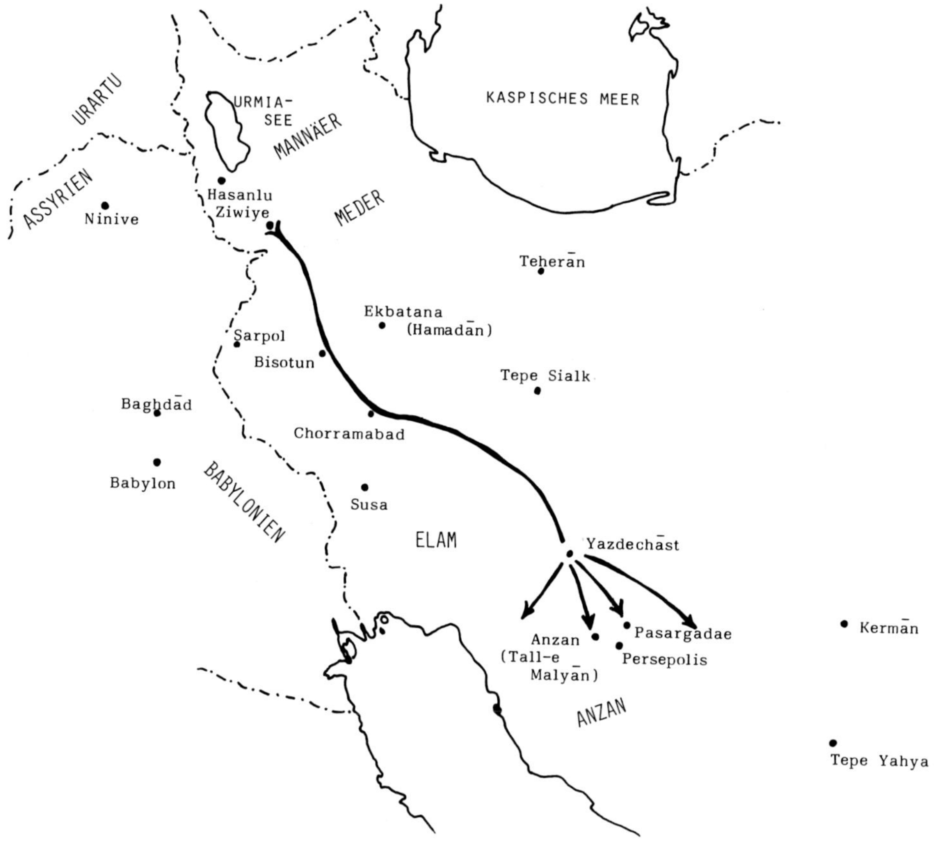

Abb. 1 Der Zug der Perser nach Süden

Akkader, Assyrer oder Babylonier handelte. Insbesondere die akkadischen Königsannalen berichten immer wieder von kriegerischen Auseinandersetzungen mit den Elamern.

Wie die übrigen Völker hatten auch die Elamer im 8. Jh. v.Chr. unter der Übermacht der Assyrer zu leiden. Als der Assyrerkönig Sargon II. im Jahre 705 fiel und ihm sein Sohn Sanherib auf dem Thron folgte, hielten die Elamer den Zeitpunkt für günstig, einen Gegenangriff zu wagen. Sie schlossen sich mit den Babyloniern zusammen, um gegen den noch schwachen, jungen König vorzugehen. Bei ihrem Vormarsch in assyrisches Gebiet müssen sie auch mit den Persern in Kontakt gekommen sein. Vermutlich vereinbarten der elamische König Shutruk-Nahhunte und der Anführer der Perser, Achämenes, mit vereinten Kräften den Feind anzugreifen. Wie der

Assyrerkönig Sanherib selbst berichtet, kämpften im Jahre 691 v.Chr. die Elamer gemeinsam mit persischen Truppen gegen ihn. Es hat den Anschein, daß der Elamerkönig als Dank für die Waffenhilfe den Persern zugestand, in seinem Reichsgebiet zu siedeln[2]. Jedenfalls zeigen in Susa gefundene Verwaltungsnotizen, daß die Perser bereits um das Jahr 685 v.Chr. überall im Lande ihre Lehenssitze hatten[3]. Damit waren sie in dem Gebiet angelangt, das für alle weiteren Zeiten ihre Heimat werden sollte und von dem aus sie ein Großreich errichteten.

Als um das Jahr 555 v.Chr. der Perserkönig Kyros, der späterhin den Beinamen "der Große" erhielt, die medische Festung Pāthragadā, durch die griechischen Autoren als Pasargadae bekannt, eroberte und damit der Herrschaft der Meder ein Ende bereitete, war der Grundstein für dieses Großreich gelegt. Mit dem Sieg über den Lyderkönig Kroisos im Jahre 545 v.Chr. konnte er weite Gebiete Kleinasiens seinem Reiche hinzufügen. Bekannt geworden ist dieses Zusammentreffen des lydischen Königs Kroisos mit dem Perserkönig Kyros durch den berühmten Spruch des delphischen Orakels, an das sich Kroisos um Rat gewandt hatte. Die Apollonpriesterin Pythia hatte ihn wissen lassen: "Wenn du gegen die Perser ziehst, wirst du ein großes Reich zerstören" (Herodot I 53). Siegesgewiß war Kroisos daraufhin aufgebrochen und hatte nicht bedacht, daß damit sein eigenes Reich gemeint sein könne, dem am Flusse Halys ein Ende bereitet werden sollte.

Im Jahre 539 v.Chr. fiel Babylon. Damit hatte Kyros die wichtigsten benachbarten Reiche in seiner Hand. Nun galt es noch, den Nordosten abzusichern. So machte sich Kyros im Jahre 530 v.Chr. auf, um gegen die Saken (Skythen) zu ziehen. Weit drang er in ihr Gebiet vor und überquerte den Fluß Jaxartes, den heutigen Amū-Daryā. Bei der entscheidenden Schlacht wurde nicht nur der Sohn der Königin der Skythen getötet, sondern auch Kyros selbst erlitt eine schwere Verwundung, der er drei Tage später erlag.

Ihm folgte sein älterer Sohn Kambyses auf dem Thron. Dem jüngeren Sohn Brdya (griech. Smerdis) wurden die östlichen Satrapien, Parthien, Chorasmien, Karmanien und Baktrien, unterstellt[4]. Schon Kyros hatte einen Feldzug gegen Ägypten geplant, und diesen führte nun Kambyses aus. Bevor er sich indessen auf den Weg machte, ließ er in aller Heimlichkeit seinen jüngeren Bruder Brdya ermorden, da er befürchtete, daß dieser während

[2] s.a. Hinz I 49; dort findet sich auch eine anschauliche und ausführliche Schilderung der historischen Ereignisse, die hier nur gerafft wiedergegeben werden können.

[3] W. Hinz, in: Transition Periods in Iranian History. Actes du Symposium de Fribourg-en-Brisgau (22–24 Mai 1985) (Studia Iranica. Cahier 5, 1987) 125 ff.

[4] Photios § 8, F. W. König, Die Persika des Ktesias von Knidos (AfO Beih. 18,1972) 5.

seiner Abwesenheit die Herrschaft an sich bringen könnte. Der Feldzug nach Ägypten verlief erfolgreich, die Perser drangen bis in den nördlichen Sudan vor, und damit konnten auch diese Gebiete, Ägypten einschließlich Nubiens, dem persischen Großreich eingegliedert werden. Doch nutzte währenddessen ein Magier, also ein medischer Priester, mit Namen Gaumāta die lange Abwesenheit des Königs Kambyses und ernannte sich selbst zum König in Persien. Er gab vor, der jüngere Bruder des Königs, Brdya, zu sein, den dieser ja heimlich hatte umbringen lassen. Diese beunruhigenden Nachrichten erhielt Kambyses, als er sich bereits auf dem Heimweg befand. Doch sollte er nie mehr die Heimat erreichen, da er unterwegs starb.

Damit war der große Augenblick für Dareios, einen Neffen des Kambyses, gekommen. Er hatte diesen als sein Lanzenträger auf dem Ägyptenfeldzug begleitet. Als er nun sah, daß kein männliches Mitglied aus der Familie des großen Kyros mehr am Leben war, beschloß er, selbst nach der Macht zu greifen. Dazu mußte er aber erst den Magier Gaumāta überwinden, der in Persien währenddessen als König herrschte und der sehr viel Zulauf aus der Bevölkerung erhalten hatte. Auch die anderen Länder des Reiches erkannten ihn gern als ihren Oberherrn an, da er als erstes die Steuern für drei Jahre ausgesetzt und die Heeresdienstpflicht aufgehoben hatte. Der Magier Gaumāta hatte seinen Aufstand von der östlich an die Persis anschließenden Provinz Kermān aus begonnen[5]. Diese Provinz gehörte zu den östlichen Satrapien, die Kyros unter die Obhut seines jüngeren Sohnes Brdya gestellt hatte. Und eben als diesen gab sich Gaumāta ja aus. Die Provinz Kermān lag nicht nur sehr günstig, da sie unmittelbar an die persischen Kernlande anschloß, sondern sie war überdies sehr reich. In ihr befanden sich beispielsweise bedeutende Goldvorkommen im Fluß Hyktanis[6] und Silberminen[7]. Von hier aus versuchte Gaumāta als nächstes, die Hauptstadt des persischen Reiches, die von Kyros d.Gr. geschaffene Residenz Pasargadae, in den Griff zu bekommen. Bezeichnenderweise begab er sich aber nicht direkt dorthin. Vielleicht hatte er doch Befürchtungen, daß es bei Hofe zu viele Leute geben könnte, die auf Anhieb feststellen würden, daß er gar nicht der richtige Brdya war. So verschanzte er sich in einer Festung in der Nähe von Pasargadae, der sog. "Kiesburg" (altpersisch Sikayuvatīsh). Und dort hat ihn dann auch Dareios zusammen mit sechs Helfern am 29. September 522 v.Chr. überwältigt und getötet.

[5]Dieses konnte erst jetzt festgestellt werden, s. ausführlich H. Koch, Achämenidenstudien (im Druck).

[6]Strabo XV 2.14 cap. 726.

[7]R.J. Forbes, Metallurgy in Antiquity (1950) 150. 189.

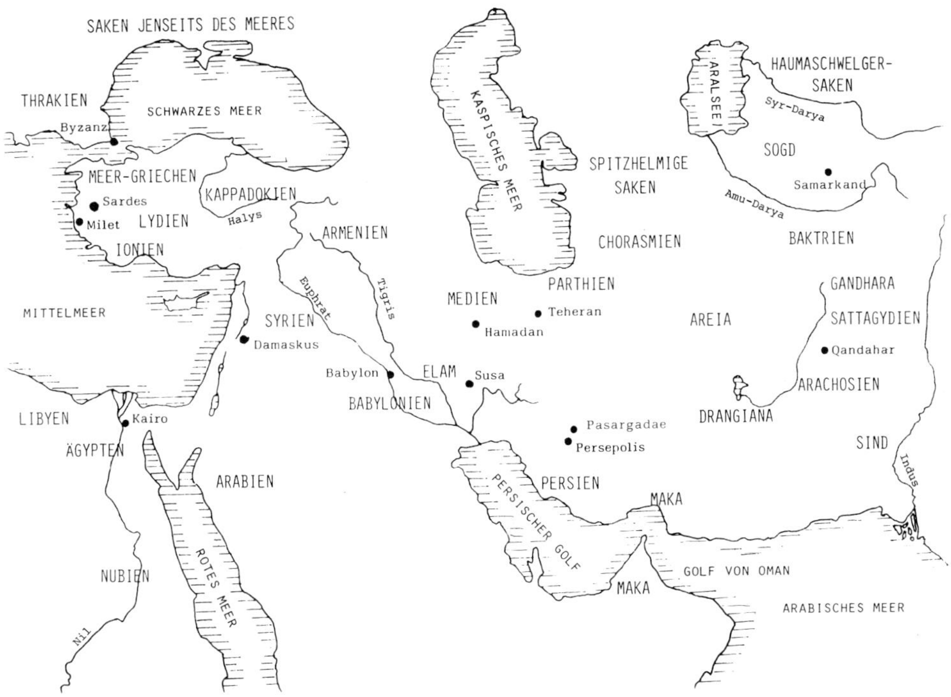

Abb. 2 Das persische Großreich und seine Völker

Doch damit war er bei weitem noch nicht am Ziel angekommen. Die Nachricht von der Ermordung des angeblichen persischen Königs verbreitete sich mit Windeseile im ganzen Reich, und überall brachen Aufstände aus. Ein ganzes Jahr lang hatte Dareios mit seinen Getreuen zu tun, ehe er die Herrschaft tatsächlich in den Händen hatte. Während dieser Zeit mußten 19 Schlachten geschlagen werden, und er überwand neun Aufständische, die von ihm selbst als "Lügenkönige" bezeichnet wurden. Am 28. Dezember 521 v.Chr. war die letzte der im Zusammenhang mit den Thronwirren hervorgerufenen Schlachten siegreich geschlagen[8]. Damit war Dareios König des riesigen persischen Reiches. *Abb. 2*

[8]Ausführlich zu diesen Ereignissen s. Hinz I 145 ff.; R. Borger, Die Chronologie des Darius-Denkmals am Behistun-Felsen (Nachr. d. Akad. d. Wiss. in Göttingen I. phil.-hist. Klasse 1982, Nr. 3); ergänzend, insbesondere zur Lage einzelner Orte, H. Koch, Achämenidenstudien (im Druck).

II. Die Quellen

Über die Zeit der Achämeniden berichten drei Gruppen von schriftlichen Quellen, die allerdings in ihrem Umfang, in ihren Schwerpunkten und in ihrer Aussagekraft sehr unterschiedlich sind. Vor allem handelt es sich um:

1. Inschriften der persischen Könige,
2. mehr oder weniger ausführliche Äußerungen bei griechischen und dann auch lateinischen Schriftstellern,
3. die sehr große Anzahl an Tontäfelchen mit meist recht kurzen Inschriften, darunter insbesondere die Verwaltungstäfelchen aus Persepolis in elamischer Sprache.

Die erste Gruppe an Quellen hat als zeitgenössische Dokumentation für die Geschichte ganz besondere Bedeutung, doch ist ihr Umfang leider stark begrenzt. Bei der zweiten Gruppe gibt es vielerlei Hinweise sowohl in historischer wie auch in kulturhistorischer Sicht, wobei allerdings die jeweiligen Beziehungen zwischen den westlichen und östlichen Völkern eine besondere Rolle spielen, die die Berichte mitunter recht parteiisch werden lassen. Bei der dritten Gruppe, die erst in den letzten Jahren teilweise zugänglich gemacht und bisher nur in Ansätzen erschlossen ist, handelt es sich zwar nur um spröde Verwaltungsabrechnungen, doch bringen die Täfelchen, wenn man sie systematisch auswertet, reiche Informationen über viele Aspekte des Lebens im Achämenidenreich.

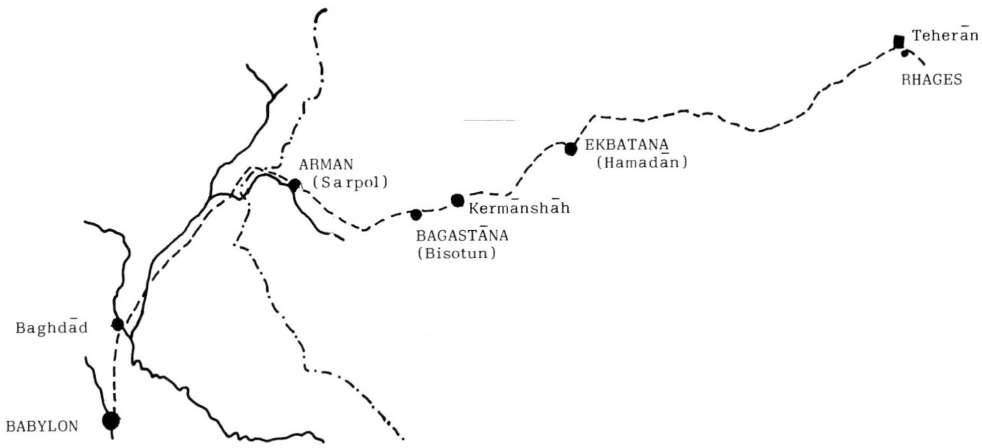

Abb. 3 Die Straße von Medien nach Babylonien

1. Die achämenidischen Königsinschriften

a) Das Monument von Bisotun und die Entzifferung der Keilschrift

Nachdem Dareios die Königsherrschaft errungen und durch 19 Schlachten in fast allen Teilen des Reiches gefestigt hatte, beschloß er, nun auch programmatisch allen seinen Untertanen seine Herrschaft kundzutun. Ein großes Relief sollte seine Taten verherrlichen. Hierfür wählte er eine hervorgehobene Stelle an der uralten Heeresstraße, die von Medien nach Babylonien führt. *Abb. 3*

Auf ihr muß es immer einen lebhaften Verkehr in beide Richtungen gegeben haben, und an dieser Straße fand sich schon eine ganze Reihe anderer, teilweise sehr viel älterer Reliefs. Eines von ihnen hatte Anubanini, König der Lulubi, um das Jahr 2000 v. Chr. dort anbringen lassen. Dargestellt ist *Abb. 4* Anubanini mit seinem Bogen in der Linken und einer Streitaxt in der Rechten. Am Boden liegt ein bezwungener Gegner, dem der König seinen linken Fuß auf die Brust setzt. Ihm gegenüber tritt die Göttin Ishtar, die Anubanini den Ring der Herrschaft überreicht. An einem Strick zieht sie hinter sich her zwei an den Händen gefesselte Gefangene, während sieben weitere unter den Füßen des Königs folgen. Diese Übereinstimmung, daß Anubanini neun Gegner besiegt hatte, mag König Dareios wie ein Omen erschienen

Abb. 4 Das Relief des Königs Anubanini bei Sarpol

sein, hatte doch auch er insgesamt neun "Lügenkönige" überwunden. Mit dem Relief des Anubanini als Vorbild vor Augen, ließ Dareios an eben dieser Straße in der Nähe von Kermānshāh sein eigenes Siegesrelief am Felsen an-
Taf. 1.2 bringen. Die Stelle hieß ursprünglich Bagastāna, "Ort der Götter", woraus
Abb. 5 dann mittelpersisch Behistān und neupersisch Bisotun wurde. Die Bezeichnung Bisotun hat sich im Volksmund herausgebildet und bedeutet "ohne Säulen".

Taf. 2 Das von Dareios in Auftrag gegebene Relief ist mit seinen etwa 3 x 5,5 m wesentlich aufwendiger als das von Anubanini. Auf der linken Seite, durch die Größe hervorgehoben, hat Dareios sich selbst darstellen lassen. Hinter ihm stehen sein Bogenträger Vindafarnah und sein Lanzenträger Gaubarva, die ihm beide auch bei der Überwindung des Magiers Gaumāta geholfen

Abb. 5 Das Relief des Königs Dareios in Bisotun

hatten. Wie Anubanini hält auch Dareios einen Bogen in seiner Linken und *Taf. 3*
setzt seinen linken Fuß auf die Brust eines vor ihm am Boden liegenden *Abb. 6*
Gegners, der die Hände flehentlich zu ihm emporstreckt. Dieses ist der Magier Gaumāta. Hinter ihm folgen in einer Reihe acht weitere Gefangene, die durch einen Strick um ihren Nacken aneinandergebunden sind. Ihre Hände sind jeweils auf dem Rücken gefesselt. Über ihnen schwebt das Symbol des Gottes Ahuramazdā, der Dareios den Ring der Herrschaft überreichen will. Zu ihm hat Dareios seine Rechte betend erhoben.

Abb. 6 König Dareios und seine Waffenträger, Detail von Abb. 5

Abb. 7 Das Relief von Bisotun, 1. Phase

Zuerst war von Dareios nur dieses Relief geplant mit einer kurzen Inschrift über seinem Kopf. Sie lautet: *Abb. 7*

> "Ich bin Dareios der König, Sohn des Hystaspes, ein Achämenide, König der Könige. Ich bin gegenwärtig König in Persien.
> Es kündet Dareios der König: Mein Vater ist Hystaspes, des Hystaspes Vater ist Arsames, des Arsames Vater war Ariaramnes, des Ariaramnes Vater war Teispes, des Teispes Vater war Achämenes.
> Es kündet Dareios der König: Deswegen nennen wir unser Geschlecht das achämenidische. Seit alters sind wir adlig, seit alters ist unser Geschlecht königlich.
> Es kündet Dareios der König: Acht Könige unseres Geschlechtes haben vordem die Königsherrschaft ergriffen. Ich übe als neunter die Königsherrschaft aus. In zwei Linien sind wir Könige".[9]

In dieser Inschrift gibt Dareios also nur seine Legitimation; er betont, daß er rechtmäßiger König in Persien ist und führt seine Vorfahren bis auf Achämenes, den Stammvater des Achämenidengeschlechtes, zurück. Es ist jener Achämenes, der die Perser vom Urmia-See in das Gebiet von Anzan

[9] In der Übersetzung sind die griechischen Namenswiedergaben gewählt worden, da sie bei uns bekannter sind als die altpersischen.

geführt hatte. Der letzte Satz "in zwei Linien sind wir Könige" spielt darauf an, daß er nicht unmittelbarer Nachkomme des großen Kyros ist, sondern als sein Neffe aus einer anderen Linie des Achämenidenhauses stammt. Diese Inschrift ist mit Keilschriftzeichen in elamischer Sprache geschrieben. Das verwundert. Warum hat König Dareios nicht persisch geschrieben? Ganz einfach, es gab zu diesem Zeitpunkt noch keine persische Schrift! Dieses geht sehr deutlich aus der weiteren Geschichte des Monumentes in Bisotun hervor[10].

Noch während die Arbeiten an dem Relief im Gange waren, entschloß sich König Dareios zu einer umfassenderen Ausgestaltung. Er befürchtete wohl, daß sich schon sehr bald niemand mehr werde an all die Geschehnisse erinnern können, die mit diesem Relief und seinem Weg zur Macht zusammenhingen. Deshalb wollte er einen ausführlichen Bericht hinzufügen. Auch dieser wurde in Elamisch abgefaßt und auf der rechten Seite des Reliefs angebracht. Außerdem erhielten die überwundenen Lügenkönige Beischriften
Abb. 8 mit ihren Namen, ebenfalls in Elamisch. Doch auch die Babylonier gehörten zu seinem Reich, und so ließ er die Fläche links von dem Relief auf einem etwas vorspringenden Felsteil glätten und dort eine babylonische Fassung der Inschrift anbringen. Desgleichen erhielten die dargestellten Personen eine
Abb. 9 weitere Beschriftung. Doch noch immer war der König nicht zufrieden. Es war doch ein unhaltbarer Zustand, daß die Herren eines Weltreiches nicht eine eigene Schrift besaßen, sondern sich nur der Keilzeichen der von ihnen unterworfenen Völker bedienen konnten. Deshalb gab er seinen Sekretären den Auftrag, möglichst schnell eine persische Schrift zu erfinden. Diese Sekretäre waren Elamer, Babylonier und Aramäer, ihre Sprachen entstammten also ganz anderen Sprachfamilien als das Persische. Babylonier und Aramäer gehören zur semitischen Sprachgruppe, für das Elamische haben sich bisher überhaupt keine Verbindungen zu irgendeiner anderen Sprache feststellen lassen, das Altpersische aber ist eine indo-europäische Sprache. Für sie schufen die Sekretäre 37 neue Keilzeichen, eine Mischung aus alphabetischer und Silbenschrift, die sie einfach aus Teilen der ihnen bekannten Schriften zusammensetzten. Daher lassen sich Inkonsequenzen in der neuen Schrift nachweisen, die auf die sprachlichen Eigenheiten der sie entwerfenden Sekretäre zurückzuführen sind.

[10] Erstmals herausgearbeitet wurde die Abfolge der einzelnen Phasen aus archäologischer Sicht von H. Luschey und L. Trümpelmann; zusammen mit dem epigraphischen Befund: W. Hinz, AMI 1, 1968, 95 ff.; ders., Neue Wege im Altpersischen (1973) 15 ff.; ders., Darius I 25 ff.

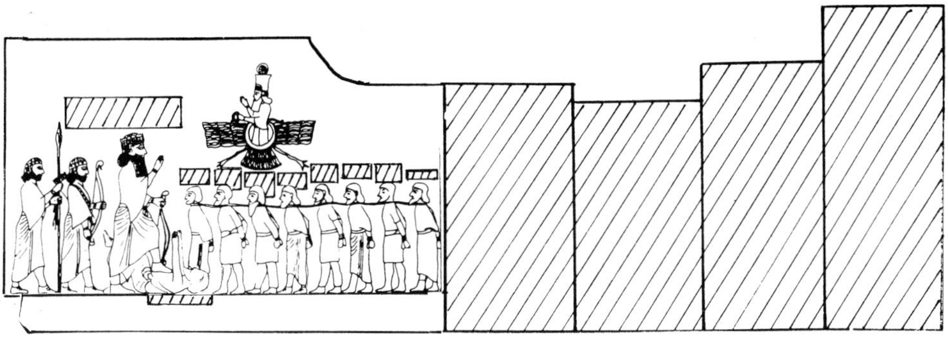

Abb. 8 Das Relief von Bisotun, 2. Phase

Abb. 9 Das Relief von Bisotun, 3. Phase

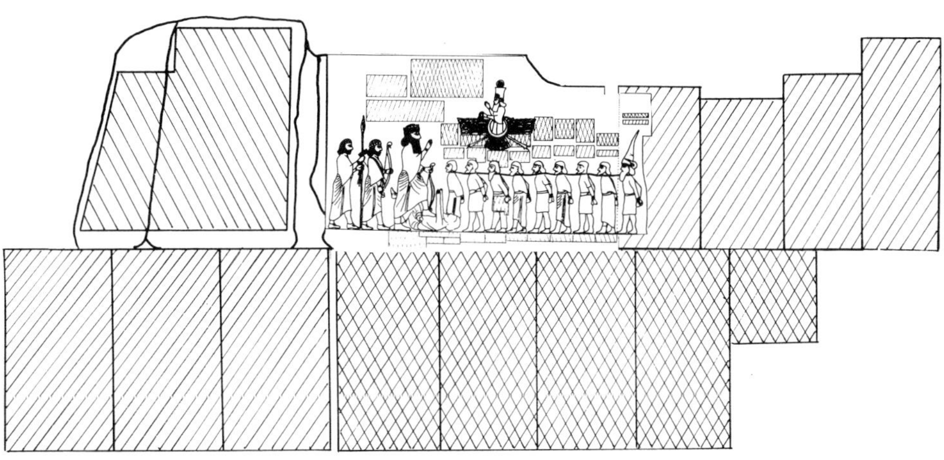

Abb. 10 Das Relief von Bisotun, letzte Phase

Der große Tatenbericht des Dareios sollte nun auch in der neu erfundenen altpersischen Schrift und damit endlich in persischer Sprache dem Monument in Bisotun hinzugefügt werden. Doch dort war kein Platz mehr. So befahl Dareios, die Fläche unter dem Relief zu glätten und die persi-
Abb. 10 sche Inschrift dort anzubringen. Diese Fläche hatte der verantwortliche Steinmetzmeister indessen vorher mit Bedacht gemieden, denn auf ihr liefen beachtliche Wasseradern durch das Gestein. Unter diesen hat dann auch
Taf. 2 die Inschrift bis zum heutigen Tage erheblich gelitten. Doch nun blieb kein anderer Platz.

Dareios selbst sagt in seiner Inschrift, daß er eine neue Schrift geschaffen hat (DB § 70); und daß das Persische tatsächlich erst als letzte der drei Sprachfassungen angebracht worden ist, kann man auch an den Beschriftungen der Figuren des Reliefs sehen. Denn dort wurde nach und nach der Platz mitunter recht eng. Am deutlichsten wird dieses beim vierten der Lügenkönige, Phraortes (altpersisch Chshathrita). Er trägt seine altpersi-
Abb. 5.10 sche Beschriftung nämlich auf dem Gewand unterhalb des Gürtels und, ein wenig darüber hinauslaufend, auf dem Reliefgrund rechts des Körpers, da sonst kein Platz geblieben war.

Noch während die Steinmetzen eifrig all die neuen Keilschriftzeichen in den Felsen meißelten, kam es bei den Elamern und den entfernt wohnenden Skythen, die die Perser Sakā nannten, erneut zu Aufständen. Großkönig Dareios zog mit seinem Heer in das Gebiet östlich des Kaspischen Meeres und besiegte dort im Jahre 519 v.Chr. den Skythenkönig Skuncha. Dieses Ereignis wurde gleich noch der Inschrift hinzugefügt. Wegen ihrer eigenartigen Kopfbedeckung waren diese Skythen als die "spitzmützigen" bekannt. Und König Dareios wollte gern auch das ausgefallene Bild ihres Königs auf seinem Relief verewigen. Doch dort war kein Platz mehr. So befahl er kurz entschlossen, die elamische Fassung auszuradieren und statt dessen unten
Abb. 5.10 links neben die neue persische Inschrift zu setzen. Somit konnte Skuncha den anderen Lügenkönigen angeschlossen werden.

Auf diese Weise ist ein Monument entstanden, das nicht nur historisch von höchster Bedeutung ist, da es die Ereignisse nach der Regierungsübernahme durch Dareios genau erzählt, sondern an dem man auch die Entstehung der altpersischen Keilschrift nachvollziehen kann.

Obwohl sich das Relief an einer häufig benutzten, wichtigen Straße befand, waren es dennoch im Verhältnis recht wenige Leute, die es dort an Ort und Stelle sehen konnten. Doch sollten alle Bewohner des großen persischen Weltreichs erfahren, was ihr König geleistet hatte. Deshalb ließ Dareios Abschriften des Berichtes anfertigen, die in alle Länder geschickt

Abb. 11 G. F. Grotefend, der Entzifferer der altpersischen Keilschrift

und dort der Bevölkerung vorgelesen wurden. Eine Kopie des Textes ist beispielsweise in der jüdischen Militärkolonie auf der Nilinsel Elephantine in Ägypten gefunden worden. Außerdem hat man nicht nur die Inschriften, sondern auch das Relief kopiert. Reste einer solchen Kopie sind in Babylon zutage gekommen[11].

Da die altpersische Schrift künstlich entworfen worden ist, war es eher möglich, sie zu entziffern. So ist es im Jahre 1802 einem Lehrer in Göttingen, Georg Friedrich Grotefend, gelungen, die ersten Zeichen der persischen Schrift zu lesen. Er war mit seinem Freund, einem Sekretär der Königlichen Bibliothek, eine Wette eingegangen, daß es möglich sei, eine Schrift zu entziffern, von der man weder die Schriftzeichen noch überhaupt die Sprache kenne. Als Ausgangspunkt nahm er eine sehr kurze Inschrift vom Palast in Persepolis. Die persische Keilschrift ist die einzige, die die einzelnen Wörter durch Worttrenner kennzeichnet. Es sind dieses diagonale Keile, wie sie beispielsweise in der Mitte und am Ende der ersten Zeile der von Grotefend gewählten Inschrift zu sehen sind. Als Grotefend die Inschrift nun genauer betrachtete, fiel ihm auf, daß eine bestimmte Zeichenfolge häufiger vorkam. Auf der Zeichnung sind diese Wörter in der ersten, zweiten und dritten Zeile

Abb. 11
Abb. 12

[11] U. Seidl, AMI 9, 1976, 125 ff.

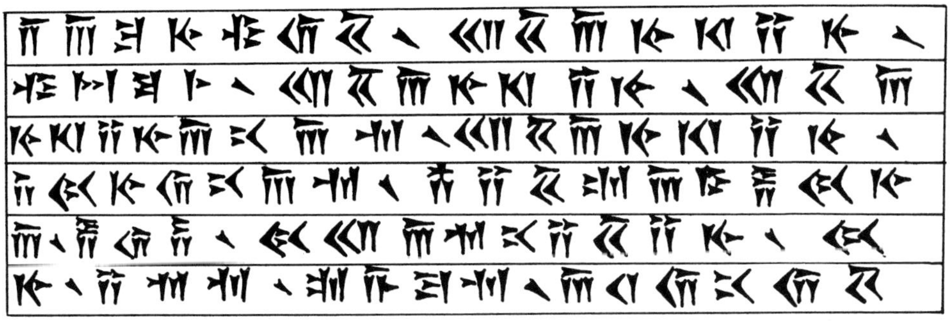

Abb. 12 Inschrift vom Palast des Königs Dareios in Persepolis

jeweils nach dem ersten Worttrenner zu sehen. Das Wort am Ende der zweiten Zeile, das dann in der dritten weiterläuft, ist dasselbe, hat aber am Ende vier Zeichen mehr. Welches Wort mag in einer Inschrift so häufig wiederholt werden? Grotefend entschied, daß es nur das Wort für "König" sein könne. Es steht dort also dreimal "König" und unmittelbar dahinter nochmal dasselbe Wort mit längerer Endung. Was konnte das anderes sein als der bekannte persische Königstitel "König der Könige", der über die Jahrhunderte hinweg von den persischen Regenten benutzt wurde? Überlegt man dann weiter, so konnte das erste Wort eigentlich nur den Namen des Königs wiedergeben. Die Namen der persischen Könige sind durch antike Quellen überliefert, insbesondere von Griechen und Aramäern. So gelang es Grotefend, der altpersischen Form des Namens des Königs Dareios recht nahe zu kommen. Sie lautet Darayavahush, "der das Gute hält". Damit waren die ersten Keilschriftzeichen entziffert. Die Übersetzung der gesamten Inschrift heißt:

> "Dareios, der große König, König der Könige, König der Länder, des Hystaspes Sohn, der Achämenide, welcher diesen Palast machte".

Die von Grotefend ausgewählte Inschrift stammte also vom Palast Dareios des Großen.

b) Die weiteren Inschriften

Wie er es in Bisotun begonnen hatte, so ließ Dareios auch seine späteren Inschriften, die vor allem in Susa, Persepolis und an seinem Grab in Naqsh-e Rostam nördlich von Persepolis zu finden sind, alle dreisprachig abfassen, nun allerdings stets die altpersische Fassung an erster Stelle. Somit war es möglich, ausgehend von dem Altpersischen, auch die anderen Keilschriften zu entziffern.

Besonders reich sind die Inschriften-Funde aus Persepolis[12]. In die große Terrassenmauer und an die Gebäude haben König Dareios und nach ihm die weiteren Achämenidenkönige ihre Inschriften setzen lassen. Außerdem sind sie auf die silbernen und goldenen Grundsteintafeln des großen Empfangssaales, des Apadāna, geschrieben worden. Kostbare Steingefäße, die im Schatzhaus gefunden worden sind, tragen die Namen der Könige in altpersischer Schrift, besonders häufig den des Xerxes. Von diesem ist auch die berühmte Daivā-Inschrift verfaßt worden, die er auf kissenförmige Steine in besonders schönen Keilzeichen hat meißeln lassen (Kent, XPh); gleich zwei Kopien davon sind in Persepolis, eine weitere in Pasargadae gefunden worden. In dieser Inschrift zählt König Xerxes die Länder auf, die zu seinem Reich gehörten, und berichtet von seinem Vorgehen gegen falsche Götter, die Daivā. Die Sitte, in den Texten alle Länder des Reiches zu nennen, hat Xerxes von seinem Vater Dareios übernommen. Beginnend mit der Inschrift am Felsen von Bisotun, werden sie auch an den Bauten in Persepolis und am Grab in Naqsh-e Rostam aufgeführt. Mit ihrer Hilfe kann man in gewisser Weise einen Eindruck vom Anwachsen des Reiches oder auch von Verlusten in Grenzgebieten gewinnen; andererseits geben sie damit, auf Grund unserer allgemeinen Geschichtskenntnis, wiederum einen ungefähren Anhaltspunkt für die zeitliche Anordnung der Bauten. Über die Länderlisten hinausgehende geschichtliche Details erfahren wir aus all diesen Inschriften indessen nicht, so daß keine weitere Königsinschrift an die Bedeutung der auf dem Felsen von Bisotun befindlichen heranreicht.

Abb. 33

Taf. 11

Großkönig Dareios hatte sich eine weite Verbreitung seiner neu eingeführten Schrift erhofft, und aus den Verwaltungstäfelchen erfahren wir, daß persische Knaben sie erlernen mußten. Doch finden wir die altpersische Schrift außer auf offiziellen Monumenten und kostbaren Gefäßen der Schatzkammer nur noch auf den königlichen Siegeln. Diese benutzten die Herrscher selbst, übergaben sie in verschiedenen Ausfertigungen aber auch den höchsten Beamten als Dienstsiegel.

Außer in unmittelbarem Zusammenhang mit dem königlichen Hofe ist die altpersische Schrift also offenbar nie benutzt worden. Ihre Anwendung wurde überrollt von der allgemeinen Entwicklung, die das Aramäische zur

[12]Die altpersischen Inschriften allgemein: Kent; in Persepolis: Old Persian Inscriptions of the Persepolis platform, hrsg. von A.Sh. Shahbazi (Corpus Incriptionum Iranicarum, Part 1, Vol. 1, 1985).

Reichssprache werden ließ. Dieses verstand man in allen Ländern des persischen Großreichs, und die mit der aramäischen Schrift auf Pergament geschriebenen Dokumente erwiesen sich als wesentlich handlicher als die Tontäfelchen.

2. Die griechischen Schriftsteller

Der Historiker muß authentischen Quellen, wie der Bisotun-Inschrift, immer den Vorzug geben. Zwar heißt es auch dort, kritisch zu sein und zu fragen, inwieweit bestimmte Ereignisse vielleicht parteiisch berichtet oder beschönigt sein mögen, je nachdem, was der Verfasser mit dem Bericht beabsichtigte. Doch sind auch Außenstehende keineswegs immer objektiv, dieses gilt insbesondere, wenn es sich um Gegner des Regimes handelt. Derartige Vorbehalte muß man daher auch den griechischen Schriftstellern gegenüber haben, die über das Perserreich schreiben. Waren doch nicht nur die Griechen Kleinasiens frühzeitig unter die Oberherrschaft der persischen Könige geraten, sondern die Perser waren ja bis ins Herz der griechischen Demokratie, nach Athen, vorgestoßen und nutzten danach die Zwistigkeiten zwischen den einander bekämpfenden griechischen Stadtstaaten zu dauerndem Einfluß aus. Es ist daher erklärlich, daß die Griechen mitunter nicht gerade freundliche Gefühle den Persern entgegenbrachten. Andererseits haben sie aber die Perser geschätzt, und besonders Kyros wurde von ihnen hoch geachtet. Die Begeisterung für ihn ging vor allem von den Gegnern der radikalen Demokratie aus. Herodot rühmt ihn, und Xenophon stellt ihn in seiner Kyroupaideia, die um das Jahr 400 v.Chr. verfaßt sein wird, geradezu als Vorbild hin[13].

Die Berichte der griechischen Historiker sind es, die im wesentlichen unser Geschichtsbild geprägt haben. In vielerlei Hinsicht vermögen nur sie Auskunft über die geschichtlichen Ereignisse zu geben. Unter ihnen ist an erster Stelle Herodot zu nennen, der in der ersten Hälfte des 5. Jhs. v.Chr. in Kleinasien, einem Teil des persischen Großreichs, lebte und auch weite Reisen unternommen hat. Xenophon hatte sich von Kyros dem Jüngeren als Söldner verdingen lassen und war bis nach Mesopotamien vorgedrungen. Nach der Schlacht bei Kunaxa in Babylonien im Jahre 401 v.Chr., in der Kyros d.J. fiel, mußte er dann zusammen mit seinen 10.000 Soldaten

[13] Zum Verhältnis der Griechen und Perser zueinander s. z.B. H. Koch, Oriens Antiquus 27, 1988, 271 ff.

mühevoll den Weg zurück nach Griechenland finden, den er in seiner Anabasis so anschaulich schildert. Ktesias war unter Dareios II. (423–405 v.Chr.) und Artaxerxes II. (405–359 v.Chr.) lange Jahre als königlicher Leibarzt tätig und wußte aus eigener Anschauung über den Perserhof zu berichten. Er war allerdings weniger Historiker als Sensationsschriftsteller. Wir kennen ihn nur aus Auszügen aus Auszügen. Doch auch bei vielen weiteren griechischen Schriftstellern wird immer wieder, mal umfangreicher, mal nur in kurzen Bemerkungen, das eine oder andere Vorkommnis der persischen Geschichte angesprochen. Dabei handelt es sich natürlich in erster Linie um solche Fragen, die die Griechen unmittelbar berührten. So erfahren wir von ihnen beispielsweise so gut wie gar nichts aus dem Osten des persischen Großreichs. Bei dieser doch recht einseitigen Quellenlage ist es um so wichtiger, daß wir jetzt mit dem Fund der Verwaltungstäfelchen aus Persepolis über eine ganz anders geartete Gruppe von Originalquellen verfügen.

3. Die elamischen Verwaltungstäfelchen als neue Quelle

Als Kyros d.Gr. das Weltreich der Achämeniden begründete, besaßen die Perser, wie oben ausgeführt wurde, noch keine eigene Schrift. Als Reiternomaden, gegliedert nach einzelnen Stammesverbänden, waren sie durch die Lande gezogen. Dieses wurde nun schlagartig anders. Als Herren eines Weltreiches konnten sie ihre Untertanen nur durch eine gut funktionierende Verwaltung im Griff haben. So übernahmen sie beispielsweise mit der Eroberung von Babylon auch die babylonische Verwaltung mit ihren aramäischen Schreibern. Seit dem 9. Jh. v.Chr. waren viele aramäische Kleinstaaten dem Assyrerreich eingegliedert worden. Im neubabylonischen Reich wurden Aramäer aus Syrien deportiert, so daß überall im Reich Aramäer zu finden waren. Die Sprache dieser Aramäer hatte eine einfache Grammatik, und sie schrieben mit einer alphabetischen Schrift, die viel leichter zu erlernen war als die sonst üblichen Keilschriften. So finden sich schon im 6. Jh. v.Chr. in Babylonien auf den Keilschrifturkunden gelegentlich aramäische Beischriften[14]. Das Aramäische war auch nicht wie die Keilschriften auf Tontafeln angewiesen, sondern man konnte es einfach mit Tinte auf Leder oder Papyrus schreiben. So fand es bald immer mehr Verbreitung.

Im persischen Kernland selbst saßen seit alters die Elamer. Auch sie verfügten wie die Babylonier über eine gut ausgebaute Verwaltung. Ihre

[14] Vermutlich wurde es schon vordem üblich, doppelte Fassungen von Urkunden anzufertigen; s. im Zusammenhang mit der Hofkanzlei, Kap. III 2 c.

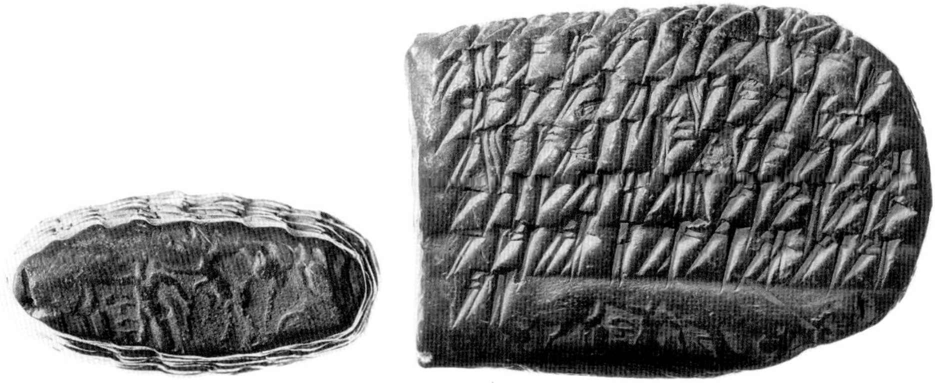

Abb. 13 Elamisches Verwaltungstäfelchen aus Persepolis

Schriftsprache war Elamisch. Vermutlich wird sich also schon Kyros d.Gr. der elamischen Sekretäre bedient haben, ganz sicher wissen wir es von Dareios. Unter seiner Regierung wurden die Verwaltungsurkunden elamisch abgefaßt. Auch sein Sohn Xerxes übernahm dieses, und unter Artaxerxes finden sich noch elamische Abrechnungen aus dem Schatzhaus in Persepolis (Cameron), bis sich dann etwa um die Mitte des 5. Jhs. wohl auch in der Persis das Aramäische als alleinige Verwaltungssprache durchgesetzt hatte.

Bei Grabungen in Persepolis wurden in den Jahren 1933 und 1934 etwa 30.000 Tontäfelchen mit elamischer Beschriftung gefunden, darunter etwa 6.000 mehr oder weniger vollständig erhaltene[15]. Sie stammen aus dem Verwaltungsarchiv des Großkönigs Dareios. In der Regel enthalten sie nur kurze Notizen über Einnahmen und Ausgaben und sehen auf den ersten
Abb. 13 Blick nicht vielversprechend aus. Beispielsweise steht dort (PF 798):

> 13 ŠE.BAR.lg kur-mín hh.am-ma-ur-da-na hh.ba-ri-ki-la gal-ma du-iš-da h.i-še-ma be-ul 21-um-me-man-na d.ITU.lg ši-ba-ir-ri-na.
>
> "13 (BÁN = etwa 130 Liter) Gerste, Verfügung des Amavrta, hat Barīk-ʾEl in Rationen erhalten, Ort Ithema, 21. Jahr, Monat Shibar (= 9. elamischer Monat)".

[15] Publiziert sind davon bisher nur gut 2000 Stück, s. Hallock, Sigel PF; ders., DAFI 8, 1978, 109 ff., Sigel PFa. Weitere 1500 unpublizierte Täfelchen, von R.T. Hallock gelesen, durften für das Elamische Wörterbuch (ElW) verwertet werden.

Das Täfelchen stammt also aus den Monaten November/Dezember des Jahres 501 v.Chr. Außerdem ist das Siegel Nr. 186[16] auf der Rückseite und das Siegel Nr. 29 auf der linken Nebenseite aufgedrückt.

Dieses besagt zunächst recht wenig. Doch betrachtet man jede der hier gegebenen Informationen einzeln und sucht nach Entsprechungen im gesamten Material der Täfelchen, dann kann man eine ganze Menge erfahren. Man muß alle Täfelchen, auf denen ein Mann namens Amavrta vorkommt, untersuchen, um festzustellen:

1. Ist es immer derselbe Mann? Denn viele Namen werden von verschiedenen Personen getragen. Solange kein Name des Vaters angegeben ist, kann man nie sicher sein, daß es sich wirklich um denselben Mann handelt.

2. Im Zusammenhang mit welchen anderen Beamten und Namen tritt dieser Mann auf? Wobei diese Frage dann auch wieder bei den weiteren Namen gestellt werden muß.

3. Im Zusammenhang mit welchen Orten wird dieser Mann genannt? Und auch hier müssen dann die weiteren Orte entsprechend untersucht werden.

4. Welche Siegelabdrücke kommen auf den betrachteten Täfelchen vor? In welcher Kombination treten sie auf? Können sie bestimmten Personen zugeordnet werden?

Wenn man alle diese Punkte in Betracht zieht, was mitunter sehr weit verzweigte Untersuchungen mit sich bringt, so kann man zu erstaunlichen Ergebnissen kommen, und mit einem Mal fügen sich dann Aussagen zusammen und ergänzen einander, bei denen man das auf den ersten Blick überhaupt nicht vermuten konnte.

Kommen wir also auf unser Beispiel zurück, so kann man feststellen, daß Amavrta noch des öfteren begegnet. Er hat die Getreideprodukte in dem Ort Ithema verwaltet. In dieser Aufgabe ist er vom 18. bis zum 22. Jahr des Königs Dareios (504–500 v.Chr.) anzutreffen. Ihm gehörte offenbar das Siegel Nr. 29. Weiß man das, kann man auch andere Belege heranziehen, die vielleicht gar nicht seinen Namen nennen, auf denen aber ein Siegelabdruck von Nr. 29 zu finden ist. Außerdem kann man bei Betrachtung des gesamten Materials bemerken, daß die Beamten, denen die örtliche Verwaltung

[16] Diese Zählung hat Hallock eingeführt; je niedriger die Nummer, desto häufiger ist der Siegelabdruck belegt.

anvertraut war, in den meisten Fällen ihr Siegel auf die linke Nebenseite der Täfelchen gedrückt haben. Die Naturalien wurden aufgegliedert; einem Beamten unterstanden, wie hier Amavrta, die Getreideprodukte, einem anderen die Früchte, einem weiteren der Wein und wieder einem anderen das Kleinvieh und die Fleischversorgung.

Weiterhin läßt sich herausarbeiten, daß der Ort Ithema in der Elymais lag und enge wirtschaftliche Beziehungen zu den Orten Tashpak und Shurkutir, aber auch zu einigen weiteren Orten und sogar nach Susa hatte. Es war die vorletzte Poststation vor Susa auf der Straße, die von Persepolis herkam.

Der Empfänger der Rationen auf unserem Beispieltäfelchen trägt einen semitischen Namen, Barīk-ʾEl. Er ist nur selten erwähnt, doch muß es ein höhergestellter Mann sein, der drei Burschen in seinen Diensten hatte. Ihm wird das zweite Siegel, das auf dem Täfelchen zu finden ist, Nr. 186, gehört haben. Dieses hat er als Empfangsbestätigung für seine Rationen aufgedrückt.

Untersucht man auf diese Weise die Tausende von Verwaltungstäfelchen, die in Persepolis gefunden worden sind, so werden auf einmal die Kernlande des persischen Großreichs mit Leben erfüllt. Hunderte von Ortschaften werden genannt, deren Lage man in den meisten Fällen zumindest ungefähr bestimmen kann. Läßt sie sich auch nicht auf Längen- und Breitengrad festlegen, so haben die Orte doch in einem dichten Verwaltungs- und Wirtschaftsnetz ihren Platz. Beamte begegnen namentlich, und ihre Aufgaben werden deutlich. Und viele Fragen des täglichen Lebens werden beleuchtet. Viele dieser verschiedenen Aspekte sollen im einzelnen im folgenden angesprochen und untersucht werden.

III. Was sagen die Täfelchen?

1. Die Verwaltung

Noch heute beeindrucken die Ruinen von Persepolis. Auf einer hohen Terrasse ragen die Säulen der einstigen Empfangshalle des Großkönigs Dareios hoch auf. Neben dieser prunkvollen Halle lag sein Palast, außerdem fanden sich dort das Schatzhaus und viele Bauten der nachfolgenden Achämenidenkönige. Riesige Treppenläufe und die Türgewände der Bauten waren mit Reliefs überzogen (s. unten Kap. IV 3). Aufgrund dieses Erscheinungsbildes hat man lange Zeit gemeint, daß es sich bei Persepolis lediglich um ein glanzvolles Schaustück des Königs Dareios und seiner Nachfolger handele, das dieser zur Demonstration seiner Macht und insbesondere für die Durchführung der Neujahrsfeste habe errichten lassen[17]. Durch den Fund der Verwaltungstäfelchen wissen wir nun, daß Persepolis auch Zentrum der Verwaltung der gesamten Persis war. Hier liefen alle Fäden zusammen. *Taf. 4*

Befand sich beispielsweise ein Beamter auf Reisen, so führte er mit sich einen gesiegelten Reisepaß. Auf diesem war vermerkt, in wessen Auftrag er reiste, welche Strecke er zurückzulegen hatte und was er an Mehl, Wein und auch Fleisch für seinen persönlichen Unterhalt und gegebenenfalls für den seiner Begleitung und Dienerschaft zu erhalten hatte. Über diese Ausgaben wurde dann gleich wieder Buch geführt. Wir müssen uns vorstellen, daß an jeder Verwaltungsstelle, so also auch in der Poststation, ein Eimer mit feuchtem Ton bereitstand. Der Schreiber griff dort hinein, holte sich einen Klumpen heraus und formte ihn mit den Händen. Die Form der zusammengedrückten Hände ist den Täfelchen oft noch anzusehen. Desgleichen haben sich häufig zufällige Fingerabdrücke erhalten. Die eine Seite des frisch geformten Täfelchens wurde wohl einfach auf einen Tisch geklopft, so daß sich eine flache Fläche ergab, die die linke Seite des Täfelchens kennzeichnete. Auf diese drückte dann zum Schluß der Verwaltungsbeamte sein Siegel. Vermutlich gab es für die Zubereitung des Täfelchens auch noch einen Gehilfen, damit der Schreiber selbst keine schmutzigen Hände bekam. Dafür spricht beispielsweise der Fund einiger unbeschrifteter Täfelchen in einem Gebäude, *Abb. 13*

[17] s. z.B. G. Walser, Persepolis (1980) 8.

das dem Eingang des Schatzhauses auf der Terrasse von Persepolis genau gegenüber lag.

Mit einem Griffel wurden die Keilzeichen in den noch weichen Ton getieft. Die Ausgaben wurden genau notiert, der verantwortliche Beamte bestätigte sie mit seinem Siegel und auch der Empfänger drückte sein Siegel darauf, entweder am unteren Ende unter das Geschriebene oder, wenn nicht genügend Platz mehr vorhanden war, auf die Rückseite des Täfelchens.

Das bedeutete, daß jeder Einwohner des Achämenidenreichs, der mit der Verwaltung zu tun hatte, sein Siegel immer griffbereit haben mußte. Manche Beamte haben es sich daher einfach um den Hals gehängt. Dieses
Abb. 14 zeigt sehr hübsch eine kleine Elfenbeinfigur, von der leider der Kopf verloren gegangen ist. Sie ist zwar wohl in Ägypten gefunden worden, doch stellt sie, nach dem Gewand zu urteilen, einen Perser dar, der, wie die hohen Beamten auf den Reliefs in Persepolis, seinen Dolch in den Gürtel gesteckt hat. Seine
Abb. 155 Füße sind mit den typischen persischen Schuhen mit drei Riemen bekleidet (s. Kap. V 5). Um den Hals trägt er an einer Schnur sein persönliches Siegel. Die Enden dieser Schnur hängen auf dem Rücken herab. Zusammengehalten werden sie durch einen kleinen, glockenförmigen Schieber. Das war sehr praktisch, denn so brauchte der Beamte einfach nur an seinem Siegel zu ziehen, um es benutzen zu können.

Solche Siegel waren oft auch richtige kleine Schmuckstücke. Sie bestanden in der Regel aus Halbedelstein und waren teilweise noch mit Gold oder Silber gefaßt. *Abb. 15* zeigt ein Siegel in derselben Form, wie es das Elfen-
Abb. 15 beinfigürchen um den Hals trägt. Es besteht aus Chalzedon; oben hat es einen Ring zum Aufhängen, der an einer feinen Goldfassung in Form von Entenköpfen befestigt ist. Auf der Unterseite befindet sich der eigentliche Stempel, der in diesem Fall ein geflügeltes Fabelwesen mit Löwenkörper und Steinbockkopf zeigt. Gefunden wurde dieses Siegel in Sardes, also am Sitz des persischen Satrapen. Mitunter ging ein solches Siegel auch verloren. Das ist dem obersten Beamten in Persepolis, Farnaka, passiert, den wir als Hofmarschall bezeichnen. Sein Siegel mit dem aramäischen Namenszug
Abb. 16 "Farnaka" kannten natürlich alle Beamten. Als es verlorengegangen war, mußten sich die Beamten an ein neues gewöhnen. Und deshalb machte Farnaka sie darauf aufmerksam. "Und das Siegel, das früher das meinige war, das wurde verloren; jetzt ist als Ersatz das Siegel das meinige, welches auf dieses Täfelchen aufgedrückt wurde", lesen wir in zwei Briefen, die sich unter dem Material der Verwaltungstäfelchen erhalten haben (PF 2067/68).

Doch zurück zu dem Reisenden, der gerade sein Siegel zur Bestätigung, daß er seine Rationen erhalten habe, auf das Tontäfelchen gedrückt hat. Er

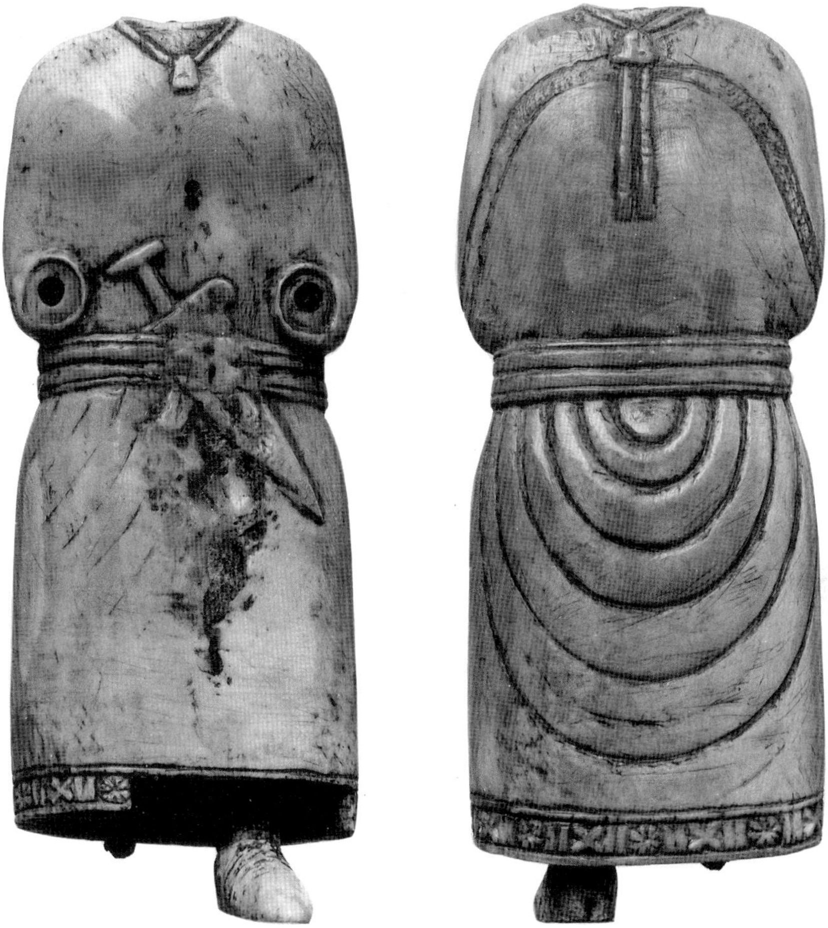

Abb. 14 Figürchen eines Persers aus Nilpferdzahn

mußte es nicht nur auf dieses eine Tontäfelchen pressen, sondern noch auf zwei weitere. Denn von jedem Beleg wurden zwei Abschriften angefertigt. Ein Exemplar verblieb bei der Poststation, eine Abschrift ging an die Intendantur des Verwaltungsbezirkes und eine weitere direkt an die Zentrale in Persepolis. So kommt es, daß sich alle diese Täfelchen, die an vielen verschiedenen Orten ausgestellt worden sind, im Archiv in Persepolis fanden. Dort wurden sie zunächst überprüft und dann abgelegt.

Die Täfelchen waren naturgemäß etwas unhandlich. Man konnte sie nicht in Aktenordnern abheften. Vermutlich wurden sie, nach Orten und nach Jahren geordnet, in Körbe getan und diese dann in Regale gestellt.

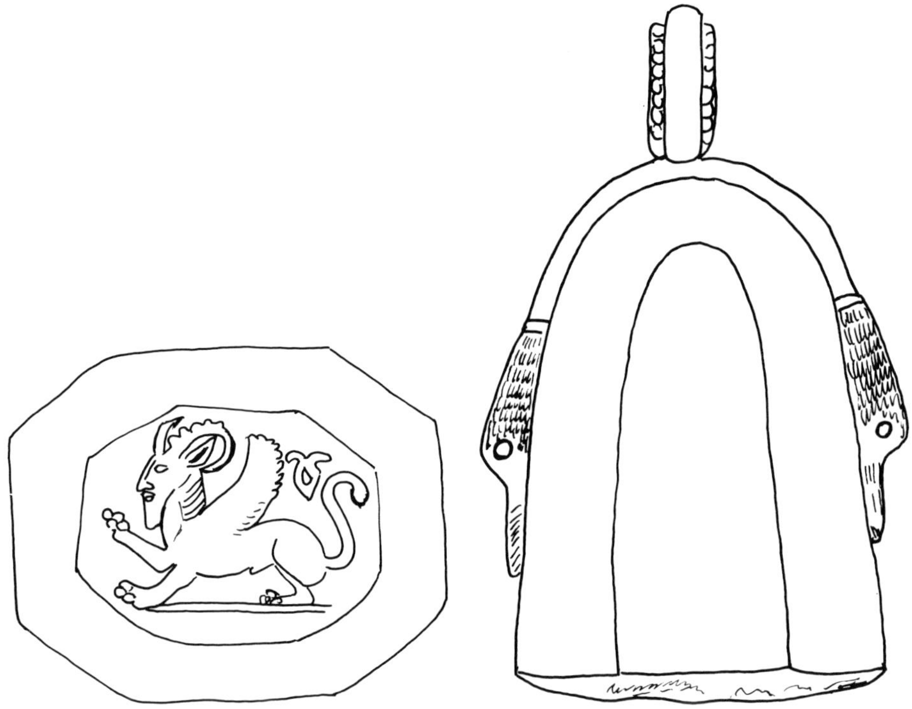

Abb. 15 Siegel, das in dem persischen Satrapensitz Sardes gefunden worden ist

Damit man den Überblick wahren konnte, erhielten die einzelnen Körbe Beschriftungen. Auch sie haben sich teilweise erhalten. Eine Schnur wurde an dem Korb befestigt und um diese ein Tonklumpen gedrückt. Auf ihn wurde dann beispielsweise geschrieben: "Urkunden über Wein im Ort Nāmakārash, Verfügung des Tikush, im 23. Jahr" (PF 1913). Es wurde also notiert, um welche Naturalien es sich handelte, aus welchem Ort die Belege stammten, wer der zuständige Verwaltungsbeamte war und in welchem Jahr die Abrechnungen angefertigt worden waren. Da dieses nur Beschriftungen der Körbe waren und keine Dokumente, finden sich hier auch keine Siegelabdrücke.

Doch bevor die Täfelchen in diese Körbe wanderten, wurden sie noch einmal sorgfältig geprüft. So hatte der Beamte Vahuka, dem der Getreide-
Abb. 24 anbau in der Gegend von Naryaitshya (Verwaltungsbezirk III), dem heutigen Neirīz im Südosten der Provinz Fārs, unterstand, im 20. Jahr 50 Liter Gerste an einen gewissen Chvamnaka als Saatgut ausgegeben und von diesem dann hinterher 1530 Liter, also die 30fache Menge, als Erntegut wieder zurückerhalten (PF 531, 651). Doch die Belege über diese Transaktionen

Abb. 16 Siegel des Hofmarschalls Farnaka

waren nicht in Persepolis eingetroffen. Das war dem dort diensthabenden Beamten Chvantshanah nicht entgangen, und er hatte deshalb bei Vahuka nachgefragt. Dieser fertigte daher jeweils eine Abschrift der ihm vorliegenden Belege an, und diese gingen dann nach Persepolis. Beide tragen den ausdrücklichen Vermerk "Dieses ist die Abschrift, die von Chvantshanah angefordert wurde" (PF 531). Solche Nachfragen waren wohl des öfteren nötig, da sich entsprechende Bemerkungen auf mehreren Täfelchen erhalten haben.

Doch das achämenidische Kontrollsystem erschöpfte sich nicht im Sammeln dieser Einzelbelege. Alle zwei Monate mußte eine zusammenfassende Abrechnung aller Einzelposten angefertigt werden. Dieses erleichterte auch der Zentrale in Persepolis die Überprüfung. Durch einen glücklichen Zufall haben sich unter den wieder aufgefundenen Täfelchen teilweise sowohl die Einzelbelege als auch die zusammenfassenden Abrechnungen derselben erhalten. So besitzen wir z.B. von der Poststation Krdushum im Gebiet der Elymais die Abrechnung der ersten zwei Monate des 22. Jahres (= 500 v.Chr.; PFa 29). Etliche der dort aufgeführten Posten liegen auch als Einzelbelege vor.

Und noch ein weiteres Mal sind diese Einzelbelege wiederzufinden, und zwar in den Jahresendabrechnungen. In ihnen werden sämtliche Einnahmen und Ausgaben eines Jahres zusammengestellt. Diese Tontafeln müssen natürlich ein viel größeres Format haben. Für die Richtigkeit dieser Gesamtabrechnungen sind drei Beamte verantwortlich. An erster Stelle wird immer derjenige genannt, der die Oberaufsicht über die entsprechende Abteilung in dem betreffenden Ort hat. Handelt es sich beispielsweise um die Getreideprodukte, so wird er als "Magazinchef" bezeichnet. Dabei kommt sowohl der elamische als auch der altpersische Titel vor, letzterer natürlich in elamischer Umschrift. Der für den Wein Zuständige heißt "Weinträger" oder "Faßwart". Dieser ist oft auch für die Früchte mit verantwortlich. Mitunter gibt es hierfür aber noch einen speziellen "Obstwart". Das hing vermutlich davon ab, ob es in dem Gebiet große Obstplantagen gab oder ob nur kleinere Mengen anfielen, die vielleicht sogar von benachbarten Orten herbeigebracht werden mußten und nur der Versorgung der Arbeiter dienten.

Nach diesen leitenden Beamten wird an zweiter Stelle immer ein "Feuerschürer" genannt. Dieses ist der offizielle örtliche Priester, der von der Regierung für die Durchführung des Staatskultes eingesetzt war. Er mußte also gleichzeitig die Verwaltung mit kontrollieren und zeichnete verantwortlich für die Richtigkeit der dort erstellten Abrechnungen. Daß Priester auch mit Verwaltungsaufgaben betraut wurden, war eine im Zweistromland schon seit langem geübte Praxis. Auch König Dareios muß dieses für besonders effektiv gehalten haben. Zum einen sollte man annehmen, daß es sich bei den Priestern des Gottes Ahuramazdā, des "weisen Herrn", um besonders zuverlässige Personen handelte. Darüber hinaus waren sie ohnehin in Staatsdiensten und konnten wohl neben ihren religiösen Pflichten durchaus noch Zeit erübrigen, um auch in der Verwaltung tätig zu werden.

An dritter Stelle der Abrechnungen wird dann immer noch der "Speicherwart" namentlich genannt. Häufig ist bekräftigend hinzugesetzt: "Insgesamt von diesen Dreien wurde die Abrechnung gemacht".

Daneben gab es aber noch eigens eingesetzte Rechnungsführer. Sie waren für einen ganzen Bezirk zuständig. In ihm reisten sie umher, überprüften die dortigen Bestände und erstellten dann die Abrechnungen. Am meisten hatten sie in der Regel am Ende eines Jahres und in den ersten Monaten des folgenden zu tun. Dann fielen sämtliche Jahresendabrechnungen an. Es ist daher nicht verwunderlich, daß sie es nicht immer schafften, alle Abrechnungen in ihrem Bezirk gleich zu überprüfen. So kam es vor, daß zwei oder sogar noch mehr Jahre zusammengefaßt werden mußten. In einem solchen Falle war es natürlich nicht mehr möglich, jeden einzelnen Posten aufzuführen. Hier wurden dann nur die Zwischensummen genannt, beispielsweise alles, was an Ernteerträgen eingegangen war, alles, was für die Versorgung der Arbeiter ausgegeben worden war, oder alles, was noch vorrätig war und als Übertrag ins nächste Jahr übernommen werden konnte.

Teilweise werden diese Rechnungsführer auch namentlich am Ende der Jahresabrechnung genannt, etwa "Die Abrechnung für das 18. und 19. Jahr hat dann Masika im 19. Jahr gemacht" (PF 1984). Wenn Masika bei all seiner Arbeit nicht dazu kam, jeden Posten noch eigens zu überprüfen, so war er doch vorsichtig genug, dieses auch ausdrücklich auf dem Täfelchen zu vermerken. So heißt es dann beispielsweise: "Den Vorrat der Speicherverwalter in Makna habe ich nicht erfaßt. Wie die Speicherverwalter sagten, so wurde ihre Abrechnung gemacht". Er hatte sich also in diesem Fall nur auf die mündliche Auskunft der Zuständigen verlassen. War alles aufgeschrieben, so drückte Masika zur Bestätigung noch sein Siegel auf die Urkunde, und dieses gleich mehrfach. Masikas Siegel, Nr. 27, findet sich auf einer ganzen Fülle von Abrechnungen, sowohl von Früchten als auch von Wein und Getreide.

Doch auch diese von einem Fachmann erstellten Rechnungen wurden noch einmal überprüft. So ist auf einer Abrechnung über Früchte aus dem Ort Nadinish, die auch das Siegel Nr. 27 von Masika trägt, noch ausdrücklich vermerkt: "Die Abrechnung des 22. Jahres hat dann im 2. Monat des 23. Jahres Hussavah geprüft". Derartige Anmerkungen finden sich häufiger. Sowohl Rechnungsführer als auch -prüfer sind immer für einen ganzen Bezirk mit vielen verschiedenen Orten zuständig.

In elamischem Gebiet begegnet der Rechnungsprüfer Mrntshānah, dem das Siegel Nr. 57 gehörte. Durch eine ganze Fülle von Belegen können wir einen Einblick gewinnen, was ein solcher Beamter alles zu tun hatte. Er überprüft nicht nur die großen Abrechnungen, sondern stellt auch fest, ob bestimmte Getreidemengen richtig deponiert worden sind. Abrechnungen über die Mengen an Saatgut, die in seinem Zuständigkeitsbereich aufbewahrt worden sind, werden bei ihm abgeliefert. Auch eine Bestandsaufnahme über die lebenden Kamele in einem Landgut trägt seinen Siegelabdruck, desgleichen eine Abrechnung über Wein, der als "Fruchtzins" eingegangen ist. Dabei wird es sich also um Abgaben der privaten Weingartenbesitzer gehandelt haben. Von Mrntshānah hat sich ein Brief erhalten. Dieser ist an Mrduka gerichtet, einen hohen Beamten, der Steuereinnahmen zu überwachen hatte. In diesem teilt er ihm mit, daß er in die Teile von Elam, in die er selbst nicht gekommen sei, einen Kollegen schicken wolle und daß er nun Humāya losgesandt habe, damit er dort die Abrechnungen mache. Weiterhin solle Mrduka diesem Humāya Wein und Korn vom Reserve-Bestand geben, damit er sie ihm sende.

Mrntshānah mußte also den Überblick über sämtliche Eingänge, sei es durch Ernten oder aus Steuerabgaben, und über alle Ausgaben haben, mußte die Abrechnungen überprüfen und dann auch anordnen, was mit überschüssigen oder Reservevorräten zu geschehen hatte. Dabei hatte er mitunter durchaus seine Scherereien mit nachlässigen Beamten. Mußte er doch wieder und wieder mahnen, ehe endlich bestimmte Abrechnungen bei ihm eingingen. So läßt er beispielsweise ausdrücklich auf einem Täfelchen vermerken, daß die Abrechnung über die Einnahmen an Fruchtzins aus dem Orte Zrshtvatīsh aus dem 19. Jahr erst im 6. Monat des 22. Jahres bei ihm eingegangen sei (PF 2003).

Es zeigt sich also, daß wir es mit einem bis ins letzte ausgefeilten Verwaltungssystem zu tun haben, in dem Scharen von Beamten beschäftigt waren. Über Einnahmen und Ausgaben mußte genau Buch geführt werden, und die Belege hatten die verschiedensten Kontrollinstanzen zu durchlaufen, ehe sie schließlich im Archiv von Persepolis abgelegt werden konnten.

2. Die obersten Beamten der Verwaltung

a) Der Hofmarschall

Die persischen Reichslande waren in einzelne große Provinzen, Satrapien, eingeteilt, an deren Spitze jeweils ein Statthalter, Satrap, stand. Durch die griechischen Geschichtsschreiber bekannt ist beispielsweise der Satrapensitz in Sardes, der alten Hauptstadt des Lyderreiches. Dort hatte Dareios seinen Halbbruder Artaphernes als Satrapen eingesetzt. Auch auf einigen Täfelchen wird er genannt, da von ihm Reisende nach Persepolis gesandt wurden. Satrap in Susa war Bagapāna. Er wird hauptsächlich in Reisebelegen aufgeführt, da er die Reisenden mit den notwendigen Unterlagen ausgestattet und dann auf den Weg geschickt hatte.

Im persischen Kernland dagegen gab es keinen Satrapen. Hier unterstand die Verwaltung direkt dem König und damit vor allem dem nach ihm höchsten Beamten. Ihn bezeichnen wir als Hofmarschall. Dieses Amt hatte unter König Dareios lange Jahre Farnaka inne. In seinem Amte läßt er sich vom 17. bis zum 25. Jahr nachweisen (505–497 v.Chr.). Er ist vermutlich
Abb. 17.44 auf den Reliefs vom Audienzsaal in Persepolis dargestellt. In leicht gebeugter Haltung tritt er vor den König, blickt ihn an und hält die rechte Hand vor den Mund, um den Großkönig nicht mit seinem Atem zu belästigen. Gekleidet ist er in die iranische Reitertracht. Das verhältnismäßig eng anliegende Obergewand mit langen Ärmeln wird um die Taille gegürtet und endet oberhalb der Knie. Darunter kommen lange Hosen zum Vorschein. Auf dem Kopf hat er eine runde Filzkappe, von der ein unten abgerundetes "Schwänzchen", das hinten mit einem Knopf an der Kappe befestigt ist, auf den Rücken herabfällt. Im Ohr trägt er einen goldenen Ring, von dem ein langer, zweiteiliger Anhänger herabhängt. Solch aufwendigen Schmuck weisen nur sehr vornehme Perser auf. Vielleicht hat sogar einmal der König dem Hofmarschall den Schmuck als Ehrengabe und zur Anerkennung seiner Dienste überreicht. Als Zeichen seines Amtes hält er in der Linken einen Stab. Dieses war übrigens noch bis in das Mittelalter hinein in Persien das

Abb. 17 Hofmarschall Farnaka, Detail von Abb. 44

Dienstzeichen des Hofmarschalls[18]. Wir müssen uns den Stab aus kostbarem Material, vielleicht aus Gold, vorstellen. Daß er aus Metall gefertigt war, zeigen seine glatten und feinen Umrißlinien. Oben endet er ganz gerade, und nach unten zu verjüngt er sich. Einen so kunstvoll ausgeführten Stab hat keiner der anderen "Stabträger" aufzuweisen, der Wachen und Boten, die alle dem Hofmarschall unterstellt und auf den Reliefs in Persepolis zahlreich wiedergegeben sind.

Die hohe Stellung des Hofmarschalls wird schon durch seine monatliche "Bezahlung" deutlich. Wie alle übrigen Beamten, Angestellten und Arbeiter erhielt auch er seine täglichen Rationen zugewiesen. Während aber ein einfacher Arbeiter als tägliche Mindestration 1 Liter Gerste erhielt, die er sich dann mahlen mußte, um daraus sein Fladenbrot zuzubereiten, bekam Farnaka täglich 180 Liter. Und diese wurden ihm in bereits fein gemahlenem Mehl ausgehändigt. In einem Monat waren das also 5400 Liter. Dazu kamen monatlich 2700 Liter Wein. Im gesamten Material der Verwaltungstäfelchen läßt sich nur ein einziger Mann nachweisen, der höhere Weinrationen erhielt. Das war Gaubarva, der Schwiegervater des Königs Dareios, den er zum Dank für seine treuen Dienste zu seinem Lanzenträger ernannt hatte. Er war also der ganz persönliche Leibwächter des Herrschers, der sich bei offiziellen Anlässen in seiner unmittelbaren Nähe aufzuhalten hatte. So steht er auch auf dem Relief in Bisotun, zusammen mit dem Bogenträger Vindafarnah, hinter dem König; und ebenso ist er in Persepolis und auf dem Grab des Dareios in Naqsh-e Rostam dargestellt. Dieser Mann bekam monatlich 3000 Liter Wein, d.h. täglich 10 Liter mehr als der Hofmarschall Farnaka. Neben dem Mehl und Wein standen Farnaka noch 60 Stück Kleinvieh im Monat zu, täglich 2 Stück. So viel konnte er natürlich niemals selbst essen. Auch wenn er Gäste zu bewirten hatte, wird er kaum jeden Tag solche Mengen an Naturalien verbraucht haben. Und seine Bediensteten wurden ebenfalls von der Krone versorgt. So hören wir mehrfach von 300 Burschen, die in Farnakas Diensten standen und ihre Rationen erhielten. Die Naturalien waren also die übliche Bezahlung. Was nicht verzehrt wurde, ließ der Hofmarschall sicher auf dem Markt verhandeln.

Der Aufgabenbereich des Hofmarschalls war ungemein groß. Um all seinen Pflichten gerecht werden zu können, hatte er zahlreiche Schreiber in seinen Diensten. Nicht nur in Persepolis selbst, wo ihm eine Abteilung der Hofkanzlei unterstand[19], sondern auch an vielen anderen Orten in der

[18] S. die anschauliche Schilderung des Persienreisenden Engelbert Kaempfer aus dem 17. Jh., Hinz II 80.

[19] Darauf wird weiter unten in Abschnitt c dieses Kapitels noch ausführlich eingegangen.

Persis saßen Schreiber, die für den Hofmarschall zu arbeiten hatten. Unter ihnen werden auch viele Babylonier erwähnt, die "auf Haut" schreiben, also auf Pergament. Sie werden sicher die aramäische Sprache benutzt haben. Allein im Orte Rachā, der in der Nähe von Persepolis gelegen haben muß, — vielleicht ist es das spätere Istachr —, werden 20 von diesen babylonischen Schreibern erwähnt, die dort für Farnaka zu tun hatten (PF 1947). Das zeigt deutlich, daß die elamischen Tontäfelchen nur einen Zweig der achämenidischen Hofverwaltung erfaßten, während der Schriftverkehr in anderen Abteilungen bereits unter Dareios in aramäischer Sprache auf Pergament erledigt wurde. Dieses hatte sich als praktischer erwiesen, vor allem in den Fällen, wo es sich um Nachrichten handelte, die über weitere Entfernungen befördert werden mußten. Der Briefwechsel in abgelegenere Reichslande wird also hauptsächlich auf Pergament vorgenommen worden sein. Durch die Vergänglichkeit des Materials hat sich nur leider kaum etwas davon erhalten.

Reisende, die aus den Satrapien des persischen Großreichs herbeikamen, waren immer durch einen Reisepaß des dortigen Satrapen ausgewiesen. Andere Beamte durften offenbar nicht einen derartigen Paß ausstellen. In der Persis dagegen wurden die Reisenden in der Regel von Hofmarschall Farnaka mit den notwendigen Reiseunterlagen ausgestattet. Außer dem König selbst und dem Hofmarschall durfte nur noch der Vizemarschall (zu ihm s. unten) derartige Urkunden ausstellen. Durch die Belege über die Verpflegung, die diese Reisenden auf ihrem Wege erhielten, gewinnen wir auch einen Einblick, worum sich Farnaka kümmern und wen er auf Reisen schicken mußte. Denn man konnte eine derartige Urkunde natürlich nur erhalten, wenn man in öffentlichem Auftrag unterwegs war. So sendet Farnaka Richter aus, Rechnungsführer und auch -prüfer, Karawanenführer und Reisebegleiter, die offizielle Gesandtschaften, teilweise aus weit entfernten Gebieten, wie z.B. Indien, abholen, während der ganzen Reise begleiten und betreuen und auch wieder zurückbringen mußten. Es muß dafür gesorgt werden, daß der König, wenn er seinen Aufenthaltsort beispielsweise von Persepolis nach Susa verlegt, unterwegs während der Reise und bei seiner Ankunft am neuen Domizil alle Annehmlichkeiten vorfindet. So sendet der Hofmarschall unter anderem Kuchenbäcker vor dem König her.

Auch für die königliche Vorratshaltung ist Farnaka verantwortlich. Er läßt Gerste in die Lager in Persepolis bringen und Geflügel speziell für den König aufziehen. Und wenn der König oder seine Frauen für bestimmte Anlässe größere Mengen an Kleinvieh oder Wein benötigen, so gibt Farnaka die entsprechenden Anweisungen. Desgleichen ist der königliche Marstall

Farnaka unterstellt mit all seinen Bediensteten sowie den Tieren, Kamelen, Pferden und Maultieren. Die Opferzuteilungen werden durch ihn geregelt, und bei bestimmten religiösen Festen sorgt er dafür, daß die an ihnen beteiligten Arbeiter Extrafleischportionen bekommen.

Häufig sind Arbeitergruppen in Farnakas Auftrag im Lande unterwegs. Er regelt offenbar ihren Einsatz, schickt sie dorthin, wo gerade zusätzliche Arbeitskräfte benötigt werden, sei es zum Ernteeinsatz oder zum Errichten von Bauwerken. In diesen Fällen sind die neu hinzukommenden Arbeiter noch nicht von der örtlichen Verwaltung erfaßt, und daher muß der Hofmarschall auch gleichzeitig die Anweisungen geben, was diese Arbeiter an Verpflegung erhalten und woher die dafür erforderlichen Naturalien genommen werden sollen. Mitunter ist es nötig, auch diese aus anderen Orten herbeizuschaffen, da die örtlichen Vorräte einen solchen Zuwachs an Essern nicht verkraften können.

Ein weiterer großer Aufgabenbereich des Hofmarschalls Farnaka ist die Oberaufsicht über sämtliche Steuer- und Pachtabgaben. Er überprüft Ablieferung und richtiges Deponieren von Getreide und Früchten. An ihn gehen die Bestandsaufnahmen der Ernteerträge, und er erhält die Belege über den Eingang von Tributtieren.

Um all diesen Aufgaben gerecht werden zu können, mußte Farnaka viel unterwegs sein. Im gesamten Gebiet der Persis und auch der Elymais ist er in vielen Orten anzutreffen. Sofern er nicht namentlich erwähnt wird, zeigt sein Siegelabdruck, daß er dort war und die Angelegenheiten selbst geprüft
Abb. 16 hat. Ihm gehörte Siegel Nr. 9. Da dieses verlorenging (s. oben Kap. III 1), benutzte er vom 3. Monat des 22. Jahres an ein neues, Nr. 16. Auf beiden stand in aramäischer Schrift sein Name, auf dem neuen noch zusätzlich "Sohn des Rshāma". Dieses war also sein ganz persönliches Siegel. Auch der Nachfolger des Farnaka, der vom 28. Jahr des Dareios bis zum 3. Jahr des Xerxes (494–483 v.Chr.) nachweisbar ist, hatte ein persönliches Siegel.
Abb. 18 Bei ihm war die Aufschrift allerdings elamisch: "Aspatshanāh, Sohn des Prkshāspa". Der auf ihn folgende Rtatachma, der vom 4. bis 19. Jahr des Xerxes das Amt des Hofmarschalls innehatte, erhielt vom König Xerxes indessen ein Königssiegel verliehen, und zwar ein Siegel, das noch von seinem Vater stammte, denn auf ihm steht in altpersisch, elamisch und babylonisch: "Ich, Dareios ...", vermutlich folgte "der Großkönig", doch ist das auf den
Abb. 19 erhaltenen Abdrücken nicht mehr zu erkennen. Dargestellt ist zwischen zwei Dattelpalmen ein königlicher Held, in persischem Gewand mit einer Zinnenkrone auf dem Haupt. Mit beiden Händen hält er zwei Löwengreifen gepackt, die sich neben ihm aufrichten. Über der Szene schwebt das Symbol

Abb. 18 Siegel des Hofmarschalls Aspatshanāh

Abb. 19 Siegel des Hofmarschalls Rtatachma

Abb. 20 Siegel des Hofmarschalls Rtathūra

des Gottes Ahuramazdā, wie wir es schon von dem Bisotun–Relief her kennen. Als dann im 20. Jahr des Xerxes (466 v.Chr.) Rtathūra im Amte des Hofmarschalls folgte, erhielt er von Xerxes eines seiner eigenen Königssiegel mit der altpersischen Aufschrift "Ich, Xerxes, der Großkönig". Dieses war *Abb. 20* also offensichtlich schon zu einem Zeitpunkt, wo es Xerxes darauf ankam, sich von der Allgegenwart seines königlichen Vaters zu befreien. Es scheint mit entsprechenden Überlegungen zusammenzuhängen, die ihn auch veranlaßten, die zentralen Reliefs der Apadānatreppen in Persepolis von ihrem Platze zu entfernen (s. unten Kap. IV 3 c).

Durch die in Persepolis gefundenen Verwaltungstäfelchen läßt sich somit in vielerlei Hinsicht Einblick in die Aufgaben eines Hofmarschalls der Achämenidenzeit gewinnen. Und noch etwas wird durch diese Belege klar, der Platz des Hofmarschalls war immer an der Seite des Königs. Nur wenn dringende Aufgaben es verlangten, entfernte er sich von diesem. Auch wechselte der Hofmarschall mit dem König zusammen den Aufenthaltsort. Wenn dieser sich beispielsweise in das Winterquartier nach Susa begab, so ging auch Farnaka dorthin. Der Vizemarschall dagegen hatte immer die Stellung in Persepolis zu halten.

b) Der Vizemarschall

Während der gesamten Amtszeit des Hofmarschalls Farnaka ist auch sein Vertreter, der Vizemarschall Tshissavahush, im Amt. Er hatte zunächst ein eigenes Siegel, bekam aber im 19. Jahr ein Königssiegel ausgehändigt, das er dann benutzte. Auf diesem stand in altpersisch, elamisch und akkadisch der Name des Dareios. Auch bei seinen Nachfolgern wurde es üblich, daß sie ein Königssiegel führen durften.

Im Grunde hatte der Vizemarschall alle die Aufgaben zu erfüllen, die wir schon beim Hofmarschall erwähnt haben. Auch er war berechtigt, Reisepässe auszustellen, und auch er mußte den Einsatz der Arbeiter leiten. So waren beispielsweise für das Schatzhaus in Naryaitshya vier Schatzwarte angefordert worden. Tshissavahush schickte vier Männer, die am Schatzhaus in Persepolis tätig waren, dorthin. Gleichzeitig mußte er aber auch dafür sorgen, daß deren Verpflegung an ihrem neuen Arbeitsort gesichert war. Somit teilte er Chvamnaka, dem die Verwaltung des Getreides in Naryaitshya unterstand, mit, wieviel er diesen Männern auszuzahlen habe. In einem anderen Falle sind 17 Viehzüchter aus Thrakien herbeigeholt worden. Um sie versorgen zu können, weist Tshissavahush den entsprechenden Verwaltungsbeamten an, ihnen Mehl vom Vorrat zu geben. Mitunter kam es sogar zu Engpässen in der Versorgung. Auch dann mußte Tshissavahush so schnell wie möglich Abhilfe schaffen. So konnten 120 Arbeiter im Orte Kufrka nicht die ihnen zustehenden Gersterationen erhalten. Kurz entschlossen, ordnete Tshissavahush an, man solle ihnen statt dessen Datteln auszahlen.

Tshissavahush oblagen somit alle Amtsgeschäfte, die in Persepolis erledigt werden mußten, insbesondere, wenn König und Farnaka sich nicht dort aufhielten. Während dieser Zeit, also vor allem, wenn der König in den Wintermonaten in Susa weilte, ist ein intensiver Verkehr an Schnellboten zwischen diesen beiden Orten festzustellen. Tshissavahush hatte immer den König über alle Vorkommnisse auf dem Laufenden zu halten und mußte sicher auch des öfteren um Anweisungen bitten, wenn unvorhergesehene Probleme auftauchten. Mitunter scheint er sogar selbst zwischendurch beim König vorgesprochen zu haben, da man ihn an verschiedenen Stationen auf der Straße Persepolis – Susa antreffen kann. Diese Reisen hat er gleichzeitig zu Inspektionszwecken genutzt und auch Abstecher in weiter abseits liegende Orte gemacht. Doch hat er sich nie lange dort aufgehalten. Die Angaben schwanken zwischen einem und fünf Tagen.

Obwohl also der Vizemarschall im allgemeinen dieselben Aufgaben wie der Hofmarschall zu erledigen hatte, mitunter vielleicht sogar noch weit mehr Arbeiten auf ihn zukamen, so liegt er in seiner Bezahlung doch erheblich unter diesem. Daran läßt sich eine deutliche Rangabfolge erkennen. Tshissavahush erhielt an Mehl und Wein 1/3 der Menge des Hofmarschalls, also 1800 Liter Mehl und 900 Liter Wein im Monat. An Fleisch standen ihm 3/4 der Menge des Hofmarschalls zu, 45 Ziegen oder Schafe im Monat. Dieses waren noch immer sehr hohe Rationen, und sie zeigen, daß auch der Vizemarschall einen weit herausgehobenen Posten innehatte.

Hof- und Vizemarschall waren also die beiden obersten Beamten der Verwaltung des persischen Kernlandes. Sie unterstanden direkt dem König, und bei ihnen liefen alle Fäden der Verwaltung zusammen. Bei sämtlichen Fragen, die unmittelbar entschieden werden mußten, waren sie zuständig, und sie waren gleichzeitig oberste Kontrollinstanz. Zur Erfüllung ihrer Aufgaben unterstand ihnen die Hofkanzlei.

c) Die Hofkanzlei

Auf einer ganzen Reihe von Täfelchen findet sich am Ende der Vermerk des Schreibers, beispielsweise: "Savanta hat es geschrieben". Betrachtet man nun alle uns erhaltenen Täfelchen, so kann man feststellen, daß die Namensangabe des Schreibers nur auf den Täfelchen erscheint, die der Hof- oder der Vizemarschall in Auftrag gegeben hat, jedoch bei keinem einzigen der anderen zahlreichen Belege. Dadurch wird klar, daß solche Angaben nur von Schreibern der Hofkanzlei gemacht wurden, die also einen bestimmten Rang bekleideten. Da in der Regel die Anordnungen des Hof- oder Vizemarschalls von besonderer Wichtigkeit waren, diesen beiden auch alle Bereiche der Verwaltung unterstanden, mag es wünschenswert gewesen sein, daß man bei einer Überprüfung sofort feststellen konnte, wer einen bestimmten Auftrag niedergeschrieben und somit seine Ausführung veranlaßt hatte. Aus diesem Grunde nennt in den meisten Fällen der Schreiber nicht nur seinen Namen, sondern gibt auch noch an, von wem er den Auftrag erhalten, bzw. wer ihm den Befehl zur Niederschrift übermittelt hat. In einigen Fällen werden sogar zwei Personen genannt.

Als Beispiel mag ein Brief dienen, den Hofmarschall Farnaka im Jahre 501 v.Chr. an den Weinwart Syaina im Orte Rautanayatsha richtete (PF 1801). Da dieser Brief ja an den Weinwart abgesandt worden ist, handelt es sich in dem uns vorliegenden Exemplar um eine Kopie, die in Persepolis zu den Akten genommen worden ist. In dem Schreiben weist Farnaka Syaina an, einem Rtamazdā 14.040 Liter Wein auszuhändigen, damit er sie für die Versorgung einer Gruppe von Handwerkern nach Persepolis bringe, und zwar seien sie für die Rationen des 8. und 9. Monats bestimmt. Zum Schluß des Schreibens ist vermerkt: "Savanta hat es geschrieben, den Beurkundungsbefehl hierfür hat Varāza übergeben, den Auftrag hat er von Raibaya erhalten. Im 6. Monat des 21. Jahres wurde dieses gesiegelte Schreiben übergeben". Der Brief ist also zwei Monate, bevor der Wein in Persepolis benötigt wurde, ausgefertigt worden. Das Original wurde dann vermutlich Rtamazdā ausgehändigt. Darauf deutet auch eine Notiz auf der Rückseite der in Persepolis verbliebenen Kopie. Dort steht nämlich in aramäischen Buchstaben der Name Rtamazdā. Dieser wird sich also mit dem Schreiben zu Syaina begeben und es ihm vorgelegt haben. Nun konnte alles Nötige veranlaßt werden, damit der Wein rechtzeitig in Persepolis eintraf. Sollte die Lieferung nicht pünktlich eingehen, so konnte man jederzeit in Persepolis überprüfen, ob, wann und auf wessen Veranlassung die Bestellung geschrieben worden war.

Den Geschäftsgang, ehe es zur Niederschrift kam, können wir uns so vorstellen: Hofmarschall Farnaka hatte Raibaya zu sich bestellt und ihm die Anweisungen erteilt; Raibaya begab sich dann in die Hofkanzlei und teilte sie dem Kanzleichef mit; dieser ließ einen der "Schreiber" zu sich kommen und sagte ihm, welchen Text er aufzusetzen hatte; der "Schreiber" diktierte in Persisch, ein Gehilfe drückte den Text mit Keilschriftzeichen in elamischer Sprache in den Tonklumpen; der "Schreiber" kontrollierte das Schriftstück und war dafür verantwortlich, daß alles ordnungsgemäß ausgeführt wurde; er ließ aber in der Regel zu seiner eigenen Sicherheit dazusetzen, von wem er den Auftrag erhalten hatte. In den meisten Fällen wird allerdings nur der Name dessen genannt, der den Auftrag zur Niederschrift erteilte. Mitunter wird noch hinzugefügt, daß der Kanzleichef von diesem Auftrag gewußt hat. So läßt Farnaka beispielsweise an den Intendanten des Verwaltungsbezirkes Elymais schreiben, er möge dafür Sorge tragen, daß die Vorsteherinnen der Schneiderinnen in fünf Orten der Elymais die ihnen zustehenden Fleischportionen erhalten (PF 1790), und zwar für insgesamt 19 Monate. Pro Jahr standen diesen Damen 4 Ziegen oder Schafe zu, so daß es nun 31 Schafe und 7 Portionen anzuweisen galt. Am Schluß des Briefes folgt dann: "Anzūka hat es geschrieben, den Auftrag hat er von Nanâ-iddin erhalten, hiervon wußte Varāza. Das gesiegelte Schreiben wurde in Taukā im Bezirk Ranavaitha übergeben". Die letzte Notiz gibt uns einen Hinweis darauf, daß Farnaka diesen Brief nicht von seinem Amtssitz in Persepolis aus abgeschickt hat, sondern daß er sich offenbar gerade auf einer Inspektionsreise befand. Auch während einer solchen Reise mußte er an alle seine Amtsaufgaben denken und die entsprechenden Anweisungen treffen, zumal wenn es sich um so dringende Fälle handelte wie bei den Schneiderinnen, die man 19 Monate auf ihre Fleischrationen hatte warten lassen. Somit nahm Farnaka immer einen Stab von Schreibern mit.

Auffallend ist, daß die "Schreiber" zum überwiegenden Teil persische Namen tragen, also Perser gewesen sein werden. Wir werden nicht anzunehmen haben, daß alle diese Perser die schwierige elamische Keilschrift erlernt haben, um die Verwaltungsnotizen niederschreiben zu können. Wahrscheinlicher ist vielmehr[20], daß die eigentliche Schreibarbeit von Elamern ausgeführt wurde, die als Gehilfen beschäftigt waren. Der persische "Schreiber" war dabei aber derjenige Beamte, der für die Richtigkeit der Niederschrift verantwortlich war. Verstanden haben die Perser das Elamische sicher durchaus, da eine große Menge des Hausgesindes aus Elamern bestanden haben wird. So hatten höhergestellte Perser wohl von kleinauf elamische Ammen, Köche, Gärtner usw. um sich.

Die Aufgaben der einzelnen Beamten in der Hofkanzlei waren genau festgelegt. Sie gehörten entweder zum Stab des Hofmarschalls oder zu dem des Vizemarschalls und mußten ihn dann auch auf ihren Reisen begleiten. Da die "Schreiber" und desgleichen die Übermittler der Aufträge über Jahre hinweg nur für einen von beiden Beamten tätig waren, können sie einen Hinweis darauf geben, wer gerade das Amt des Hof- oder des Vizemarschalls innehatte. So lassen sich an Hand der "Schreiber" auch die Nachfolger von Farnaka und Tshissavahush feststellen.

Auf den assyrischen Wandgemälden, die sich in Til-Barsib erhalten haben und die in vielerlei Hinsicht Szenen darstellen, die auch in der achämenidischen Kunst wiederbegegnen, sind zwei Schreiber abgebildet[21]. Sie *Abb. 21* stehen hintereinander, der vordere hält in der Linken ein Tontäfelchen, in das er mit einem Griffel die Keilschriftzeichen hineindrückt, der hintere dagegen ein Pergament, auf das er mit einer Feder schreibt. Beide scheinen also das Diktat gleichzeitig aufzunehmen, ein jeder auf seine Weise. Dasselbe Vorgehen finden wir auch auf den Reliefs im Palast Sennacheribs in Ninive dokumentiert[22]. Dort nehmen auf diese Weise zwei Schreiber den Bestand der Kriegsbeute auf.

Ähnlich können wir uns das Vorgehen vielleicht auch in der achämenidischen Hofkanzlei vorstellen. Es finden sich nicht nur hin und wieder aramäische Notizen auf den elamischen Tontäfelchen, sondern es werden

[20]Dieses hat schon W. Hinz, ZA 61, 1971, 309, vorgeschlagen.

[21]Palast Tiglatpilesers III., 8. Jh., F. Thureau-Dangin – M. Dunand, Til-Barsib (1936) Taf. 50; A. Parrot, Assur (1961) Abb. 348.

[22]630–20 v.Chr., J. Reade, Assyrian Sculpture (Brit.Mus. 1983) Abb. 61.

Abb. 21 Assyrische Schreiber in Til-Barsib, der vordere drückt mit einem Griffel Keilschriftzeichen in ein Tontäfelchen, der hintere schreibt mit einer Feder vermutlich aramäische Buchstaben auf Pergament

auch mehrfach babylonische Schreiber "auf Haut" genannt. So erfahren wir beispielsweise im 23. Jahr (= 499 v.Chr.) von 11 solchen Schreibern, die Hofmarschall Farnaka angestellt hat; monatlich erhält übrigens jeder 5 Liter Wein (PF 1807). Zwei Jahre später wird wiederum eine ganze Gruppe babylonischer Schreiber des Farnaka genannt (PF 1828); in diesem Falle sind es 13 Männer, ein größerer und ein kleinerer Knabe, 6 Frauen, 2 Mädchen und 8 Diener. Bereits im 21. Jahr werden in Rachā, einem Ort in der Persis unweit Persepolis, babylonische Schreiber "auf Haut", also auf Pergament, verpflegt, die von Farnaka angestellt worden sind. Im zweiten Monat sind es 20, im dritten 26 Arbeiter einschließlich der Diener. Auf demselben Täfelchen (PF 1947) werden sechs Schreiber mit Dienern aufgeführt, die von Tshissavahush angestellt worden sind. Dieses sind Belege, die uns nur zufällig erhalten sind, doch vermögen sie immerhin einen Eindruck zu vermitteln, mit wievielen Schreibern wir mindestens zu rechnen haben. In Wirklichkeit werden also ganze Scharen von elamischen und auch babylonischen Schreibern für den Hofmarschall, in etwas geringerem Maße für den Vizemarschall tätig gewesen sein. Ob nun alle Belege sowohl in Elamisch auf Tontäfelchen als auch in Aramäisch auf Pergament geschrieben worden sind, bleibt fraglich. Jedenfalls ist auf den Verwaltungstäfelchen mehrfach davon die Rede, daß Häute von geschlachteten Tieren im Schatzhaus abgegeben worden seien. Diese wurden dort vermutlich zu Pergament verarbeitet. Denkbar wäre, daß Briefe und Anweisungen, die weiter weggeschickt werden mußten, auf Pergament geschrieben wurden, da dieses leichter zu transportieren war. Für die Archivierung jedenfalls benutzte man das billigere Material, nämlich Tontäfelchen.

Der Geschäftsgang der Hofkanzlei ist aus den uns erhaltenen Belegen somit deutlich zu erkennen:

1. Der Hofmarschall sagt seinem "persönlichen Sekretär", was alles zu veranlassen ist.

2. Dieser begibt sich in die Hofkanzlei und teilt dem Kanzleichef mit, was zu schreiben ist.

3. Der Kanzleichef ruft einen der "Schreiber" herbei und gibt den Auftrag weiter.

4. Der "Schreiber" läßt durch Gehilfen die Niederschrift anfertigen, und zwar zumindest mit einem Duplikat für das Hofarchiv, in einigen Fällen auch noch mit einer Fassung auf Pergament.

Ist der Sekretär des Hofmarschalls anderweitig beschäftigt, so läßt der Hofmarschall den Kanzleichef direkt zu sich kommen.

d) Der Hofschatzwart

Neben Hof- und Vizemarschall ist als einer der leitenden Beamten in Persepolis der "Hofschatzwart" zu nennen. Sein Titel, altpersisch *ganzabara*, elamisch *kap.nishkira*, ist auf vielen der Täfelchen, die im Schatzhaus von Persepolis gefunden worden sind, belegt, vorwiegend allerdings erst aus der Zeit des Königs Xerxes. In den meisten Fällen erhält er vom Hofmarschall Anweisungen, welche Summen an Silber er den Arbeitern der Krone auszuzahlen habe. Dabei handelt es sich um eine teilweise Ablösung der sonst in Naturalien auszugebenden Rationen. Unter Dareios scheint dieses zunächst noch nicht üblich gewesen zu sein. Da erhielten alle Arbeiter und Angestellten ihren Lohn in Gerste, Wein oder Bier und — je nach Stellung — auch in Fleischportionen ausgezahlt. Wer mehr bekam, als er für den täglichen Bedarf verbrauchte, konnte diesen Überschuß sicherlich auf dem Markt verhandeln. Erst zum Ende seiner Regierungszeit und dann verstärkt unter

Xerxes ging man dazu über, insbesondere die Wein- und Fleischrationen zur Hälfte oder auch einem Drittel durch Zahlungen in Silber zu ersetzen. Für die Empfänger war dieses sicher recht angenehm, da sie so freier über ihren Lohn verfügen und sich vielleicht einen besseren Hammel erwerben konnten, als sie sonst zugeteilt erhalten hätten.

Für diese Zahlungen war der Hofschatzwart zuständig. Er konnte sie indessen nicht von sich aus veranlassen, sondern erhielt die Anweisungen, wer wieviel zu bekommen hatte, vom Hofmarschall oder auch vom König selbst. In der Rangfolge stand der Hofschatzwart also unter Hof- und Vizemarschall. Die Mengen an Silber, die die Vorarbeiter für ihre Gruppen in Empfang nehmen konnten, wurden im Schatzhaus dann nach Anweisung des Hofschatzwartes abgewogen. Gemünztes Geld werden die Arbeiter wohl kaum in die Hand bekommen haben. So weiß auch Herodot (III 96) im Zusammenhang mit den Einnahmen, die der Großkönig durch Tributabgaben hatte, zu berichten: "Den Tribut lagert der König auf folgende Weise: er schmilzt ihn ein und gießt ihn in Tongefäße; wenn das Gefäß voll ist, bricht er den Ton entzwei, und wenn er Geld braucht, schlägt er so viel ab, wie für seinen Zweck notwendig ist". Auch Quintus Curtius weist im Zusammenhang mit der großen Menge Silbers, nämlich 50.000 Talenten, die Alexander d.Gr. im Schatzhaus von Susa vorgefunden haben soll[23], darauf hin, daß es nicht gemünzt gewesen sei, sondern in rohen Barren aufbewahrt wurde (non signati forma, sed rudi pondere).

Tritt der Hofschatzwart auch erst unter Xerxes mit seinem Titel auf, und zwar im Zusammenhang mit den Auszahlungen von Silber, so ist er doch schon unter Dareios nachzuweisen. Ihm unterstanden nämlich nicht nur das Schatzhaus in Persepolis, sondern viele weitere im gesamten Gebiet der Persis und auch der Elymais. Insgesamt wissen wir nach den uns erhaltenen Quellen von 19 "Schatzhäusern". Für sie alle und die in ihnen beschäftigten Arbeiter war der Hofschatzwart in Persepolis verantwortlich. So ist sein Siegel auch am häufigsten auf den Verwaltungstäfelchen aus Persepolis zu finden. R. T. Hallock hat es daher mit der Nr. 1 versehen. Es trägt eine elamische Inschrift, die allerdings nicht mehr vollständig zu lesen ist. Dieses Siegel wurde nacheinander von zwei Schatzwarten der Dareioszeit benutzt, Karkish und Çutayauda. Der auf sie folgende Hofschatzwart, Baratkāma, der seit dem Jahre 495 v.Chr. belegt ist, bekam dann vom König ein neues Dienstsiegel ausgehändigt, das vermutlich in altpersisch, elamisch

[23] V 2, 11 f. Quintus Curtius Rufus, der erst in der römischen Kaiserzeit lebte (vermutlich nach 150 n.Chr.), übertreibt wohl stark. Das babylonische Talent, nach dem laut Herodot III 89,2 das Silber abgerechnet wurde, wog 30,12 kg.

Abb. 22 Siegel des Hofschatzwartes Baratkāma

und akkadisch eine Inschrift trug, deren Anfang gerade noch zu erkennen ist: "Ich, Dareios ...". Das Siegelbild zeigt einen königlichen Helden, der mit ausgestreckten Armen zwei sich aufrichtende männliche Sphingen von sich abwehrt. Die Sphingen wenden allerdings ihre Köpfe zurück. Diese *Abb. 22* Darstellung wurde hinfort für das Siegel des Hofschatzwartes charakteristisch; denn es findet sich auch auf dem neuen Dienstsiegel, das Xerxes — nun mit seinem Namen in altpersischen Zeichen versehen — dem Nachfolger des Baratkāma aushändigte.

Dem Hofschatzwart in Persepolis waren alle Schatzhäuser der Persis mit ihrem gesamten Personal unterstellt. Und das waren große Mengen an Leuten. Denn diese Schatzhäuser waren nicht nur dazu bestimmt, in ihnen kostbare Gegenstände zu sammeln, sondern solche wurden dort auch hergestellt. Besonders bei den Einrichtungen, die über das Land verstreut lagen, scheinen die handwerklichen Betriebe der Hauptzweck gewesen zu sein. Wir erfahren von Silber- und Goldschmieden, Möbeltischlern und "Möbelpflegern", die vielleicht die gelagerten Möbel immer sauber, poliert und ihre Metallverzierungen blankgeputzt erhalten mußten, und vor allem von Schneidern. In vielen Fällen können wir die nur in diesem Zusammenhang begegnenden Fachbezeichnungen der Schatzhausarbeiter noch nicht übersetzen.

Hunderte von Arbeitern waren in den "Schatzhäusern" beschäftigt. Durch die zufällige Überlieferung unserer Täfelchen können wir immer nur auf Teile dieser Einrichtungen einen Blick werfen. Die Angestellten werden je nach ihrer Tätigkeit zu Gruppen zusammengefaßt. Wenn also beispielsweise in Schiras bis zu 231 Arbeiter genannt werden, so mögen noch weitere derartige Abteilungen hinzugekommen, das Schatzhaus also insgesamt noch viel größer gewesen sein. In dem Ort Parvyatsha werden 527, in Vrantush 544, in Rachā 380 in jeweils einem Zusammenhang genannt. Das größte derartige Schatzhaus lag unmittelbar unterhalb von Persepolis, in Chvādaitshaya. Dort werden nicht nur Gruppen von 119 und 259 Angestellten angegeben, sondern sogar von 677, 694 und 702. In Persepolis selbst werden im Jahre 467 v.Chr. (19. Jahr des Xerxes) insgesamt 1348 Arbeiter am Schatzhaus genannt, denen der damalige Hofschatzwart Vahush ihre Rationen teilweise in Silber auszahlte (PT 39). Vermutlich zog man hier gerade zu diesem Zeitpunkt so viele Schatzhausarbeiter zusammen, damit sie die notwendige Ausstattung der neuerrichteten großköniglichen Gebäude herstellen konnten. Gehörten doch zu den Manufakturen auch Möbeltischler und Feinarbeiter, die kostbare Einlagen mit Edelsteinen und Elfenbein verfertigten.

Eine weitere sehr wichtige Abteilung der Schatzhäuser stellten die Schneidereien dar. Hier wurden die berühmten persischen Gewänder verfertigt, die als königliche Geschenke einen besonderen Rang einnahmen und auch von den griechischen Schriftstellern immer unter den besonderen Schätzen der Perser aufgezählt werden. In diesen Schneiderwerkstätten wurden Hunderte von Frauen — und auch Männer — beschäftigt.

Das Auffälligste ist, daß allen diesen Manufakturen in den Schatzhäusern jeweils eine Frau vorstand. Sie erhielt auch den höchsten Lohn von allen dort tätigen Arbeitern, nämlich 50 Liter Gerste, 30 Liter Wein und 1/3 Kleinvieh, Ziege oder Schaf, pro Monat.

Indessen erfahren wir in zwei Fällen noch von Männern, die am Schatzhaus tätig waren und einen noch höheren Lohn als die Vorgesetzte erhielten. Der eine wird als "Beschaffungsbeamter" (*ullira*) am Schatzhaus, der andere als "Schreiber" bezeichnet (PF 1947). Beide bekamen 90 Liter Gerste und hatten je 8 Diener zu ihrer Verfügung. Sie müssen also recht verantwortungsvolle Posten bekleidet haben. Der als "Beschaffungsbeamter" Bezeichnete hatte vermutlich die ordnungsgemäße Ablieferung der Abgaben zu überwachen und mußte die Materialien, die in den Manufakturen verarbeitet wurden, besorgen, während der "Schreiber" die Verwaltung der gesamten Einrichtung leitete.

3. Beamte und Angestellte

Das gesamte Gebiet der Persis und der Elymais war in sechs Bezirke eingeteilt: *Abb. 23*

I Persepolis und Umgebung,

II Schiras und Umgebung,

III das südöstliche Gebiet der Persis,

IV das südwestliche Gebiet der Persis,

V der nordwestliche Teil und

VI die Elymais.

Die zentrale Verwaltungsstelle lag in Persepolis. Dort saß die oberste Kontrollinstanz, und dort liefen alle Fäden der Verwaltung in den Händen des Hofmarschalls und seines Vertreters, des Vizemarschalls, zusammen. Ihnen untergeordnet war der Hofschatzwart, der für die Verwaltung des königlichen Schatzes und für sämtliche Schatzhäuser im gesamten Kernland des Achämenidenreichs zuständig war. In den Provinzen entsprach der Stelle des Hofmarschalls die des Satrapen. Er hatte dort die gleichen Aufgaben zu erfüllen, und auch er hatte einen Stellvertreter. Des weiteren gab es einen für die jeweilige Satrapie zuständigen obersten Schatzwart. Somit werden wir uns auch die weitere Gliederung der Beamtenschaft entsprechend vorstellen dürfen.

Etwa auf gleicher Ebene wie der Hofschatzwart wird der "Hofintendant" gestanden haben. Er trug den altpersischen Titel *grdhapatish*, was man mit "Hüter des Hauses" übersetzen kann. In erster Linie war er für den Einsatz von Arbeitern und deren Verpflegung verantwortlich. Dabei ist sein Wirkungskreis äußerst weitreichend. Während jedoch der Hofschatzwart für das gesamte Kernland des Achämenidenreichs zuständig war, so gab es zwei Beamte nebeneinander, die als "Hofintendanten" tätig waren. Der eine hatte die Gebiete der Persis und die nördlichen Bereiche bis hin in die Elymais unter seiner Obhut, hatte seinen Sitz aber nicht in Persepolis, sondern im elamischen Gebiet. Der zweite war insbesondere für die südlichen und südöstlichen Gebiete zuständig. Er hatte seinen Dienstsitz wohl in Schiras. Diese "Hofintendanten" hatten in erster Linie für die Sicherung der Verpflegung der vielen Tausende von Arbeitern zu sorgen. An sie wenden sich auch der Hof- und der Vizemarschall mit der Bitte, daß sie die Versorgung

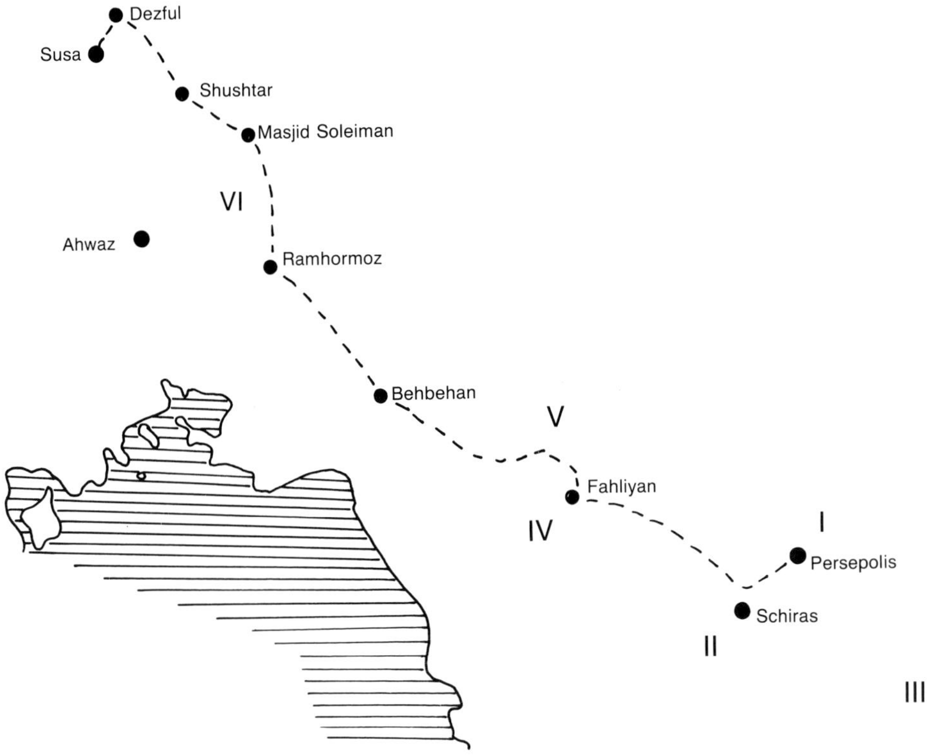

Abb. 23 Die Lage der sechs Verwaltungsbezirke entlang der Straße von Persepolis nach Susa

der von ihnen angestellten Arbeiter regeln möchten. Ihnen war somit die gesamte Verwaltung des Getreides unterstellt, das ja das Grundnahrungsmittel für die Bevölkerung war. Desgleichen überwachten sie aber auch den Früchteanbau und die Tierhaltung. So standen große Landgüter unter ihrer Oberaufsicht. Die beiden "Hofintendanten" überwachten weiterhin die Steuereinnahmen und die Erträge von dem verpachteten Land. Man kann sie also als "rechte Hand" des Hofmarschalls bezeichnen.

Als nächste in der achämenidischen Beamtenhierarchie folgten die "Leiter der Intendanturen". Sie waren jeweils für einen Verwaltungsbezirk zuständig und hatten sich in verstärktem Maße dafür einzusetzen, daß die Anordnungen, die von den obersten Beamten kamen, auch wirklich richtig ausgeführt wurden. So ordneten sie beispielsweise an, was als Saatgut aufzubewahren sei, und überwachten dann die Ernteerträge. Die Versorgung der Arbeiter wurde von ihnen geregelt, und sie setzten "Gastarbeiter" zu verschiedenen Zwecken ein, vor allem zu Erntearbeiten in der Landwirtschaft. Besonders Lyker und Thraker begegnen in diesem Zusammenhang sehr häufig.

Befand sich der König auf Reisen, hatte der "Leiter der Intendantur" des jeweiligen Verwaltungsbezirkes für seine Verpflegung und die des ihn begleitenden Hofstaates zu sorgen. Dafür mußten schon rechtzeitig die Vorbereitungen getroffen werden. So erteilte beispielsweise der Leiter der Intendantur der Elymais, ein Mann namens Rdhifya, die Anordnung, daß für den König fast fünf Monate lang sieben Rinder mit besonderer Sorgfalt gemästet werden sollten (PF 710). Diese Rinder sollten dann wahrscheinlich geschlachtet werden, wenn der König in die Elymais kam. Auch die Bäckerei in dem Schatzhaus des Ortes Hunar stand unter der obersten Aufsicht des Rdhifya.

Vertreter der Leiter der Intendanturen waren wohl die sogenannten "Beschaffungsbeamten" (*ullira*). Ein so bezeichneter Beamter stand auch an der Spitze der Verwaltung eines jeden Schatzhauses.

In den einzelnen Orten oder örtlichen Kreisen waren dann die Zuständigkeitsbereiche nach bestimmten Produkten gegliedert. So gab es immer einen Beamten, der für die Verwaltung der Getreideerzeugnisse zuständig war, also einen "Cerealienkommissar" (elamisch *tu-ma-ra*, altpersisch *am-ba-ra-bar-ra*). Der Verwalter der Früchte hieß "Obstwart" (*ha-mi-ši-ya*) und der des Weines entweder elamisch "Weinträger" (*GIŠ.GEŠTIN.lg.ku-ti-ra*) oder altpersisch "Faßwart" (*ab-bar-na-bar-ra*). Alle diese Beamten hatten noch Stellvertreter, und außerdem waren ihnen "Lagerverwalter" unterstellt. Wieder andere Beamte führten Aufsicht über die Viehhaltung; sie wurden als "Herdenmeister" bezeichnet und hatten eine große Anzahl von Hirten unter sich. Die Arbeiter ihrerseits waren in Gruppen zusammengefaßt, denen jeweils Vorarbeiter vorstanden. So treten auf den Verwaltungstäfelchen mehrfach Hundert- oder Zehnerschaftsführer auf, die für ihre Gruppe Zahlungen in Empfang nehmen. Hier scheint also eine militärische Ordnung geherrscht zu haben.

4. Lohnverhältnisse

Durch die in Persepolis gefundenen Täfelchen lassen sich interessante Einblicke in das Lohnsystem der Dareioszeit gewinnen[24]. Es ist sehr reich abgestuft und in mancherlei Hinsicht so modern, daß es heutige Verhältnisse sogar noch zu übertreffen scheint. Natürlich haben wir es auch hier wieder nur mit zufällig erhaltenen Belegen zu tun, die somit kein vollständiges Bild zu liefern vermögen, doch wird die Grundeinstellung deutlich.

Die von der Krone Beschäftigten werden unterschieden in "Herren, Freie" (*šá-lu-ip*) und deren "Diener" (*li-ba-ip*) oder "Jungen, Burschen" (*pu-hu*). Dieser Begriff, der üblicherweise Kinder und Jugendliche kennzeichnet, wird für Männer, die im Range eines "Dieners" stehen, auch in höherem Alter beibehalten, vergleichbar dem *pais* im alten Griechenland, womit sowohl ein "Kind" als auch ein "Sklave" benannt wurde. Diese Einstufungen sind vor allem auf den Proviantzuteilungen von Reisenden zu finden. Ganz selten begegnet noch die Benennung *šá-u-lu-um*, jedoch nur im Zusammenhang mit Reisebelegen. Diese Personen scheinen den "Dienern" zu entsprechen[25]. Ob hiermit vielleicht "Sklaven" gemeint sind, bleibt fraglich. Mit Sicherheit können wir eine bestimmte Bezeichnung für Sklaven an keiner Stelle nachweisen. Man hat sie unter dem Begriff *kur-taš* erkennen wollen[26], der so häufig auf den Verwaltungstäfelchen vorkommt. Doch gibt dieses nur das altpersische Wort **grdhya-* wieder, also "das Gesinde", "die zum Haus gehörige Dienerschaft". Im Falle der Täfelchen sind es also alle, die vom Königshaus angestellt worden sind, und dazu gehören auch solche, die als "Herren, Freie" bezeichnet werden. Andererseits ist kaum zu bezweifeln, daß es Sklaven gegeben hat. Auf babylonischen Urkunden der Achämenidenzeit ist nicht selten von ihrem Verkauf die Rede. Sie berichten sogar von einem Sklavenmarkt in unmittelbarer Nähe von Persepolis, in Chvādaitshaya[27]. Die dort verhandelten Sklaven waren so berühmt, daß reiche Babylonier sie sich den weiten Weg bringen ließen, obwohl man im Zweistromland selbst normalerweise viel weniger für die Sklaven zahlte.

[24]Ausführlich dazu: H. Koch in Kunst, Kultur und Geschichte der Achämenidenzeit (AMI Ergbd. 10, 1983) 19 ff.

[25]Sie erhalten wie diese 1 Liter Mehl pro Tag; nur auf einem einzigen Beleg (unpubliziert, Fort. 10782 = Q 2510) scheinen sie mit der Hälfte auskommen zu müssen.

[26]z.B. M. A. Dandamaev, Schriften zur Geschichte und Kultur des Alten Orients (Altorientalische Forsch. II. Akad. d. Wiss. d. DDR — Zentralinst. für Alte Gesch. u. Archäologie, 1975) 71 ff., als zum Frondienst gezwungene Kriegsgefangene. Ders. in Dandamaev – Lukonin 158 ff.

[27]R. Zadok, Iran 14, 1976, 67 ff.

Die Entlohnung der Arbeiter erfolgte grundsätzlich in Naturalien, und zwar war Gerste das Grundnahrungsmittel. Der Mindestlohn für einen erwachsenen Mann betrug 3 BÁN Gerste im Monat. 1 BÁN enthält 10 Qa, und 1 Qa ist ein Maß von 0,97 Liter[28]. Somit besteht der Grundlohn aus täglich 1 Qa, einem knappen Liter. Aus dieser Menge kann man etwa 1 Pfund Brot backen. Der Lohn bleibt gleich, unabhängig davon, ob der Empfänger als "Freier, Herr" oder als "Diener" bezeichnet ist. Wenn letztere weniger, also beispielsweise 2 BÁN pro Monat, erhalten, muß es sich wohl in der Tat um Jugendliche handeln.

Einen Anhaltspunkt dafür, wann man das "Erwachsenenalter" erreicht hatte, haben wir nicht. Doch läßt sich bei einer Reihe von Täfelchen, die über mehrere Monate hin die Zuteilung für dieselbe Arbeitergruppe verzeichnen, feststellen, daß mitunter von einem Monat zum anderen ein "Junge" weniger und dafür ein "Mann" mehr aufgezählt werden und die Ration entsprechend erhöht ist. So muß der Betreffende gerade die Grenze überschritten haben.

Auf der niedrigsten Gehaltsstufe mit 30 Liter Gerste monatlich steht neben den einfach als "Diener" oder "Bursche" Bezeichneten auch eine ganze Menge an "Fremdarbeitern". Sie sind z.B. aus Lykien, Thrakien oder Baktrien herbeigekommen. Gern wurden sie als Erntearbeiter eingesetzt und zu diesem Zwecke auch von einer Gegend in eine andere geschickt, je nach Jahreszeit und Art des Anbaus. Babylonier werden als "Gerstewarte" genannt, waren also wohl für Aufbewahren des Saatgutes, Aussaat und Ernte zuständig. Andere Babylonier treten des öfteren als "Schreiber auf Haut", also Pergament, auf. Thraker waren als Viehzüchter eingesetzt, Syrer hatten Zedernholz zu verwahren. Auch Reitknechte, Arbeiter am Schatzhaus, Garnspinner, Holzarbeiter, Tischler, Feinarbeiter, Goldschmiede, Ölmacher, Obstsaftbereiter und persische Knaben, die Inschriften abschreiben, begegnen auf der niedrigsten Gehaltsstufe.

Alle Arbeiter, die nur die Mindestration erhielten, bekamen zusätzlich noch eine ganze Reihe an Sonderzuwendungen, und zwar sind diese unterschieden in regelmäßige Zuteilungen und solche, die aus besonderem Anlaß zuerkannt wurden. Regelmäßig, wohl alle zwei Monate, wurde *sat* ausgegeben, das wir einfach als "Zuteilung" übersetzen können. Es bestand meistens aus einem Liter Mehl und einem halben Liter Wein oder Bier. Von

[28] Der Einfachheit halber wird im folgenden die Menge immer aufgerundet als ganzer Liter angegeben. — Hohlmaße und Gewichte hatten offenbar dieselbe Einteilung, denn das hübsche Bronzegewicht in Form eines Steinbocks *(Taf. 30)*, das in Berlin aufbewahrt wird, wiegt 9,745 kg.

Schneiderinnen und Obstsaftbereitern erfahren wir, daß 30 von ihnen zusammen ein Stück Kleinvieh pro Monat erhielten. Dies dürfte auch auf die anderen gleichgestellten Arbeiter zutreffen. Auf den einzelnen entfiel dabei kaum die Portion für ein Abendessen.

Zu den "Zuteilungen" kamen weitere Extrarationen hinzu, von der Verwaltung als "königliche Unterstützung" bezeichnet. Beide Arten werden auch als "Zuwendung" (*sa-ut-ki-me*) zusammengefaßt. Die "königliche Unterstützung" konnte aus besonderen Mehlsorten oder Gerstenmalz bestehen, wovon die Arbeiter in drei Monaten einen Liter erhielten. Auch Sauerwein wurde so zugeteilt; beispielsweise bekam in einer Gruppe von 164 Arbeitern jeder 5 Liter pro Jahr, persische Knaben, die Inschriften abschreiben, 1/2 Liter pro Monat, einer von ihnen 1 Liter. Öfter finden sich Früchte als "königliche Unterstützung". So erhalten Lyker und Arbeiter am Viehhof einen Liter Feigen pro Monat, thrakische Burschen 1/3 Liter Nüsse monatlich. Offenbar nur an Männer wurde Leinsamen ausgegeben, in der Regel 1 Liter pro Monat.

Empfänger dieser Sonderrationen sind die einfachen Arbeiter, Arbeiter des Königs und seiner Frauen, Arbeiter bei der Festung, Schatzwarte, Anstreicher, Obstsaftbereiter, Landarbeiterinnen, Schneiderinnen und des öfteren Fremdarbeiter, Lyker, Thraker, Karer, Sogdier. Zuständig für die Zuteilung der Sonderrationen waren eigens dafür eingesetzte Aufseher, die als "Bericht-Macher" oder "Inspizienten" bezeichnet werden (elamisch *ti-ud-da.hu-ut-ti-ip*, altpersisch *ti-ti-kaš-be*).

Zu diesen genau festgelegten Sonderrationen kamen solche aus besonderem Anlaß. Sie werden als "Wunschkost" bezeichnet (altpersisch *qa-ma-kaš*, elamisch *zí-za-el*). So erhielten beispielsweise Frauen, die ein Kind zur Welt gebracht hatten, wohl fünf Monate lang eine Sonderzuteilung. Dabei wurde allerdings unterschieden, ob es sich bei dem Kleinen um einen Jungen oder ein Mädchen handelte. Für einen Jungen gab es monatlich 2 BÁN Gerste oder Weizen, mitunter auch nur Kornschrot, und einen Krug, etwa 10 Liter, Wein oder Bier, für ein Mädchen von beidem die Hälfte.

"Wunschkost" erhielten auch Schwerarbeiter (*za-mi-ip*), doch lassen sich dabei keine festen Sätze erkennen. Eine Gruppe von 129 Schwerarbeitern bekam 514 Liter Korn, wohl für ein ganzes Jahr, also jeder monatlich etwa 1/3 Liter. Diese Gruppe läßt sich anhand der Belege über drei Jahre hin verfolgen. Eine andere, bestehend aus 30 Männern, erhielt monatlich je 1 Liter Korn. Die Höhe dieser Sonderzuteilungen hing demnach noch von der Art der Arbeit ab, doch erfahren wir darüber leider nichts Näheres. Neben Korn oder Gerste wurden den Schwerarbeitern auch Mehl, Röstgerste und

Gerstenmalz, dazu Wein oder Bier, Datteln und Mandeln gewährt. Weiterhin wurde den Arbeitern, die sich besonders angestrengt hatten (*si-ut-ma-ip*), "Wunschkost" zugestanden, doch sind die Mengen auf den Täfelchen nur selten genauer aufgeschlüsselt. Z.B. erhalten 100 Schatzhausarbeiter je 1 Liter Wein für einen Monat, eine andere Gruppe von 90 Arbeitern jeder nur 1/3 Liter für dieselbe Zeit, dazu aber noch 1 Liter Gerste. Einer weiteren Gruppe werden 1/2 Liter Feigen pro Monat zugeteilt und dieses für ein ganzes Jahr. Neben Schatzwarten, Schneiderinnen, Landarbeiterinnen, Anstreichern finden sich auch häufiger Fremdarbeiter unter den Empfängern dieser "Wunschkost" für besondere Leistungen. So werden Thraker, Lyker, Kappadokier und Sogdier genannt.

Verantwortlich für die erhöhten Zuteilungen dieser Art waren immer Oberpriester (**athravapati-*). Sie hielt man wohl für am zuverlässigsten bei der Auswahl und Zuerkennung dieser nicht genau festzulegenden Sonderleistungen. Denn wie ihre Höhe war und an wen sie gezahlt werden sollten, lag ja mehr oder weniger im Ermessen der Zuständigen, obwohl es sicher Richtlinien gab. Außerdem waren die Priester damit neben ihren religiösen Pflichten noch sinnvoll in der Verwaltung eingesetzt. Ähnliches hatten wir schon bei den als Feuerschürer bezeichneten Priestern gesehen, die neben der Pflege des Kultes auch noch die Abrechnungen zu bestätigen hatten (s. oben Kap. III 3).

Die bisher betrachteten Rationen und die damit verbundenen Sonderzuteilungen betrafen nur die niedrigste Gehaltsstufe, die einfachen Arbeiter und Diener. Durch die Ausbildung besonderer Fertigkeiten konnte sich indessen im persischen Reich offenbar jeder in höhere Gehaltsstufen hinaufarbeiten. Greifen wir uns als Beispiel einen Beleg heraus, der uns die verschiedenen Möglichkeiten innerhalb einer Berufsgruppe zeigt. Wir wählen eine Aufstellung über Gerstezuteilungen an die Angestellten einer Schneiderwerkstatt (PF 999). Die Aufzählung erfolgt von den höchsten bis zu den niedrigsten Löhnen. Letztere sind für Kinder bestimmt, deren Zuteilungen nach Alter abgestuft sind, 2 Jungen und 5 Mädchen erhalten je 5 Liter, 6 Jungen und 5 Mädchen je 10 Liter, 2 Jungen und 1 Mädchen je 15 Liter im ganzen Monat.

Es war demnach wohl üblich, daß die ganze Familie bei ein und demselben Arbeitgeber beschäftigt war. War also der Familienvater Angestellter der Krone, so war auch die Ehefrau dort tätig, und die Kinder wurden von klein auf mitverpflegt. Vermutlich wurden sie schon frühzeitig in den Arbeitsprozeß mit eingebunden und in besonderen Fertigkeiten ausgebildet. Ehe sie so weit waren, erhielten sie, ihrem Alter entsprechend, die nötige

Verpflegung. In einigen Fällen sind sie von der persischen Verwaltung als "vortariflich Eingestufte" benannt worden.

Über den Kindern folgt in unserem Beispiel eine Gruppe, die 20 Liter Gerste monatlich erhält. Es sind darunter drei Verfertiger von Umhängen (*kán-su-qa.hu-ut-ti-ip*) und sieben Verfertiger von ärmellosen Gewändern (*tuk-li.hu-ut-ti-ip*), ein *hh.zí-ul-pi-ra* und ein *hh.ra-za-ak-qa*. Die beiden letzten Begriffe kommen nur auf diesem Täfelchen vor, und wir können daher nicht sagen, welche Aufgaben diese Männer zu erfüllen hatten, vielleicht sind es ein Zuschneider und ein Färber. Auffällig ist jedoch, daß die Bezahlung für sie unter dem Mindestlohn liegt. Dieses legt die Vermutung nahe, daß es sich noch um Jugendliche handelt, die erst in diesem Beruf ausgebildet werden. Und in der Tat wird auf demselben Täfelchen ein *hh.zí-ul-pi-ra* genannt, der die doppelte Menge, nämlich 40 Liter Gerste, monatlich erhält. Er war offensichtlich ein erwachsener Mann, der seinen Beruf richtig auszuüben verstand.

Eine vergleichbare Abstufung mit verschiedener Bezahlung bei gleicher Tätigkeit findet sich auch bei den Frauen. So erhalten zwei Frauen, die feine Mäntel anfertigen, 20 Liter Gerste monatlich, eine Frau mit derselben Tätigkeit 25 Liter und sieben Frauen 30 Liter (*lu-ip-lak ra-mi-ya hu-ut-ti-ip*). In gleicher Weise bekommen 21 Frauen, die feine Gewänder (*ra-mi-ya tuk-li*), und 18, die feine Umhänge (*ra-mi-ya kán-su-qa*) nähen, 30 Liter, während je eine Frau in jeder Gruppe nur 25 Liter erhält. Diese Lohnabstufung bei gleicher Tätigkeit kann zum einen, wie bei den Männern, bedeuten, daß sich die Schneiderinnen auf verschiedenen Stufen der Ausbildung befinden. Andererseits scheint sich gerade bei den Frauen noch eine weitere Möglichkeit abzuzeichnen. Da sie ja neben ihrem Beruf auch noch in ihrem Haushalt eingespannt waren, ihre Familie versorgen, Wäsche waschen und vielleicht sogar einen kleinen Garten unterhalten mußten, hatten sie offenbar die Möglichkeit, kürzere Zeit zu arbeiten. Dieses wird sich dann entsprechend in ihrem Lohn ausgedrückt haben. So bekommen auf unserem Beispieltäfelchen zehn Frauen, die sehr feine Gewänder, und sechs Frauen, die sehr feine Mäntel herstellen, monatlich 40 Liter Gerste, während drei Männer mit derselben Tätigkeit 45 Liter erhalten.

Andererseits gibt es auch Belege, daß Männer und Frauen bei gleicher Tätigkeit gleichen Lohn erhalten, so bei Kunst- und Feinhandwerkern (PF 865/66). Im Schatzhaus in Schiras werden z.B. im Jahre 494 v.Chr. 2 Männer und 51 Frauen als Kunsthandwerker beschäftigt, im Schatzhaus von Rachā ist es in demselben Jahr eine wohl vergleichbar niedrige Zahl an Männern und 75 Frauen. Sie alle bekommen monatlich 40 Liter Ger-

Taf. 2 Das Relief am Felsen von Bisotun; im Winter gefriert das unter dem Relief austretende Wasser zu Eis

◁ *Taf. 1 Der Felsen von Bisotun mit dem Relief des Königs Dareios*

Taf. 3 König Dareios auf dem Relief in Bisotun, Detail von Taf. 2 ▷

Taf. 4 Die Terrasse von Persepolis; vorn links das Schatzhaus, darüber der rekonstruierte Harem; oben der Xerxes-Palast; vorn rechts der Hundert-Säulen-Saal, links darüber der Apadāna; rechts oben das "Tor aller Länder" ▷▷

Taf. 5 Das Kyros-Grab in Pasargadae

Taf. 6 Der von Kyros d. Gr. erbaute Palast (S) in Pasargadae

Taf. 7 Die Leibwache Königs Dareios auf den emaillierten Ziegelreliefs von seinem Palast in Susa

Taf. 8 Die Terrassenmauer in Persepolis

Taf. 9 Die Säulen der Ostportikus des Apadāna in Persepolis mit ihren reich geschmückten Basen ▷

Taf. 10 Stierkapitell aus Persepolis

Taf. 11   Die goldene Gründungsurkunde des Apadāna in Persepolis

▷

Taf. 12   Ansicht von Persepolis; vorn links Teile des Schatzhauses, darüber der Harem mit Bäumen davor, rechts oberhalb das Tripylon; in der Bildmitte der Apadāna mit seinen hohen Säulen und der großen Treppenanlage; rechts davon das "Tor aller Länder"

Taf. 13 Detail der Reliefs mit den Gesandtschaften an der Osttreppe des Apadāna in Persepolis; man sieht gerade die Parther oben und darunter die Babylonier

Taf. 14 Nördlicher Teil der Osttreppe des Apadāna in Persepolis; in den beiden unteren Reihen stehen die Adligen und hohen Beamten des Reiches, oben werden die Pferde und Wagen für den König und den Kronprinzen herbeigebracht

Taf. 15 Dareios-Palast mit seinen mächtigen Tür- und Fensterrahmen von Norden

ste. Die 4 männlichen und 45 weiblichen Feinhandwerker in Schiras und die 2 männlichen und 113 weiblichen in Rachā, die auf denselben beiden Täfelchen genannt werden, erhalten je 30 Liter monatlich.

Auf der einen Seite zeichnet sich also deutlich ab, daß mit steigender Kunstfertigkeit, z.B. Anfertigung von einfachen, feinen und sehr feinen Gewändern, auch das Gehalt entsprechend steigt, zum anderen können verschieden hohe Löhne bei gleicher Tätigkeit entweder eine Ausbildungsstufe bedeuten oder auch — bei den Frauen — "Teilzeitarbeit". Auf dem Beispieltäfelchen wird eine Frau aufgeführt, die 20 Liter Gerste monatlich bekommt. Sie ist als *tak-du-du-um* bezeichnet, ein Wort, das sonst nicht wieder begegnet. Außerdem ist aber noch hinzugefügt, sie sei die Ehefrau des *zí-ul-pi-ra*. Dieses ist ungewöhnlich, und der Zusatz wäre bei einer Arbeiterin wenig sinnvoll. Vermutlich gab es noch weitere Frauen, deren Männer ebenfalls im Schatzhaus tätig waren. Es scheint vielmehr so, daß diese Dame gerade "Mutterschaftsurlaub" hatte. Das bisher unbekannte Wort könnte bedeuten, daß sie "einem Kleinen Leben gegeben hat"[29]. Sie übte also zu dieser Zeit keine Tätigkeit aus, deshalb die Angabe, wer ihr Ehemann war. Auf dem Täfelchen steht sie zwischen den Werktätigen und den Kindern, die noch nicht arbeiten mußten. Sie bekam einen Mindestunterhalt, zu dem dann noch ihre Sonderzuteilungen für die Geburt hinzukamen, die aber getrennt abgerechnet wurden. Nach einer bestimmten Zeit nahm sie ihre Tätigkeit wieder auf, und das Kind wurde dann während ihrer Arbeitszeit von "Ammen" versorgt. Solche werden unter anderem im Zusammenhang mit den Angestellten von Schatzhäusern erwähnt.

Den höchsten Lohn auf unserem Beispieltäfelchen erhält die Vorgesetzte mit 50 Liter Gerste monatlich. Dieses war die übliche Entlohnung für die leitenden Damen, die mehrfach in den Schatzhausbetrieben und Manufakturen erscheinen. Hinzu kamen 30 Liter Wein und 1/3 Stück Kleinvieh pro Monat. Dieselbe Menge, 50 Liter Gerste und 30 Liter Wein (Kleinvieh nicht belegt), erhält auch die Vorgesetzte im Schatzhaus von Pitana. Die nächstfolgenden Sätze bekommen ein Mann, 40 Liter Gerste und 20 Liter Wein, und drei Frauen, 40 Liter Gerste und 10 Liter Wein. Bei gleich hoher Gerstenration wird hier also noch in der Weinmenge unterschieden. Doch kann man dieses nicht einfach als einen Unterschied in der Vergütung von Männern und Frauen auslegen. Denn auch bei Männern wird bei gleicher Gersteration noch bei der Weinzuteilung variiert. Dieses hängt zum einen offenbar mit der Tätigkeit zusammen. So bekommen beispielsweise Rich-

[29]Zu elamisch *tak-* "Leben" und *dudu* "Kleines"; letzteres kommt sehr oft im Zusammenhang mit verschiedenen kleinen, neugeborenen Tieren vor, s. ElW 345 f. und 379 f.

ter, "Lanzenträger" — also auf den Straßen aufsichtführende Polizisten —, Soldaten, Reisebegleiter, Kamelhüter, "Reitknechte" in leitender Position, Schnellboten, Verpflegungsmeister, Kuchenbäcker, Fruchtwarte, Reservoirwarte und Vorarbeiter monatlich 45 Liter Gerste und 30 Liter Wein. Bei gleicher Gersteration nur die Hälfte an Wein, nämlich 15 Liter, erhalten "Zehnteneinheber" — also Steuerbeamte —, Schatzwarte, Männer, die sehr feine Gewänder und Mäntel nähen, lydische Silberschmiede, Goldschmiede, Holzschnitzer, reisende "Herren", babylonische Schreiber und Inschriftenverfertiger. Nur 5 Liter Wein wird an babylonische Salber ausgegeben, und gar nur 1/2 Liter pro Monat an Polizisten und persische Knaben, die Inschriften abschreiben. Unter letzteren ist einer hervorgehoben, der 1 Liter bekommt. Diese Unterscheidung spricht wiederum für die Berücksichtigung der Dienstaltersstufen, ebenso die Tatsache, daß einige der Polizisten nur 1/5 Liter Wein monatlich zugestanden bekommen.

Erhalten die Inschriftenverfertiger und babylonischen Schreiber, die oben genannt sind, 45 Liter Gerste und 15 Liter Wein, so ist z.B. bei Schreibern, die am Schatzhaus tätig sind, die Gerstenration mit 40 Liter niedriger, dafür aber die Weinration mit 20 Liter höher. Es gab also vielfache Möglichkeiten der Gehaltsabstufungen, die es uns erschweren, eine genaue Gehaltsliste aufzustellen, zumal vollständige Belege fehlen. Andererseits gewinnt man den Eindruck, daß die achämenidische Verwaltung überaus bemüht war, jeden wirklich seiner Leistung entsprechend zu entlohnen. So sind auch die höheren Dienstgrade noch abgestuft. 60 Liter Gerste, aber nur 10 Liter Wein bekommen ein Revisor, Steuereinnehmer, "Kämmerer", Heeres-Inspizienten, "Heer-Schützer", Beschaffungsbeamte der Goldschmiede, besondere Schnellboten und Reisebegleiter. Ebenfalls 60 Liter Gerste, aber 30 Liter Wein, erhalten Musterungsbeamte, Rechnungsführer, ein Beamter, der "peinliche Verhöre durchführt", ein "Gartenexperte", Begleiter von Prinzessinnen, Schatzhüter und Festungswarte. Als Fleischration ist bei dieser Gruppe nur 1/6 Stück Kleinvieh nachzuweisen; das ist nur die Hälfte von dem, was die als Vorgesetzte arbeitenden Frauen bekommen, denen 50 Liter Gerste und 30 Liter Wein zustehen.

Belege über Fleischzuteilungen sind nur in geringem Maße vorhanden. Abgesehen von den kleinen Portionen, die als Zusatzrationen ausgegeben wurden, standen diese ja auch nur den höhergestellten Beamten zu. Ein als "Landvogt" bezeichneter Beamter bekam 60 bis 80 Liter Gerste und 1,5 Stück Kleinvieh pro Monat. Leitende Verwaltungsbeamte am Schatzhaus, Aufseher und Musterungsbeamte erhielten 90 Liter Gerste, 60 Liter

Wein und 3 Stück Kleinvieh. Zum überwiegenden Teil wurden Ziegen und Ziegenfleisch als Rationen ausgegeben.

Ganz heraus hebt sich eine Gruppe von Spitzenverdienern. An ihrer obersten Stelle steht der Hofmarschall, dem die gesamte Verwaltung der Kernlande des persischen Großreichs unterstellt war. Sein Monatslohn betrug 5400 Liter Gerste und 2700 Liter Wein, dazu 60 Stück Kleinvieh; zumindest wissen wir das von Farnaka, der lange Jahre unter König Dareios dieses Amt innehatte. Noch mehr Wein bekam nur der "Lanzenträger" und Schwiegervater des Königs Dareios, Gaubarva, der ihm auch bei der Überwältigung des Magiers Gaumāta und damit zur Macht verholfen hatte. Dargestellt ist er beispielsweise auf dem Relief von Bisotun als zweiter hinter dem Herrscher. Er bekam 3000 Liter Wein im Monat, seine anderen *Abb. 6* Einkünfte sind nicht bekannt. Der Vizemarschall, unter Dareios war es für viele Jahre Tshissavahush, erhielt nur 1/3 der Gersten- und Weinration des Hofmarschalls, 1800 Liter Getreide und 900 Liter Wein, aber immerhin 45 Stück Kleinvieh.

Zwischen Hof- und Vizemarschall waren wohl die Satrapen der Provinzen eingestuft. Nur einige Male befinden sich Satrapen auf Reisen, und dann fehlt auf den Täfelchen eine Angabe, für welchen Zeitraum sie Mehl und Wein bekommen. Einen Hinweis liefert indessen ein hochgestellter Inder, Apadaiva, der im Jahre 499 v.Chr. zum König nach Susa und wieder zurück nach Indien reist. Es hat den Anschein, daß er diese Reise unternahm, um zum neuen Satrapen von Indien ernannt zu werden. Seine Rationen ergeben eine monatliche Menge von 2100 Liter Gerste und wohl 900 Liter Wein.

Besonders bei den Empfängern der höheren Rationen konnten die Gerstenmengen auch durch andere Getreidearten oder Mehl ersetzt werden. So erhält der Hofmarschall beispielsweise von dem "feinen Mehl", während sonst in der Regel nur Reisende Mehl erhalten, da sie unterwegs kaum die Möglichkeit hatten, ihr Getreide vor dem Verzehr noch zu mahlen. Daß sie sich ihre Fladen selbst zubereiteten, hat man ihnen wohl zugemutet. Ein Beschaffungsbeamter (*ul-li-ra*) bekam auf einem Beleg 60 Liter Mehl plus 30 Liter Röstgerste, ein anderer 90 Liter Weizen, während sein Diener nur Gerste erhielt.

Bei diesen Spitzenverdienern und auch bei den höhergestellten Beamten wird deutlich, daß sie ihre Rationen keinesfalls allein verzehren konnten. Aber auch ihre Dienerschaft brauchten sie damit nicht zu unterhalten, denn diese bekam ihrerseits genau festgelegte Rationen. Somit muß es also auch genaue Vorschriften gegeben haben, welchem Beamten wieviele Bedienstete zustanden. Sollte er darüber hinaus noch weitere angestellt haben, dürfte er indessen auch für ihren Unterhalt verantwortlich gewesen sein. Die nicht benötigten Lebensmittel wurden vermutlich teilweise als Vorräte eingelagert, teilweise auf dem Markt verhandelt. Da dieses mitunter recht mühsam und aufwendig war, setzte es sich mehr und mehr durch, daß die Rationen, insbesondere Wein- und Fleischrationen, zumindest zu einem Drittel oder zur Hälfte, durch Zahlungen in Silber ersetzt wurden. Die im Schatzhaus von Persepolis gefundenen Täfelchen, die aus der Regierungszeit des Xerxes (486–465 v.Chr.) und den ersten Jahren des Artaxerxes I. (465–424 v.Chr.) stammen, enthalten mehrfach derartige Silberauszahlungen an Arbeiter. Eine solche Vergütung war den Angestellten sicher auch lieber; denn es wird sich kaum haben vermeiden lassen, daß bei der Aufteilung eines Hammels oder einer Ziege der eine oder andere durch Empfang eines weniger begehrten Stückes benachteiligt wurde.

Auf der anderen Seite können die einfachen Arbeiter kaum von ihren Mindestrationen gelebt haben. Das wäre auch eine zu einseitige Ernährung gewesen. Zwar ist bei den Sonderzuteilungen mitunter von Früchten und Nüssen die Rede, ganz selten auch einmal von Öl, doch müssen die Arbeiter sicher noch Gemüse und Salate, auch Käse und Joghurt zum Leben gehabt haben. Ein neubabylonisches Täfelchen, das vom Beginn des 5. Jhs. v.Chr. stammt, berichtet von acht hochgestellten persischen Beamten, die dienstlich nach Babylonien geschickt worden waren[30]. Sie erhalten während der Reise Auszahlungen an Silber, um sich damit selbst ihren Proviant zu besorgen. Doch ist genau aufgeschlüsselt, wofür das Silber gedacht ist: für Wein, Hammel, eingemachtes Obst, Gemüse und Fisch. Unterwegs mußten sich die Reisenden diese Nahrungsmittel kaufen. Daheim hat vermutlich jede Familie noch über einen Garten oder ein kleines Stück Land verfügt. Es sieht sogar so aus, als hätten die Arbeiter dafür noch eigens Saatgut zur Verfügung gestellt bekommen. Beispielsweise erhält eine Arbeitergruppe, deren Zahl leider nicht angegeben ist, insgesamt 90 Liter Gerste als Saatgut (PF 436). Diese Menge spricht nicht für Getreideanbau in offiziellem Auftrag, da sie für eine ganze Gruppe von Arbeitern viel zu gering wäre.

Dafür, daß sich die Arbeiter noch selbst Tiere halten konnten, gibt es vielerlei Hinweise. So werden z.B. lebende Zicklein ausgegeben, die dann offensichtlich zu Hause großgezogen wurden. Auch für Kleinvieh und Geflügel, das Arbeiter und Angestellte erhielten, gab es Getreidezuteilungen von der Verwaltung, wenn dieses zusätzlich zu der Haltung auf der Weide nötig war.

[30] A. Ungnad, Neubabylonische Privaturkunden aus der Sammlung Amherst (AfO 19, 1960) 79 ff.

Somit war die private Aufzucht von Tieren in gewissem Rahmen Bestandteil der Entlohnung für geleistete Arbeiten.

Hinzu kommt, daß es — zumindest in einigen Betrieben — üblich war, daß die Angestellten dort auch verköstigt wurden. So verfügen die Schatzhäuser über Köchinnen, die vermutlich das gemeinsame Mittagsmahl der Arbeiter zubereiteten. Auch die direkt bei Hofe Tätigen dürften in gleicher Weise mit Essen versorgt worden sein. Dieses wären also weitere Rationsmengen, die bei der Höhe des Lohnes mitberücksichtigt werden müßten.

Es ist somit sehr schwer, heutzutage anhand der überlieferten Belege einen genauen Überblick über die tatsächliche Höhe der Löhne im Achämenidenreich zu erhalten. Doch wird deutlich, daß die Rationen vielfach abgestuft waren und jeder entsprechend seiner Ausbildung und seines Arbeitseinsatzes entlohnt wurde. Härtefälle bei den Empfängern des Mindestlohnes versuchte man durch vielfache Sonderzuteilungen auszugleichen. Auch lag die Mindestration höher, als wir es aus früheren Zeiten beispielsweise im Zweistromland erfahren, wo die übliche Ration für Schreiber, Gärtner, Näher, Brauer, Töpfer und Zimmerleute, Holz- und Lederarbeiter und Schmiede bei 20 Liter Gerste monatlich lag. Unter der Regierung des Dareios kamen dann noch die diversen sozialen Leistungen hinzu, sowohl für außergewöhnlich angestrengte Arbeiter oder solche, die sich besonders bemüht hatten, als auch für Frauen, die Kinder geboren hatten. Es scheint sogar einen "Mutterschaftsurlaub" gegeben zu haben. Die Bezahlung für Frauen und Männer war gleich bei gleicher Leistung, doch durften die Frauen kürzere Zeit am Tage tätig sein; es gab also eine Art "Teilzeitarbeit". Männer und Frauen arbeiteten Seite an Seite und hatten offenbar dieselben Ausbildungs- und Aufstiegsmöglichkeiten; so finden wir nicht selten Frauen in leitenden Posten.

Die Bediensteten der Krone waren mitsamt ihrer ganzen Familie in das Versorgungsnetz der Verwaltung eingeschlossen. Ihr Lebensunterhalt war durch Zuteilung der Rationen und die Möglichkeit eigenen Anbaus und die Aufzucht von Geflügel und in kleinem Rahmen auch von Kleinvieh gesichert. Als wesentliche Lebensnotwendigkeit käme noch die Bekleidung hinzu. Darüber haben wir leider keinerlei Belege. Doch ist anzunehmen, daß es auch hierfür eine eigene Kleiderkammer gab, die entsprechende Zuteilungen vornahm. Eine solche ist schon zu Zeiten der elamischen Könige im Susa des 7. Jhs. v.Chr. belegt. Dort gingen zum einen Tributabgaben an Kleidern ein, und davon wurden dann andererseits Zuteilungen vorgenommen. Ähnlich können wir uns die Situation wohl auch im Achämenidenreich vorstellen, dessen Verwaltung ja im wesentlichen auf derjenigen der Elamer fußt. Und die vielen Hunderte von Schneiderinnen in den königlichen Manufakturen der Schatzhäuser haben ja nicht nur Prunkgewänder hergestellt, die der König als Ehrengaben verschenken konnte, sondern, wie wir den Lohnlisten entnehmen konnten, auch ganz einfache Kleider. Diese werden wohl für die Arbeiter und Angestellten bestimmt gewesen sein.

Neben den Einwohnern des persischen Großreichs, die in öffentlichen Diensten standen, hat es noch eine Fülle an privaten Handwerkern und Händlern, an Bauern und Großgrundbesitzern gegeben, die ihrerseits auch wieder ihre Bediensteten hatten. Doch über all diese können uns die Täfelchen der königlichen Verwaltung keine Auskunft geben. Nur hin und wieder fällt ein Streiflicht auf sie, wenn z.B. ein selbständiger Schneider von ihm genähte Umhänge im Schatzhaus abliefert und dafür ein Entgelt von 10 Liter Gerste pro Stück erhält (PF 1150).

5. Steuern

In seinem großen Geschichtswerk bringt der griechische Schriftsteller Herodot (gest. um 425 v.Chr.) im Rahmen seiner ausführlichen Beschreibung des Perserreichs auch eine Aufstellung der persischen Satrapien mit einer Liste, was eine jede von ihnen jährlich an Tribut dem Großkönig zu entrichten hatte. Zum Abschluß dieser Aufzählung schreibt Herodot (III 97): "Dies waren also die Provinzen und die Höhe der zu zahlenden Steuern. Nur das persische Land ist von mir nicht als abgabenpflichtig genannt. Denn die Perser bewohnen ihr Land steuerfrei". Diese Aussage können wir indessen nicht so unbesehen gelten lassen. Zwar ist es möglich, daß der Großkönig bestimmte Familien, insbesondere wohl die seiner Helfer bei der Überwindung des Magiers Gaumāta, von allen Abgaben befreit hatte, doch diese Ausnahmeregelung dürfte nur für relativ wenige zugetroffen haben. Die Verwaltungstäfelchen aus Persepolis zeigen, daß sehr wohl eine ganze Fülle an Abgaben entrichtet werden mußte, auch von den Persern in ihrem Heimatland[31]. Allerdings ist es nicht ganz einfach, die diesbezüglichen Angaben in dem Täfelchenmaterial aufzuspüren. Am ehesten gewinnt man einen Zugang über die verschiedenen Steuerbeamten, die dort genannt werden. Der Titel "Steuereinnehmer, Steuerbeamter" (*ba-zí-qa-ra*, elamisch

[31]Ausführliche Untersuchungen zu den Steuern: H. Koch, ZA 70, 1980, 105 ff.; dies. in: Le tribut dans l'empire perse. Actes de la Table ronde de Paris 12–13 Décembre 1986 (Travaux de l'inst. d'études iraniennes de l'univers. de la Sorbonne Nouvelle 13, 1989) 121 ff.

ma-ti-ra) ist am häufigsten zu finden. Diese Beamten treten immer im Zusammenhang mit Getreide auf. In der Regel erhalten sie Gerste in verschieden hohen Mengen, davon bewahren sie bestimmte Teile auch wieder als Saatgut auf und stellen es dann Pächtern zur Verfügung (s. unten Kap. VIII 3).

Weiterhin treten "Tributmacher" auf, deren Titel aus einem altpersisch-elamischen Mischwort besteht (*ba-zí-iš.hu-ut-ti-ra*). Sie begegnen auf den Täfelchen, indem sie in verschiedenen Orten Kleinvieh als Tribut einziehen. Ihre Aufträge erhielten sie von noch höher gestellten Steuerbeamten, die als "Landsteuererheber" bezeichnet werden können (*hh.KUR.lg.za-ak-ki-ip*, wörtlich "Bergzahler").

Des weiteren gab es noch "Grundsteuerbeamte" (*ru-iš-da-ba-zí-iš-be*), die im Zusammenhang mit Abgaben von Gerste, Öl und Kleinvieh genannt werden.

Da für die königliche Verwaltung in erster Linie die Einnahmen wichtig waren, über die sie dann weiter verfügen konnte, erscheinen die Steuereinnahmen in der Regel nur in Listen, zusammen mit den Ernteeinnahmen und weiteren Einkünften. Wer diese Abgaben entrichtet hatte, spielte in diesem Zusammenhang keine Rolle mehr. Lediglich in einigen Fällen haben wir einzelne Belege über die Höhe der Abgaben einer bestimmten Person. Dabei handelt es sich um Privatleute, die sonst nicht von der Hofverwaltung erfaßt sind; es finden sich unter ihnen also keine Angestellten der Krone, die wir durch andere Belege noch genauer kennen könnten. Abgeliefert werden Gerste, Früchte, wie Datteln und Feigen und Nüsse, dazu Öl und Kleinvieh, aber auch Rinder und edle Pferde. Weiter werden die Häute von geschlachteten Tieren als Abgaben bezeichnet. Die Mengen, die abgeliefert werden, schwanken sehr, z.B. werden Gerstenbeträge zwischen 100 und 11.240 Liter genannt. Unter den Ablieferern begegnen auch Frauen, die also offenbar über eigenen Landbesitz und Tierherden verfügten. Die Größe des Besitzes und die damit verbundene Höhe der angeordneten Abgaben waren sicher von der Verwaltung genau erfaßt. Vermutlich gab es in den einzelnen Intendanturen der Verwaltungsbezirke und — in Kopie — auch in der zentralen Verwaltung in Persepolis genaue Aufstellungen und Listen über jeglichen Privatbesitz. So erhält beispielsweise ein Beamter Reiseproviant, der unterwegs ist, um "die Leute aufzuschreiben". Dieses gibt uns einen Hinweis darauf, daß regelrechte Volkszählungen durchgeführt und damit wohl auch die Eigentumsverhältnisse genau erfaßt wurden. Diese Listen konnten dann wieder als Grundlagen für die Festlegung der zu entrichtenden Steuer dienen. Für die Aushebung von Soldaten gab es daneben noch gesonderte "Musterungsbeamte". Damit gesichert wurde, daß alle Angaben auch der Wahrheit entsprachen, nahmen wiederum andere Beamte "peinliche Verhöre" vor.

Einen Hinweis darauf, wie hoch die Abgaben waren, kann uns nur der Titel bestimmter Beamter geben, die nämlich "Zehnten-Einheber" (*da-sa-zí-ya*) genannt werden. Einer von ihnen ist Patiasa, der des öfteren auf Reisen begegnet. Er bringt unter anderem edle Pferde zum Hofmarschall Farnaka. Es ist zu vermuten, daß es sich dabei um Tributabgaben handelte. Ein anderes Mal ist er mit einem Gefährten auf dem Wege nach Persepolis, um dort den "babylonischen Schatz" abzuliefern (PF 1357), also vermutlich den Tribut der Provinz Babylonien. In vergleichbarer Weise wird auch der "Schatz von Kermān" herbeigebracht (PFa 14). Das Siegel Nr. 19, das unserem Zehnteneinheber Patiasa gehört haben wird, begegnet auch auf einer Reihe von Täfelchen, die über Gersteabgaben im 23. Jahr des Dareios (= 499 v.Chr.) berichten. Sieht man alle diese Belege in einem Zusammenhang, so ist anzunehmen, daß es sich stets um "den Zehnten" gehandelt haben wird, für dessen Eintreiben Patiasa und seine Kollegen zuständig waren.

Die Abgaben wurden in den großköniglichen Domänen, den Parádeisoi (s. unten Kap. VIII 1), eingesammelt. Dort wurde auch von Landarbeitern der Krone Getreide und Obst angebaut, und dort muß es die Möglichkeiten gegeben haben, größere Mengen von Vorräten einzulagern, die Gesamtbestände zu sichten und dann wieder ihrer weiteren Bestimmung zuzuführen. Vergleichbare Vorrichtungen und Lagerhäuser gab es auch in den sog. Festungen, die als Verwaltungszentren und zur sicheren Aufbewahrung sowohl von kostbaren Materialien als auch von Grundnahrungsmitteln dienten (s. unten Kap. IV 1).

Neben den einfach als "Tribut" (*ba-zí-iš*) bezeichneten Abgaben tritt des öfteren in den Abrechnungen noch eine weitere Art von Steuern auf, die "Abzug" (altpersisch **apakāna-*) genannt wird. In der Regel sind es bei den Getreideabrechnungen 1/30, bei Wein sogar 1/10, das noch gesondert abgeführt wird. Mit dieser Sondersteuer werden sowohl die Ernteeinnahmen von Land des Königs als auch solche von Privatland belegt. Ist in der Verwaltung vom Vorjahr noch ein Saldo vorhanden, so wird dieser zusammen mit den neuen Ernteeinnahmen als Grundlage für die Berechnung der Sondersteuer genommen. Nicht nur Getreide und Wein wurden mit dieser Sondersteuer belegt, sondern auch Obst, Kleinvieh und Rinder. Allerdings treten diese Mengen nur in den Listen der Verwaltung als abzuführende Beträge auf, so daß wir bisher nicht sagen können, wie sie berechnet wurden. Überhaupt betraf diese Sondersteuer ja nicht mehr den eigentlichen Steuerzahler, sondern sie wurde von den eingesammelten Abgaben abge-

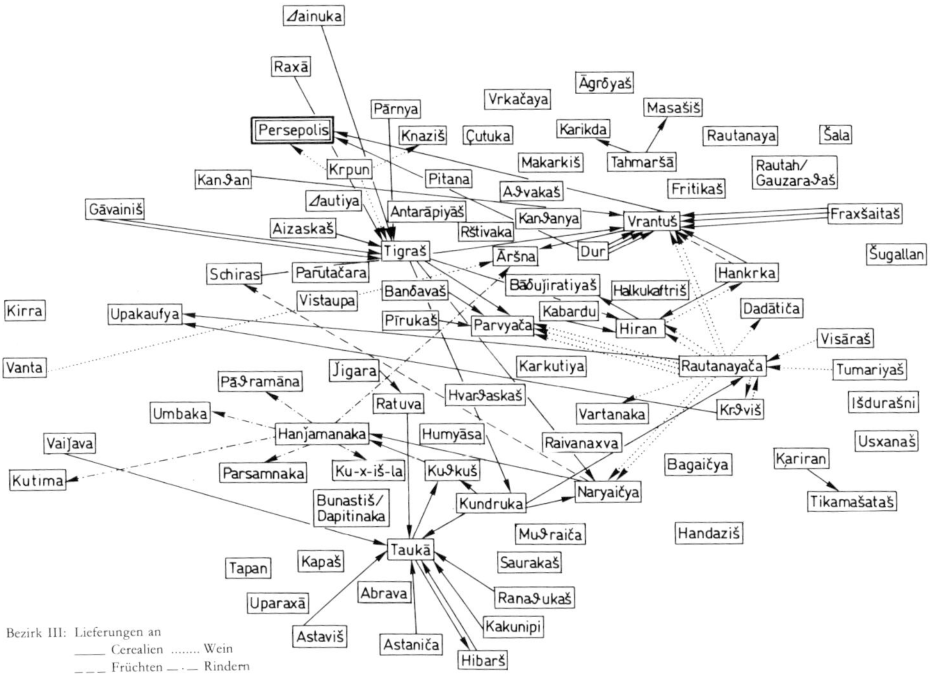

Abb. 24 Der Verwaltungsbezirk III, südöstlich von Persepolis

zogen, war also eine anschließende Verwaltungsmaßnahme. Möglicherweise waren die so errechneten Beträge direkt für die Hofhaltung des Königs bestimmt.

Es läßt sich also feststellen, daß es im persischen Großreich und auch bei der persischen Bevölkerung eine Fülle von Hinweisen für Steuern gibt. Nach den Titeln der Beamten zu urteilen, die mit der Einnahme dieser Abgaben betraut waren, mußte man jedes Jahr den "Zehnten" abliefern, und zwar sowohl von seinen Ernteerträgen, sei es Getreide, Wein oder Obst, als auch von dem Zuwachs der Kleinvieh- und Rinderherden. Eine besondere Art von Abgaben, für die ebenfalls die Steuerbeamten zuständig waren, ist noch im Zusammenhang mit den Pachtverträgen zu besprechen (s. unten Kap. VIII 3).

IV. Monumentale Anlagen und Bauten

Aus der Achämenidenzeit sind uns verschiedene architektonische Anlagen bekannt, nämlich Städte und Dörfer, Stationen an der Poststraße, Festungen und die königlichen Paläste. Teilweise haben wir von ihnen nur Nachrichten aus den Verwaltungstäfelchen aus Persepolis, von einigen wurden Reste bei Ausgrabungen gefunden, nur bei recht wenigen, vor allem in Persepolis, steht noch so viel an Bausubstanz aufrecht, daß man eine gute Vorstellung
Taf. 4 von dem einstigen Aussehen gewinnen kann.

1. Städte, Dörfer, Poststationen und Festungen

Diodorus Siculus (19.21.4) zufolge war die Persis überaus dicht besiedelt. Auf den Verwaltungstäfelchen, die in Persepolis gefunden worden sind, werden etwa 400 verschiedene Namen von Siedlungen genannt. Nur in den seltensten Fällen kann man indessen die genaue Lage des einen oder anderen Ortes bestimmen; neben den großen Zentren, Susa, Persepolis, Pasargadae, ist beispielsweise auch Schiras bereits in achämenidischer Zeit eine bedeutende Stadt. Des weiteren begegnet ein Ort Naryaitshya, in dem das heutige Neirīz im Osten der Persis zu erkennen ist, oder ein Taukā, wohl gleichzusetzen mit dem von Ptolemaios (Geographie VI 4,2) erwähnten Taoke, das vielleicht an der Stelle des heutigen Borāzdshān zwischen Schiras und
Abb. 24 Būshehr am Persischen Golf zu suchen ist. Die alte elamische Königsstadt Anzan lag an der Stelle des heutigen Tall-e Malyān, etwa 50 km nordwestlich von Persepolis. Bei gründlichem Studium der Täfelchen und vor allem ihrer Beziehungen untereinander kann man eine Vorstellung davon bekommen, in welcher Gegend die einzelnen Orte gelegen haben mögen. Dabei
Abb. 23 kristallisieren sich sechs verschiedene Verwaltungsbezirke heraus, denen ein Großteil der Orte zugeordnet werden kann[32]. Eine gute Hilfe bei der ungefähren Lokalisierung der auf den Täfelchen genannten Ortschaften ist der Verlauf der Poststraße von Persepolis nach Susa. Wie ein roter Faden zieht sie sich durch die Persis und die Elymais *(Abb. 25)*, und an ihr reihen sich

[32] S. ausführlich: Koch, VW.

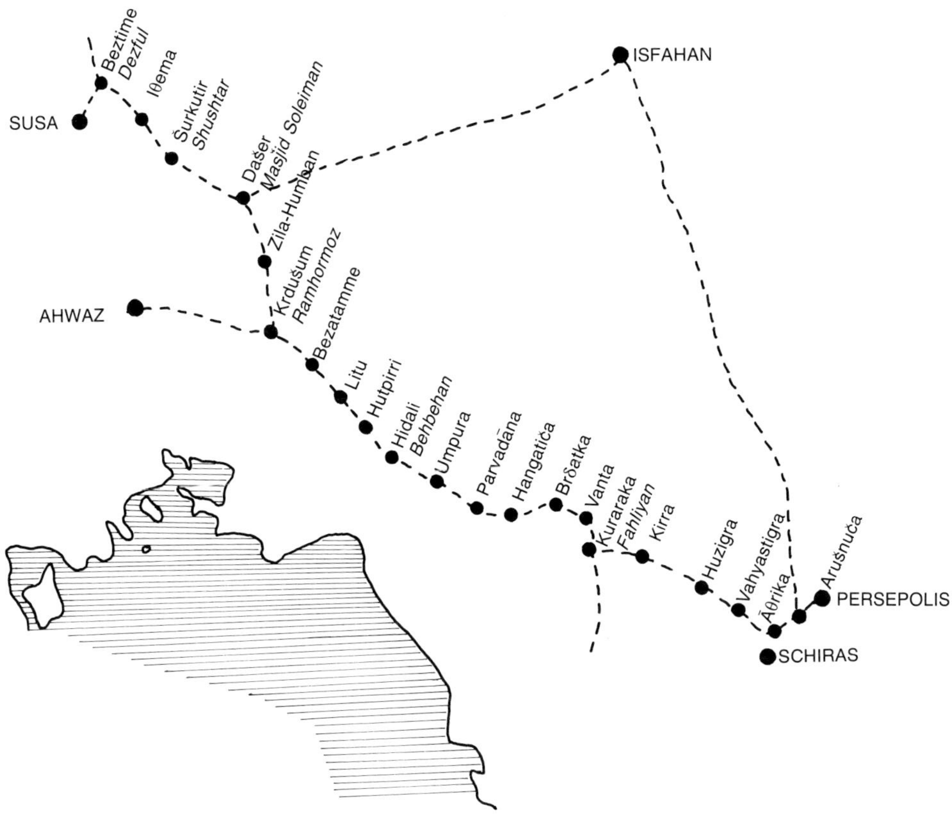

Abb. 25 Die Poststraße von Persepolis nach Susa mit ihren Stationen

die Poststationen auf, die ihrerseits dann auch wieder wirtschaftliche Beziehungen zu weiteren Orten haben[33]. Somit kann man doch immerhin ein gewisses Raster erhalten, in das sich die meisten Orte einfügen lassen (z.B. *Abb. 24*).

Die Abfolge der Poststationen läßt sich anhand der Täfelchen gut rekonstruieren. Von Persepolis bis nach Susa waren es insgesamt 22 Stationen; *Abb. 25*
sie lagen in Abständen von etwa 24 km. Keine einzige dieser Stationen ist bisher gefunden und ausgegraben worden, über ihr Aussehen wissen wir also nichts. Doch können wir uns eine gewisse Vorstellung von ihnen an Hand der späteren Karawansereien machen, die etwa an derselben Stelle

[33]H. Koch, AMI 19, 1986, 133 ff.

liegen[34]. Die Tradition für derartige Raststellen hat sich im Orient über die Jahrhunderte hin erhalten. Da auch die achämenidischen Poststationen den Reisenden, Boten, Gesandtschaften und Karawanen, eine Möglichkeit boten, dort zu übernachten und Verpflegung zu erhalten, wird es sich bei ihnen um geschlossene Anlagen gehandelt haben, die sicher zumindest teilweise überdacht waren. Dort wurden für die königlichen Schnellboten auch Reittiere zum Wechsel bereitgestellt.

Wie die Städte und Dörfer aussahen und wieviele Leute in ihnen lebten, darüber wissen wir bisher leider sehr wenig. Da die Täfelchen nur eine zufällige Auswahl darstellen, die uns erhalten geblieben ist, können wir auch keine Überschlagsrechnungen anstellen, wieviele Arbeiter beispielsweise in einem Ort registriert waren, so daß sie dort ihre Rationen erhielten. Oft genug hören wir von mehreren Hundert Arbeitern der Krone an einem Ort. Etliche Tausend werden z.B. zu Ernteeinsätzen nach Taukā beordert. Diese sind vor allem Fremdarbeiter, Thraker, Lyker, Kappadokier. Außerdem müßten jeweils noch alle diejenigen hinzugezählt werden, die nicht in königlichen Diensten standen, also Handwerker, Bauern und auch Großgrundbesitzer; diese haben ihrerseits sicher ebenfalls viele Hunderte von Arbeitern beschäftigt. Sie alle werden natürlich überhaupt nicht in den Abrechnungen der großköniglichen Verwaltung erwähnt. Somit wird es für uns schier unmöglich, die Menge der Bevölkerung im achämenidischen Kernland abzuschätzen.

Und obwohl wir so viele Orte mit Namen kennen, wissen wir doch recht wenig von ihrem Aussehen. Ausgrabungen haben nur in den Zentren stattgefunden, in Susa, Persepolis, Pasargadae. Eine recht gute Vorstellung ließe sich auch von Babylon mit seinen perserzeitlichen Bauten gewinnen. Die alte Mederhauptstadt Hagmatāna (Ekbatana) ist dagegen noch unter der heutigen Großstadt Hamadān verborgen, wenn sie nicht durch die Neubauten weitgehend zerstört worden ist.

Auffallend ist bei allen uns bisher bekannten achämenidischen Städten, daß die Perser offenbar keine neuen Stadtmauern errichtet haben. Teilweise waren solche schon von den Vorbewohnern her vorhanden, wie in Susa oder Babylon. Diese ließ Dareios auch wieder ausbessern, wie er z.B. in einer in Susa gefundenen Inschrift selbst berichtet: "In dem Orte namens ... (leider nicht erhalten) war die Festung, die früher dort erbaut war, wegen Alters verfallen. Dann habe ich dort eine andere Festung erbauen lassen" (DSe). Diese Arbeiten fanden vor allem unter dem Gesichtspunkt statt, daß er das gesamte Reich nach den Unruhen wieder in einen ordnungsgemäßen Zustand

[34] S. die Karte von W. Kleiss, AMI 10, 1977, nach S. 302.

versetzen wollte. So schreibt er auch im voraufgehenden Text derselben Inschrift: "Vieles, das verdorben war, das habe ich schön gemacht."

Pasargadae und die Wohnstadt von Persepolis zeigen demgegenüber keine Befestigungsmauern. Offenbar war es König Dareios gelungen, mit seinen Soldaten und Beamten eine derartige Kontrolle über das ganze Riesenreich auszuüben, daß die Bewohner vor feindlichen Überfällen sicher waren. Diese Sicherheit wird auch bei dem Reiseverkehr deutlich. Gesandtschaften aus fernen Teilen des Landes, wie aus Indien oder Hyrkanien, haben zwar ihren Reisebegleiter, der dafür sorgt, daß die Reise reibungslos verläuft, daß sie den richtigen Weg finden und ihre Versorgung gesichert ist, doch brauchen sie anscheinend keine bewaffnete Begleitung. Und erstaunt stellen wir fest, daß zwei Männer mit acht Dienern zu ihrer Begleitung ganz allein den "babylonischen Schatz", also offenbar Tributeinnahmen aus Babylonien, nach Persepolis schaffen[35]. Auf den Straßen waren Polizisten eingesetzt, die für ihren ordnungsgemäßen Zustand verantwortlich waren und die diese auch zu überwachen hatten. Mehrfach erfahren wir, daß diese Polizisten (altpersisch **dātihmāra-* "Straßenkontrolleur" oder medisch **rštibara-* und sumerisch–elamisch *GIŠ.ŠI.DÙ.lg.ku-ti-ra* "Lanzenträger") vor dem König vorausritten, die Straßen kontrollierten und in einem bestimmten Ort auf seine Ankunft warteten. Sicher hatten sie ihm dann Bericht zu erstatten.

Waren die Städte nicht befestigt, so gab es doch Befestigungsanlagen. Sie scheinen bestimmte Verwaltungsstellen gesichert zu haben. Die gesamte Terrasse in Persepolis kann man als eine derartige Festung ansprechen, und dieses hat auch Dareios selbst getan. In der elamischen Inschrift auf der Terrassenmauer spricht er von einer "Festung" (elamisch *hal-mar-ráš*), die *Abb. 33*
er an dieser Stelle errichtet habe, wo es vorher keine gab. Auf die Terrasse in Persepolis und ihre Bauten wird im folgenden noch ausführlich eingegangen. Eine bedeutende Festung gab es auch in Schiras. Reste von ihr haben sich bisher nicht gefunden, doch wird sie vielfach in den Täfelchen erwähnt[36]. In dieser Festungsanlage befanden sich offenbar sowohl das Schatzhaus mit den dort aufbewahrten Kostbarkeiten und den dazugehörigen Manufakturen, wie auch die Vorräte an Getreide, Trockenobst und weiteren für die Bediensteten der Krone notwendigen Naturalien, und schließlich die Verwaltung für Schiras und Umgebung. Ähnliche Einrichtungen in befestigten Anlagen waren über das ganze Land verstreut. Sie werden mal größer und mal kleiner gewesen sein, doch hatte in ihnen anscheinend immer die Ver-

[35] PF 1357; s. ausführlich dazu H. Koch, ZA 70, 1980, 123.

[36] Eine eingehende Betrachtung der dort befindlichen Verwaltungseinrichtungen s. in Koch, VW 41 ff.

Abb. 26 Die gewaltige Stützmauer der Terrasse von Pasargadae

waltung ihren Sitz. So heißt es beispielsweise zu Beginn einer Aufstellung über Getreide: "Die Abrechnung des 18. und 19. Jahres wurde gemacht in der Festung namens Humyāsa. Der Kornkommissar namens Tachmarazmā, der Feuerschürer namens Rtazushta, der Speicherwart Bagina, insgesamt von dreien wurde die Abrechnung gemacht" (PF 1972).

Im Zusammenhang mit dem Bau dieser befestigten Anlagen im ganzen Lande wurde von Dareios wohl auch die von Kyros d. Gr. errichtete Ter-
Abb. 26 rasse in Pasargadae zu einem solchermaßen durch eine Mauer geschützten
Abb. 27 Schatzhaus ausgebaut. Nach der Rekonstruktionszeichnung kann man sich eine gute Vorstellung von einer derartigen, in diesem Falle wohl besonders aufwendigen Anlage machen. In dem Hauptgebäude im westlichen Teil liegen um einen offenen Hof herum große Magazinräume. Das Schatzhaus in Pasargadae wird übrigens auch in den elamischen Verwaltungstäfelchen erwähnt, die in Persepolis gefunden worden sind. Dort waren dem Hof-

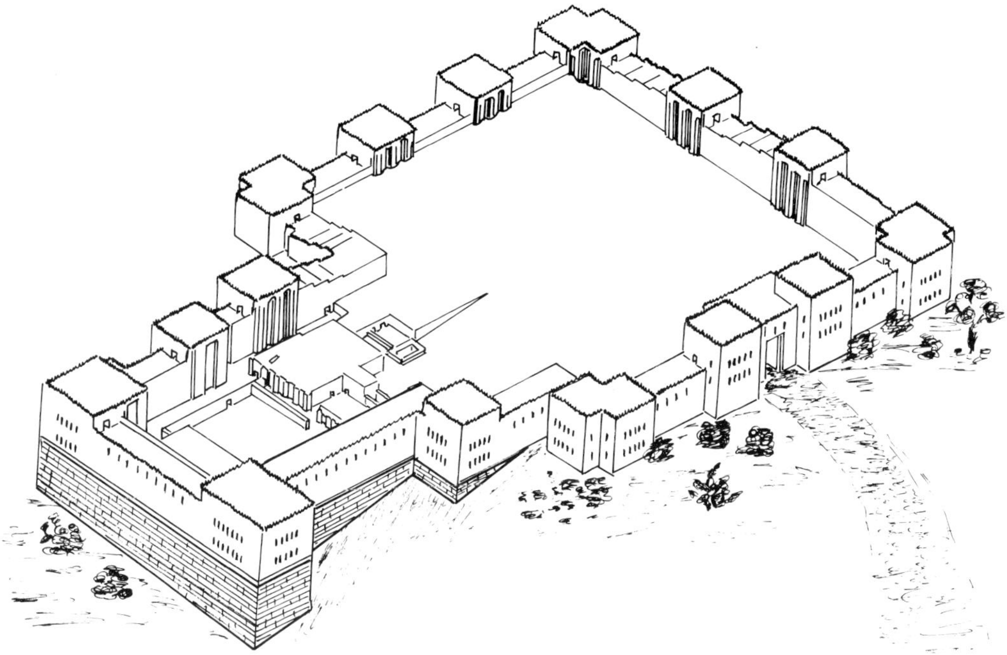

Abb. 27 Rekonstruktion der Festung auf der Terrasse von Pasargadae

schatzwart Çutayauda unterstellte Arbeiter tätig, und dort wurden beispielsweise auch Häute von geschlachteten Ziegen und Schafen abgeliefert[37].

Lebte man also im Achämenidenreich so sicher, daß die einzelnen Ortschaften nicht durch besondere Anlagen befestigt werden mußten, so gab es doch Plätze, an denen ein Grundvorrat für die Ernährung der Bevölkerung für alle Fälle hinter sicheren Mauern aufbewahrt wurde.

2. Großkönigliche Paläste in Pasargadae und Susa

Nachdem es Dareios gelungen war, fürs erste die Unruhen im gesamten Großreich niederzuschlagen, mußte sein nächster Schritt sein, die innere Ordnung herzustellen. Es galt vor allem, die Verwaltung funktionstüchtig zu erhalten und entsprechend den neuen Anforderungen weiter auszugestalten. Dazu wird er sich zunächst in dem von Kyros d. Gr. errichteten

[37] Ausführlich in Koch, VW 30 ff.

Stammsitz der Achämeniden, in Pasargadae, niedergelassen haben. Dort hatte Kyros von ionischen und lydischen Steinmetzen eine große Terrasse
Abb. 26 aus Steinquadern errichten lassen. Eine solche Bauweise war bis dahin in Persien völlig unbekannt. Möglicherweise hatte Kyros vor, auf ihr seinen Regierungssitz zu errichten, der dann den Anlagen ähneln sollte, die er in der lydischen Hauptstadt Sardes gesehen hatte. Doch ist er darüber hinweg gestorben. Sein Grab hatte er auf einem hohen Stufensockel ebenfalls
Taf. 5 von griechischen Steinmetzen errichten lassen. Vermutlich hat er sich intensiv mit dem Entwurf dafür befaßt. Denn schon hier können wir die für die achämenidische Kunst so typische Verfahrensweise erkennen: Vorbilder werden aus den Werken der Hochkulturen ausgewählt, seien es beispielsweise griechische, mesopotamische oder ägyptische, und zu etwas ganz Eigenem umgeformt.

Etwa auf halbem Wege zwischen dem Grab und der großen Terrasse erstreckt sich ein ausgedehnter Palastbezirk. Ihn betrat man durch ein monumentales Eingangstor, das von riesigen, der assyrischen Kunst entlehnten Fabelwesen (Lamassu) bewacht wird, die aus geflügelten Rinderleibern mit Stier- oder Menschenköpfen bestehen[38]. Reliefs von geflügelten Genien
Abb. 28 schmücken die Türgewände. Diese Sitte, die Reliefs in den Türwandungen anzubringen, begegnet offenbar bei Kyros zum ersten Mal. Sie findet sich
Abb. 29 auch in seinem Palast S[39] wieder, und nach diesen Vorbildern wird auch
Taf. 6 Dareios später seine Bauten ausgestaltet haben. Der zweite Palastbau in Pasargadae (P)[40] wurde von Kyros begonnen, doch ließ ihn erst Dareios voll-
Abb. 30 enden. Das gleiche gilt wohl für die gesamte Gartenanlage, in die die Paläste zusammen mit zwei kleineren Gebäuden, den sog. Pavillons, eingebettet
Abb. 31 sind. Künstliche Wasserläufe durchziehen die ausgedehnten Grünanlagen. Die Reliefs im Palast P *(Abb. 150)* sind eng verwandt mit denen im Palast des Dareios in Persepolis *(Abb. 88–90)* und werden wohl erst auf diesen König zurückgehen. Außerdem sah Dareios hier auch eine Gelegenheit, seine neue Schrift anzuwenden, und so wurde über den Türreliefs der Name des Kyros nun in altpersischer Keilschrift angebracht. Bewußt wollte Dareios damit die Leistungen seines berühmten Vorgängers hervorheben und als seine Werke auch der Nachwelt übermitteln.

Da im Hochland der Persis im Winter das Wetter recht unangenehm werden kann, wird Dareios schon bald einen weiteren Palast in Susa geplant

[38] In Pasargadae sind nur Fragmente erhalten; eine Vorstellung vom einstigen Aussehen kann man sich an Hand des Xerxes-Tores in Persepolis machen, s. unten Kap. IV 3 c und *Taf. 18. 19*

[39] S = "der mit der Säule", so benannt nach der einzigen noch aufrecht stehenden Säule.

[40] P = "der mit Pfeilern", nach den dicken Stützpfeilern in seinem Inneren so benannt.

Abb. 28 Relief mit geflügeltem Genius in dem Tor, das in den Palastbezirk von Pasargadae führt

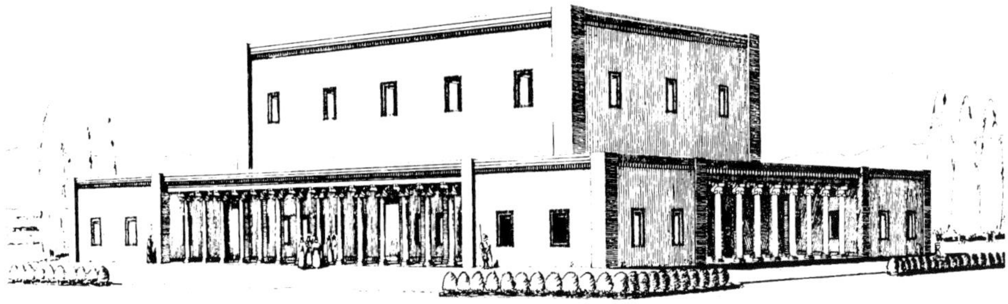

Abb. 29 Rekonstruktion des von Kyros d. Gr. erbauten Palast S in Pasargadae

Abb. 30 Säulen des Palastes P in Pasargadae; er wurde von Kyros d. Gr. begonnen und von Dareios d. Gr. vollendet

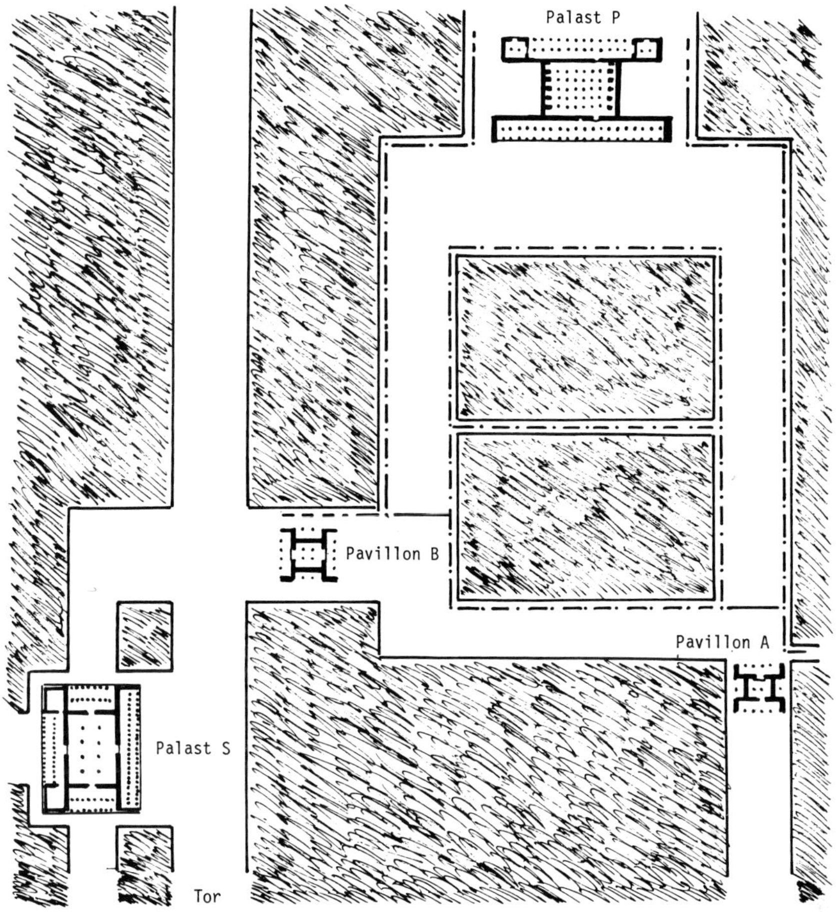

Abb. 31 Plan der Palastanlagen in Pasargadae mit ausgedehnten Grünanlagen und Wasserläufen

haben, wo er dann auch die strengen Wintermonate verbrachte. Dieses war der erste Baukomplex, der von Dareios von Grund auf neu geschaffen wurde. Er sollte daher besonders schön und beeindruckend werden. Keine Mühen wurden gescheut. Anders als die früher in Susa üblichen Ziegelbauten wurde der Dareiospalast zu großen Teilen aus Stein errichtet. Dazu mußte — je nach Untergrund — ein 10 bis 20 Meter hohes Fundament aus Schotter aufgeschüttet werden. In seiner berühmten Burgbauinschrift, die sich glücklicherweise sowohl in altpersischer als auch in elamischer und babylonischer Fassung erhalten hat, berichtet Dareios selbst von diesen Vorbereitungen und läßt uns einen Eindruck von der prunkvollen Ausführung und

Ausstattung gewinnen. Aus allen Gebieten des Großreichs wurden nicht nur die Materialien, sondern auch die ausführenden Meister, Spezialisten ihres Faches, herbeigeholt. So heißt es in der Inschrift:

> "Balken aus Zedernholz wurden aus einem Gebirge namens Libanon geschickt. Syrer brachten sie bis Babylon, und von Babylon brachten sie Karer und Ionier bis nach Susa. Yaka–Holz wurde aus Gandhāra geschickt und aus Kermān. Gold wurde aus Lydien und Baktrien geholt, das hier verarbeitet wurde. Edelsteine, nämlich Lapislazuli und Karneol, die hier verarbeitet wurden, die wurden aus Sogdien geschickt. Und Türkis–Edelsteine wurden aus Chorasmien geholt und hier verarbeitet. Silber und Ebenholz wurden aus Ägypten geschickt. Das Farbmaterial, mit dem die Terrasse bemalt wurde, ist aus Ionien geholt worden. Elfenbein, das hier verarbeitet wurde, ist aus Nubien, Indien und Arachosien geholt worden. Die Steinsäulen, die hier gearbeitet wurden, die sind aus einem Dorfe namens Abirādush in Elam geholt worden. Die Handwerker, welche den Stein bearbeiteten, waren Ionier und Lyder. Die Goldschmiede, welche das Gold verarbeiteten, waren Meder und Ägypter. Die Männer, die das Holz bearbeiteten, waren Lyder und Ägypter. Die Männer, die die Backsteine anfertigten, waren Babylonier. Die Männer, welche die Terrasse bemalten, waren Meder und Ägypter."

Von diesem prächtigen Palast ist so gut wie nichts erhalten, da er durch ein großes Feuer vernichtet wurde. Einzig die farbigen Ziegelreliefs mit ihren *Taf. 7* Löwen und Fabelwesen und den Reihen von Wachsoldaten können noch einen schwachen Abglanz der einstigen Pracht erkennen lassen.

3. Persepolis

Der größte Plan des Dareios war es offenbar, sich im Herzen der Persis eine ganz neue Residenz zu schaffen, die nur mit seinem Namen verbunden war und seinen Glanz als Beherrscher eines Weltreichs all seinen Untertanen veranschaulichen sollte. Dazu hatte er einen Platz am Abhang des Kuh-e Rahmat, des "Berg des Erbarmens", ausgesucht. Dort ließ er eine riesige, rechteckige Terrasse errichten, die etwa 300 m breit ist und sich in einer Länge von 455 m fast 15 m hoch über die Ebene erhebt. Nur teilweise konnte der felsige Untergrund des Berghanges ausgenutzt werden, die anderen Teile sind aus großen Quadern aufgeschichtet worden. Eine mächtige Mauer,

Abb. 32 Blick auf die etwa 15 m hohe Terrassenmauer von Persepolis. Im linken Teil ragt der Apadāna auf, der große Empfangssaal (die kleinen Pavillions vor ihm sind spätere Zutaten); rechts der niedrigere Palast des Königs Dareios

die besonders im Süden und Westen hoch aufragt, umgibt die gewaltige Terrasse. Auf dieser Terrasse sollte sich dann der große Audienzpalast des Dareios erheben. Aus späteren Quellen wissen wir, daß die Perser eine solche Empfangshalle Apadāna nannten. *Taf. 8*

a) Die Planung des Königs Dareios

Allein das Errichten der Terrasse war eine ungeheure Arbeit, die lange Zeit in Anspruch nahm. Da vorauszusehen war, daß das ganze Projekt viele Jahre dauern werde, ließ sich Dareios zunächst am Fuß der Terrasse in der Ebene einen Wohnbau errichten. So konnte er schon an dem von ihm ausersehenen Platz seiner neuen Hauptstadt verweilen und sich auch selbst von dem Fortschreiten der Arbeiten überzeugen. Unten in der Ebene gab es bereits eine volkreiche Siedlung, die den Namen Chvādaitshaya trug. Sie wird auch in babylonischen Quellen erwähnt. Auf den elamischen Verwaltungstäfelchen werden die Bezeichnungen Chvādaitshaya und Pārsa (= griechisch Persepolis) parallel gebraucht. Betrachtet man jedoch alle diese Täfelchen, so gewinnt man den Eindruck, daß im Laufe der Zeit sich die Häufigkeit des Vorkommens beider Namen verändert. Dieses kann man

Abb. 33 Inschrift an der Südmauer der Terrasse von Persepolis, hier die elamische Fassung

besonders deutlich an den Reisebelegen erkennen. Wird anfangs des öfteren Chvādaitshaya als Ziel einer Reise oder auch als Sitz des Vizemarschalls genannt, so wird diese Bezeichnung dann mehr und mehr von dem Namen Pārsa verdrängt. Dies mag mit dem Fortschreiten der Bautätigkeit und dem Zunehmen der Bedeutung des neuen Zentrums zusammenhängen.

Noch während an der Terrasse eifrig gearbeitet wurde, wurden die Bauten auf ihr geplant. Vermutlich hat man mit ihnen bereits begonnen, bevor die letzten Arbeiten an der Mauer beendet waren. Das wichtigste Gebäude auf der Terrasse sollte die große Empfangshalle, der Apadāna, werden. Dieser Bau erhebt sich im mittleren Teil der Plattform, direkt an ihrem Abfall
Abb. 32 zur Ebene. So leuchtete der Apadāna schon von weitem dem aus der Ferne sich Nähernden entgegen. Der Zugang zu der Terrasse sollte nach Planung

des Königs Dareios von Süden aus erfolgen. Auf diese Weise wurde die beeindruckende Fassade der hohen Terrassenmauer mit dem über ihr aufragenden Audienzpalast nicht gestört. Neben der Treppe im Süden ließ Dareios eine große Inschrift in die Stützmauer meißeln, in Altpersisch, Elamisch und Babylonisch. Allerdings ist in diesem Falle der Inhalt in den verschiedenen Sprachen nicht identisch. Dareios zählt die Völker auf, die zu seinem Reich gehören, und in der elamischen Fassung betont er: "...hier war früher keine Festung gebaut, nach dem Willen Ahuramazdās baute ich diese Festung, ...und ich baute sie fest und schön und stark, so, wie ich es wollte". Jeder Reisende, der am Fuße der Terrasse ankam und die Treppe *Abb. 33* hinaufsteigen wollte, sah diese Inschrift, die mit sauberen Keilschriftzeichen eingemeißelt worden ist. Nachdem man die Treppe erklommen hatte, befand man sich oben auf der weiten Fläche der Terrasse. Das Gelände stieg leicht an, rechter Hand des Weges zum Apadāna wurde das Schatzhaus erbaut, und genau vor dem Besucher, an der höchsten Stelle, erhob sich der Apadāna. Links vor ihm, ganz an den Rand der Terrasse geschoben, *Abb. 34* ließ Dareios seinen Palast errichten, der im Verhältnis zum Apadāna recht zurückhaltend ist. Um den Apadāna herum blieben weite freie Flächen, auf denen sich die Teilnehmer großer Festlichkeiten versammeln konnten.

Als Vorbild für den Grundriß des Apadāna wurden die Paläste Kyros' d. Gr. in Pasargadae genommen. Ähnlich wird auch der Apadāna des Dareios in Susa ausgesehen haben, der durch das große Feuer zerstört worden ist. Doch in Persepolis wurde das Ganze entscheidend verändert. Die vorgelegten Säulenhallen, die in Pasargadae nur etwa ein Drittel der Gesamthöhe des Gebäudes ausmachten *(Abb. 29)*, wurden nun bis auf die volle Höhe hochgezogen. Damit entstanden im Westen und Osten große repräsentative Portiken. Dieses waren die Hauptansichtsseiten. Von We- *Abb. 35* sten her konnte der sich der Terrasse von Persepolis Nähernde schon von *Taf. 9* weitem die Säulen aufragen sehen. Wären sie kleiner gewesen, so wie in Pasargadae, wären sie hinter der Terrassenmauer untergegangen, und man hätte nur ein kubusartiges Gebäude erblickt. Wie anders der Anblick mit den hochaufragenden, schlanken Säulen des Apadāna in Persepolis! Man ist unwillkürlich an die Säulenfassaden griechischer Tempel erinnert, die oft auch an solch hervorragenden Stellen standen, so daß sie der Reisende schon von weitem erblickte. Hier in Persepolis ist erstmalig eine derartige Anlage zu finden, und zwar zur Selbstdarstellung eines weltlichen Herrschers.

Die zweite Hauptansichtsseite lag im Osten, dort, wo sich ein Besucher befand, der bereits auf die Terrasse hinaufgeschritten war. Da man hier alle Details von nahe betrachten konnte, wurde diese Portikus sogar

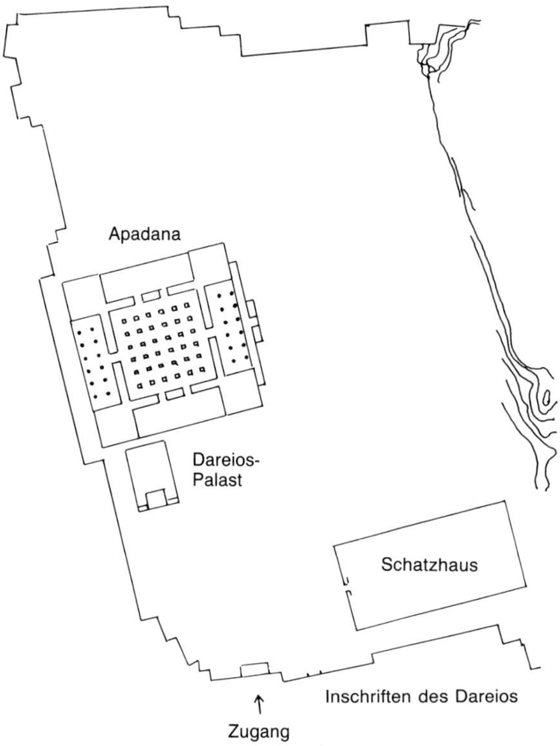

Abb. 34 Plan der Terrasse von Persepolis zur Zeit Dareios d. Gr.

noch reicher ausgestaltet. Sie weist die am schönsten geschmückten Säulen auf. In zwei Reihen stehen je 6 Säulen mit einer Höhe von fast 20 m. Sie sind sehr schlank, haben senkrechte Kanneluren und ruhen auf hohen *Taf. 9* Basen. Ihr glockenförmiger Körper ist mit großen, geschlossenen, nach un- *Abb. 36* ten hängenden Lotosblüten und zwischen ihnen mit nach oben ragenden Palmetten verziert. Solche Säulenbasen finden sich nur hier, und auch die Kapitelle waren ganz besonders gestaltet. Sie bestanden aus jeweils zwei miteinander verbundenen Löwengreifen, die in entgegengesetzte Richtung blickten. Auch sie sind nur hier anzutreffen; auf der Westseite bestanden die Kapitelle aus Stieren *(vgl. Taf. 10 und Abb. 37)*. An der Süd- und Nordseite waren ursprünglich keine Portiken vorgesehen.

Auf den Kapitellen ruhten die großen Deckenbalken der Portiken. Die Kapitelle entfalten ihre volle Wirkung in der Seitenansicht. Diese wird somit auch dem an das Gebäude Herantretenden zugewandt gewesen sein. Ein langer Balken, der an der einen Seite auf der Mauer des Thronsaales auflag, wurde über den Rücken der Tiere hinweggeführt, sein Kopf war also nach außen hin sichtbar. Auf ihm lag ein zweiter, noch etwas breiterer. Die gleiche Anordnung ist bei der Architektur der Reliefs an den

Abb. 35 Blick auf den Apadāna von Südwesten. Im Vordergrund ragen die hohen Säulen der Westportikus auf. Zeichnung aus dem Jahre 1840/41

Achämenidengräbern gut zu erkennen. Die Balkenköpfe werden schön verziert gewesen sein, entweder mit bemaltem Schnitzwerk oder mit Metallverkleidungen. Diese Balken müssen bei einem Säulenabstand von 8,65 m gut 20 m lang gewesen sein, wenn man nicht annehmen will, daß über den Kapitellen der hinteren Reihe immer zwei Balken aneinandergefügt wurden. Wahrscheinlich hatte Dareios für diese großen Dachbalken, wie er es für den Palastbau in Susa ausdrücklich in der Inschrift berichtet, die großen Stämme der Libanon-Zedern herbeibringen lassen. Zu Holzkohle verbranntes Zedernholz wurde tatsächlich bei den Grabungen in Persepolis gefunden. Auf diesen dicken, tragenden Balken lagen dann die längsgerichteten dünneren Balken oder Bretter auf, die die Decke bildeten. Sie verliefen über die Köpfe der Kapitelltiere hinweg, aber auch neben ihnen entlang, bildeten also eine durchgehende Deckenfläche[41]. Sicher waren diese Decken in *Abb. 196.197*

[41] Anders L. Trümpelmann in: Persepolis. Ein Weltwunder der Antike (1988) 23 ff., der, auf den Rekonstruktionen von F. Krefter fußend, ausführlich eine andere Deckenkonstruktion vorschlägt. Bei seinen Vergleichsbeispielen hat er aber nicht berücksichtigt, daß die Dreieranordnung von Balken immer nur bei den tragenden Balken vorkommt, da man nämlich ihre Köpfe sehen kann. Die Dreieranordnung könnte also höchstens den hier vorgeschlagenen tragenden Balken entsprechen.

Abb. 36 Kapitell und Säulen der Ostportikus des Apadāna in Persepolis. Zeichnung aus dem Jahre 1840/41

Abb. 37 Fragment eines Stierkapitells in Persepolis

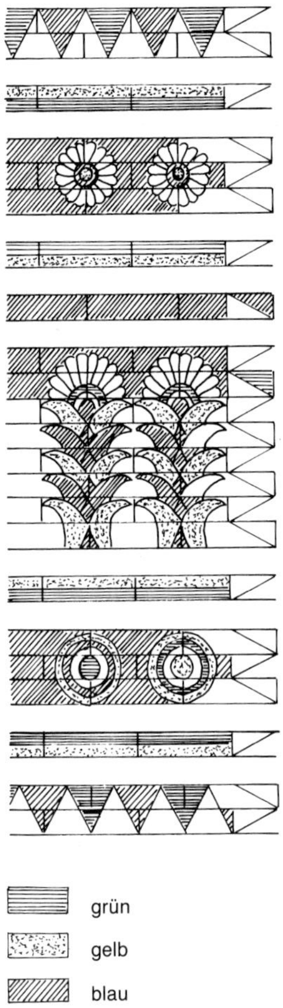

Abb. 38 Kachelmuster vom Südostturm des Apadāna in Persepolis

reicher Weise farbig geschmückt, mit Schnitzwerk und mit Halbedelsteinen und Edelmetallen. Für seinen Palastbau in Susa hatte Dareios nach seinem eigenen Bericht Gold aus Lydien und Baktrien, Lapislazuli und Karneol aus Sogdien, Türkise aus Chorasmien, Silber und Ebenholz aus Ägypten und Elfenbein aus Nubien, Indien und Arachosien herbeibringen lassen. Der Palast in Persepolis wird dem in Susa sicher nicht an Pracht nachgestanden, ihn vielmehr noch übertroffen haben.

Die Wände des eigentlichen Apadāna-Gebäudes waren aus luftgetrockneten Ziegeln errichtet, und zwar in einer Stärke von 5,32 m. Auf ihnen saß eine Putzschicht. Zumindest teilweise waren die Wände mit farbigen Emailziegeln bedeckt. Sehr schöne Beispiele von solchen hat man in Susa gefunden, die einen Eindruck von der prachtvollen Ausgestaltung geben können *(Taf. 7)*. Auch in Persepolis wurden Reste entdeckt, jedoch bisher nur von ornamentalen Mustern und mit Inschriften. Mit einiger Sicherheit kann man diese farbigen Ziegel bisher nur an den Ecktürmen lokalisieren. *Abb. 38* An den vor Witterungseinflüssen weitgehend geschützten Wänden in den Vorhallen und vor allem im Inneren wird man sich auch eine lebhafte Ausgestaltung in Malerei vorstellen dürfen. Wandmalerei hatte im assyrischen Bereich bereits eine lange Tradition[42]. Leider waren diese Kunstwerke immer besonders gefährdet, so daß sich nur selten durch glückliche Umstände davon Reste erhalten haben. Daß indessen auch die Achämeniden durchaus diese Technik zum Schmuck ihrer Gebäude nutzten, können kleine Fragmente von Wandmalerei zeigen, die in Pasargadae gefunden worden sind[43]. Ausgestaltung von Wänden und Säulen mit farbiger Malerei wird uns noch im Schatzhaus von Persepolis begegnen. Von etwaiger Malerei im Apadāna selbst ist leider nichts mehr erhalten, da die aufgehenden Wände einem großen Feuer zum Opfer gefallen sind. Es muß dieses das Feuer gewesen sein, das Alexanders d. Gr. Soldaten nach der Eroberung des Achämenidenreichs in Persepolis entzündet haben. Daher läßt sich kaum ein Hinweis auf die einstige prunkvolle Ausstattung der Audienzhalle des Dareios finden. Das für die Dachkonstruktion in großen Mengen verwandte Holz und die reiche Ausgestaltung des Innenraumes mit Teppichen und Vorhängen bot dem Feuer gar zu willkommene Nahrung.

Der große Saal, der Hauptraum des Apadāna, wurde von einem Quadrat mit 60,50 m Seitenlänge gebildet. In ihm standen 6 mal 6, also 36, Säulen aus weißem Kalkstein. Anders als bei den Portiken ruhte der Torus, der Wulst, auf dem die Säulen standen, auf zwei abgestuften, quadratischen Sockeln. Unter den Kapitellen, die hier wie in der West-Portikus von Stieren *Abb. 39* gebildet wurden *(Taf. 10)*, befanden sich hochaufstrebende Kompositkapitelle. Sie werden von einem Kranz herabfallender Blätter und darüber nach oben wachsender Blüten, dann zwei Reihen von Doppelvoluten gebildet, zwischen denen ein quadratischer geriefelter Block sitzt.

Während in Pasargadae die dort erstmalig verwandten Steinsäulen ganz glatt waren *(Taf. 6. Abb. 30)*, sind sie in Persepolis reich kanneliert, am üppigsten im Apadāna mit je 48 Kanneluren[44]. Eine Säule in der Ost-Portikus besitzt sogar 52 Kanneluren.

[42] Besonders hervorzuheben sind die Wandmalereien in Til-Barsib: F. Thureau-Dangin – M. Dunand, Til-Barsib (1936). Gute farbige Abb. auch bei A. Parrot, Assur (1961), z.B. Abb. 112 f. 266. 348.

[43] Stronach Fig. 44 und pl. 88.

[44] Die folgenden, späteren Bauten haben nur noch 40 (Tor aller Länder) oder gar 36 (Hundert-Säulen-Saal) Kanneluren.

Abb. 39 Die verschiedenen Säulen des Apadāna; links Säule der später angebauten Nordportikus, zweite von links Säule der Westportikus, dritte von links Säule der Ostportikus, rechts Säule des Innenraums

Für den Bau wurden die Säulentrommeln, zunächst nur grob bossiert, übereinandergesetzt. Der Dübel in ihrer Mitte konnte kaum als Halt dienen, sondern gab wohl eher die genaue Zentrierung für das Aufeinandersetzen an. Halt mußten die Säulen in sich selbst besitzen, und sie konnten daher auch nur senkrechte Lasten aufnehmen. Als unterste hat man besonders große Trommeln gewählt, die beim Apadāna bis zu 8 m hoch sind und etwa 45 Tonnen wiegen. Man konnte mit drei Trommeln eine Höhe von 15,65 m erreichen. Mit Basis und Kapitell sind alle Säulen, sowohl im Innenraum wie auch in den Portiken, knapp 20 m hoch. Hatte man die Trommeln genau aufeinandergefügt, legte man mit vier einander gegenüberliegenden Rillen ihre Dicke fest. Erst nachdem sie nach dieser Maßangabe gerundet waren, wurden die Kanneluren gearbeitet. Die Kapitelle indessen mit ihrer aufwendigen Feinarbeit wurden bereits vorher in den Werkstätten fertiggestellt, nur die Ränder, die beim Versetzen besonders gefährdet waren, wurden erst an Ort und Stelle vollendet. Dann wurde alles mit kräftigen Farben bemalt. Die Stiere und Löwenmonster erhielten rote Augen, Zun-

Abb. 40 Fein polierter grauer Stein von einer Türschwelle in Persepolis

Abb. 41 Farbige Fußbodenkachel aus dem Achämenidenpalast in Susa

gen und Nüstern. Die Locken wurden blau angemalt. Dieses sollte wohl Lapislazuli imitieren, mit dem man bei besonders kostbaren Statuen und Reliefs Haare und Bärte einzulegen pflegte. Auch in Persepolis haben sich Reste von derartigen Lapislazuli-Bärten gefunden. Die Hufe der Tiere waren vermutlich vergoldet. Man kann sich also den großen Empfangssaal des Königs Dareios mit seinem Säulenwald und seiner kostbaren Ausstattung nicht farbenprächtig genug vorstellen!

In den Räumen des südlichen Flügels des Apadāna hat man Reste von Möbeln entdeckt, auch sie leider durch das Feuer vollständig zerstört. Erhalten haben sich nur einige Stücke ihrer goldenen Beschläge und ein Teil der kleinen Goldnägel, mit denen diese befestigt waren. Immerhin können wir daraus entnehmen, daß man dort Mobiliar bereithielt, offenbar für große Empfänge, nämlich Sitz- und Liegemöbel und kleine Tische.

Der Hauptzugang zur Audienzhalle an der Ostseite hatte eine Breite von 5,25 m. Da die Wand etwa ebenso dick war, ergab sich also zwischen Portikus und Innenraum ein Durchgang von fast 28 m^2. Eine so große Fläche konnte man nicht mit einer einzigen steinernen Türschwelle bedecken. Daher hat man quadratische, dicke Platten aus dunklem Stein aneinandergefügt und in einer Bitumenschicht befestigt. Diese Platten sind mit Rosetten in ganz flachem Relief fein verziert. Um das Mittelfeld ist ein *Abb. 40*
mit Kreisen geschmückter Rand gelegt. An den Außenkanten des Durchgangs tragen die Steine auch seitlich je drei kleinere Rosetten. Derartige reliefverzierte Türschwellen, die wie mit Teppichen bedeckt aussahen, waren

Abb. 42 Alabasterne Türschwelle aus dem Palast eines assyrischen Königs (vom Beginn des 7. Jhs. v. Chr.) in Ninive, die mit einem Teppichmuster verziert ist

Abb. 42 schon bei Assyrern und Babyloniern üblich[45]. Ganz entsprechende Stücke aus grauem Kalkstein hat man auch im Achämenidenpalast in Susa gefunden, wo sie ebenfalls eine Türschwelle schmückten[46]. Und dasselbe Rosettenmotiv findet sich auf Platten, die andere Türdurchgänge in demselben

[45]M.V. Seton-Williams, Babylonien. Kunstschätze zwischen Euphrat und Tigris (1981) Abb. 138 — neuassyrische Kalksteinschwelle aus Chorsabad, Rosetten in Quadraten; M. E. L. Mallowan, Nimrud and its Remains I (1966) Abb. 141 — Steinschwelle vom Burnt Palace, vermutlich Sargon-Zeit; E. Strommenger, Fünf Jahrtausende Mesopotamien (1962) Abb. 230 – besonders reich verzierte Alabasterschwelle, neuassyrisch (704–681 v.Chr.) aus Ninive; daß vor allem das Rosettenmuster für Fußbodenbeläge im persischen Bereich durchaus üblich war, zeigt auch das Grab in Kizilbel: M. J. Mellink, AJA 80, 1976, 377 f. Abb. 1 und 2: Weiße Rosetten mit rotem Zentrum, abwechselnd in rote und schwarze Quadrate gemalt; das Motiv der in Quadrate gesetzten Rosetten begegnet auch bei einer bronzenen Türschwelle, die mit einer Inschrift Nebukadnezars II. (604–561 v.Chr.) versehen ist: British Museum. A Guide to the Babylonian and Assyrian Antiquities (1908) Taf. XXVI.

[46]MDP 30, 1947, 45 Fig. 19.

Abb. 43 Detail von dem mit Bronzeblech beschlagenen Prunktor aus Balawat

Palast bedeckten, dort aber aus farbigen, emaillierten Ziegeln bestanden, die etwa dasselbe Format hatten *(vgl. Abb. 41)*[47]. Türschwellen wurden auch sonst in Persepolis aus grauem Kalkstein hergestellt. So haben die einfachen Schwellen an den vier Ausgängen des Schatzhauses, über die sicher sehr viel Verkehr hinwegging, nicht unter diesem gelitten. Am Zugang zum Apadāna wird man nicht damit rechnen müssen, daß sie oft begangen wurden; so hat sich die fein polierte Oberfläche der flachen Rosettenreliefs erhalten.

Verschlossen wurden die Zugänge mit großen, zweiflügeligen Holztüren, die einst mit vergoldeten Bronzebeschlägen verziert waren. Durch das große Feuer sind sie völlig zerstört worden. Vielleicht stammen von einer dieser Türen die beiden Stücke eines mit Rosetten verzierten Bronzebandes, die man im Apadāna gefunden hat[48]. Bewegt wurden die Türflügel in zwei Türangeln, deren untere Steine ebenfalls mit Relief geschmückt waren. Sie wurden von einem Blätterkranz mit Pfeilspitzen zwischen den einzelnen

[47]MDP 30, 1947, Fig. 47; reich gemusterte Emailziegel, aber ohne Relief, auch für Türschwellen und Fußböden, a.O. Abb. 48; gebrannte Ziegel wurden auch im Harem des Xerxes gefunden; sie dienten für die Schwelle von Raum 14; in Raum 2 noch in der Bitumenbettung.

[48]Schmidt I 79.

Blättern eingefaßt[49], der in seiner Ausführung an die Basen der westlichen Portikus erinnert. Nach den Abmessungen kann man sagen, daß die Türangeln einen Durchmesser von 21,5 cm hatten. Sie werden aus Metall bestanden haben. Das Tor von Balawat, das heute im Britischen Museum in London aufbewahrt wird, mag eine Vorstellung von dem einstigen Aussehen
Abb. 43 solcher Tore geben. In ähnlicher Weise können wir uns auch die Türen des Apadāna vorstellen. Auf dem Holzkern der Türflügel waren Bronzereliefs befestigt, die möglicherweise vergoldet waren. Viele kleine Nägel hielten sie dort fest. Ihre runden Köpfe sind durch sie umgebende Bögen zu kleinen Blüten ausgebildet. Dieses mag die Herkunft des Rosettenmotivs sein, das uns überall in der Architektur und auch sonst in der achämenidischen Kunst wiederbegegnet, und zwar häufig als Rosettenbänder. Fraglich bleibt indessen, ob auch die Apadāna-Türen mit szenischen Darstellungen geschmückt waren wie die Tore von Balawat. Die im Schatzhaus gefundenen Reste sprechen dafür, daß dort geflügelte Wesen dargestellt waren. Vielleicht können wir uns die Apadāna-Türen ähnlich verziert wie den königlichen Baldachin vorstellen, mit Reihen von schreitenden Löwen und der geflügelten Sonnen-
Abb. 49 scheibe.

Die Ecken des Apadāna wurden von vier Türmen gebildet. Ihre Außenseiten waren durch 3 x 3 aufstrebende Rundstäbe unterteilt. Derartige Wandgliederungen sind aus Babylonien bekannt[50]. Die oberen Zonen trugen die
Abb. 38 schon erwähnten farbigen Emailziegel mit ornamentalen Mustern und dreisprachigen Inschriften. Diese hat allerdings erst Xerxes dort anbringen lassen. In ihnen berichtet er, daß sein Vater Dareios viel Schönes erbaut und er diesem weiteres hinzugefügt habe.

Für die Tatsache, daß es wirklich Dareios war, der den Apadāna errichten ließ, besitzen wir sogar einen noch viel besseren Beleg; denn in dem nordöstlichen und dem südöstlichen Turm, also den beiden Türmen, die die Hauptansichtsseite flankieren, hat der damalige Grabungsarchitekt F. Krefter, dem wir auch die vielen anschaulichen Rekonstruktionsskizzen verdanken (z.B. *Abb. 39. 93. 98*), am 18. und 20. September 1933 die Gründungsurkunden des Dareios gefunden. In einem steinernen Kasten
Taf. 11 lagen jeweils eine silberne und eine goldene Urkunde. Sie sind 33 x 33 cm groß, das ist dieselbe Größe, die auch sämtliche Ziegelsteine aufweisen, aus denen das Gebäude errichtet worden ist. In altpersisch, elamisch und

[49]Schmidt I Fig. 37 A.

[50]z.B. Ezida-Tempel in Borsippa, von dem auch die bronzene Türschwelle mit Rosetten stammte, s. oben Anm. XX.

babylonisch steht dort jeweils derselbe Text. Allerdings ist er auf der goldenen Platte noch sauberer geschrieben als auf der silbernen. Dort lesen wir:

> "Dareios, der Großkönig, König der Könige, König der Länder, des Vishtāspa Sohn, der Achämenide.
> Es kündet Dareios, der König: Dieses Reich, das ich besitze, von den Skythen jenseits von Sogdien bis nach Kush (Äthiopien), von Indien bis nach Sparda (Sardes, Lydien), übertrug mir Ahuramazdā, der größte der Götter. Ahuramazdā möge mich und mein Königshaus beschützen".

Dareios gibt hier also nur die Grenzen seines großen Reichs an und bittet um den Schutz des Gottes Ahuramazdā für sich und seine Familie. Von dem Gebäude selbst, um dessen Gründungsurkunde es sich ja handelt, ist überhaupt nicht die Rede. Dieses mag andererseits aber zeigen, daß Dareios diesen Bau eben als Sinnbild seiner Herrschaft versteht, als das Zentrum des Reiches und das äußere Zeichen seiner Macht.

Das Programm der Osttreppen

Daß Dareios den Apadāna als Dokumentation seiner Herrschaft ansieht, wird noch an einer anderen Stelle sehr deutlich, nämlich an dem Programm der Reliefs an den Osttreppen des Apadāna. Die Idee zu diesem wird ihm wohl erst gekommen sein, nachdem bereits mit dem Bau begonnen worden war. Denn man hat festgestellt, daß die Treppenanlage einer Veränderung unterzogen worden ist. Dieses Programm ist nun in der Tat etwas ganz Einmaliges. Im Zentrum der vier Treppenläufe, zwei von jeder Seite, thront der König, begleitet von dem Kronprinzen, der auf dem Relief hinter dem Thron steht, in Wirklichkeit wohl neben ihm stehend zu denken ist. Der *Abb. 44-49*
König sitzt auf einem Thron, hat die Füße auf eine Fußbank gestellt und hält in der Rechten ein langes Szepter, das sich nach unten leicht verjüngt und oben mit einem runden Knauf abschließt. Sicher wird es aus Edel- *Abb. 45*
metall bestanden haben, vermutlich aus Gold. In der linken Hand hält der König eine Lotosblüte mit zwei Knospen. Eine ähnliche hat auch der Kronprinz in seiner Linken. Nur bei diesen beiden ist eine solche zu finden. Blüten begegnen noch häufig auf den Reliefs von Persepolis (z.B. *Abb. 85*), doch sonst nie mit zwei Knospen. König und Kronprinz tragen das achämenidische Hofgewand, das im Zusammenhang mit der Kleidung allgemein noch genauer betrachtet werden soll (s. unten Kap. V 5). Ein solches

Abb. 44 König Dareios empfängt die Gesandtschaften, sog. Schatzhausrelief, einstmals Zentrum der großen Treppenanlage an der Ostseite des Apadāna in Persepolis

hat auch der Kämmerer des Königs an, der auf den Kronprinzen folgt. Dazu
Abb. 46 trägt er als Kopfbedeckung einen "Baschlik". Dieses ist die weitverbreitete Kopfbedeckung der iranischen Reitervölker. Bei dem Ritt durch Steppen und Sandwüsten kann man mit dieser Haube den Kopf ganz einhüllen, so daß nur noch die Augen herausschauen, während Mund und Nase geschützt sind. Im höfischen Bereich tragen den Baschlik alle Diener, die z.B. mit Speisen zu tun haben. In diesem Fall ziehen sie die Tücher vor den Mund, um die Speisen und Getränke nicht mit ihrem Atem zu verunreinigen *(Taf. 28. Abb. 125)*[51].

[51]Auf den Reliefs verläuft allerdings das Tuch immer genau unter den Lippen. Das war wohl ein Kunstgriff der ausführenden Meister, um die Diener nicht gar zu seltsam vermummt aussehen zu lassen.

Abb. 45 König Dareios auf dem Thron, Detail von Abb. 44

Abb. 46 Der Kämmerer des Königs Dareios, Detail von Abb. 44

Auf den Kammerherrn folgt der Waffenträger des Königs. Er trägt den Gorytos, den typisch iranischen Behälter für Bogen und Pfeile. Das Lederband, an dem er ihn festhält, endet in einem Riegel aus den Füßchen eines Huftieres. Außerdem hat er das Kurzschwert seines Gebieters umgehängt, den Akinákes, der in einer fein verzierten Scheide steckt. Die Streitaxt, deren Schneide von einem Ententier gleichsam ausgespuckt wird *(Abb. 185)*[52], greift der Waffenträger am Schaft. *Abb. 47* *Abb. 48*
Vor den König tritt der Hofmarschall Farnaka[53]. Er ist durch zwei Weihrauchständer von ihm getrennt und hält außerdem noch die Hand vor den Mund, um den König nur ja nicht mit seinem Atem zu belästigen. In dienstfertiger Haltung beugt er sich leicht vor und macht dem Herrscher seine Meldung *(Abb. 17.44)*.

Die bisher beschriebenen Personen dieser Szene befinden sich alle unter einem großen Baldachin. Sein Dach ist reich bestickt. Eine Reihe von Löwen bewegt sich auf eine in der Mitte angebrachte, geflügelte Sonnenscheibe zu. Dieses Motiv der schreitenden Löwen begegnet uns sehr oft in Persepolis. Eingefaßt wird alles von den so beliebten Rosettenbändern. Unten herab hängt ein Netzwerk, das in Troddeln endet. Rechts und links dieses Baldachins sind je zwei Leibwächter mit Lanzen zu sehen. Der ganz links Stehende hält ein Eimerchen bereit, in dem sich vermutlich die Holzkohle befand, die nötig war, um die Weihrauchgefäße in Betrieb zu halten. Das Eimerchen zeigt eine Querriefelung, wie sie für achämenidische Gefäße, insbesondere aus Edelmetall, üblich ist *(Abb. 72.120.140. Taf. 22)*. *Abb. 49*

Was ist nun der Anlaß, daß der König hier so feierlich auf seinem Thron sitzt? Er empfängt die Abgeordneten aller Länder seines Großreichs, die herbeigekommen sind, um ihrem Herrscher die besten Gaben ihrer Länder zu überbringen. Der Hofmarschall wird wohl gerade Meldung machen, daß diese Gesandten eingetroffen sind. In einem langen Aufzug nähern sie sich dem König von Süden her. In drei Registern übereinander bedecken die Reliefs die Treppenwangen. An der Spitze gehen die wichtigsten Völker des Reiches; es beginnt mit den Medern und Elamern in der obersten Reihe *(Abb. 50.51)*. In der Mitte führen die Babylonier den Reigen an *(Abb. 60)*. Da, durch die Treppenschräge bedingt, vor ihnen noch etwas Platz ist, hat man dort ein verkürztes Feld mit den Armeniern eingefügt *(Abb. 58)*, die eigentlich zu der unteren Reihe gehören, die von den Lydern *(Abb.* *Taf. 12.13*

[52]Der Waffenträger ist auf der später ausgeführten Nordseite des Apadāna besser erhalten. Da er sich dort zur anderen Seite wendet, kann man auch alle Details der Waffen erkennen.

[53]Zu ihm und seinen Aufgaben s. oben Kap. III 2 a.

Abb. 47 Der Waffenträger des Königs Dareios mit Gorytos, Detail von Abb. 44

Abb. 48 Das Kurzschwert (Akinákes) des Königs Dareios, das sein Waffenträger umgehängt hat (von dem Relief der Nordseite)

66) als wichtigstem und reichstem Volk des Westens angeführt wird. Jeder Gesandtschaft geht ein Beamter des Hofes voran. Abwechselnd sind diese Beamten entweder mit der iranischen Reitertracht oder dem langen achämenidischen Hofgewand bekleidet.

Die Meder tragen die iranische Reitertracht mit Hosen und langärmeligen Obergewändern, die bis zum Knie reichen. Um die Taille ist ein Gürtel geschlungen, an dem bei ihrem Anführer auch der Akinákes hängt. Als Kopfbedeckung tragen sie einen Baschlik, der auf dem Kopf drei runde Wülste bildet, im Nacken in einem Zipfel das schulterlange Haar bedeckt und über dem Kinn, unterhalb des Mundes, geschlossen ist. Nur der Anführer hat statt dessen die kugelige Kappe mit Schwänzchen auf dem Kopfe, die auf den Reliefs von Persepolis so häufig begegnet. Mit ihr werden wir uns im Zusammenhang mit der Kleidung noch näher befassen (s. unten Kap. V 5). Als Geschenke bringen die Meder einen Krug und zwei Becher herbei, weiter einen Akinákes in der Scheide und zwei Paar Armreifen, die in Tierköpfen enden. Die Formen all dieser Gegenstände, die sicher aus edlem Metall bestanden, sind typisch für die achämenidische Kunst, und die Meder waren berühmt als Meister in ihrer Fertigung. So nennt sie auch Dareios in seiner Bauinschrift in Susa als Goldschmiede. Die nächsten zwei Abgeordneten *Abb. 50*

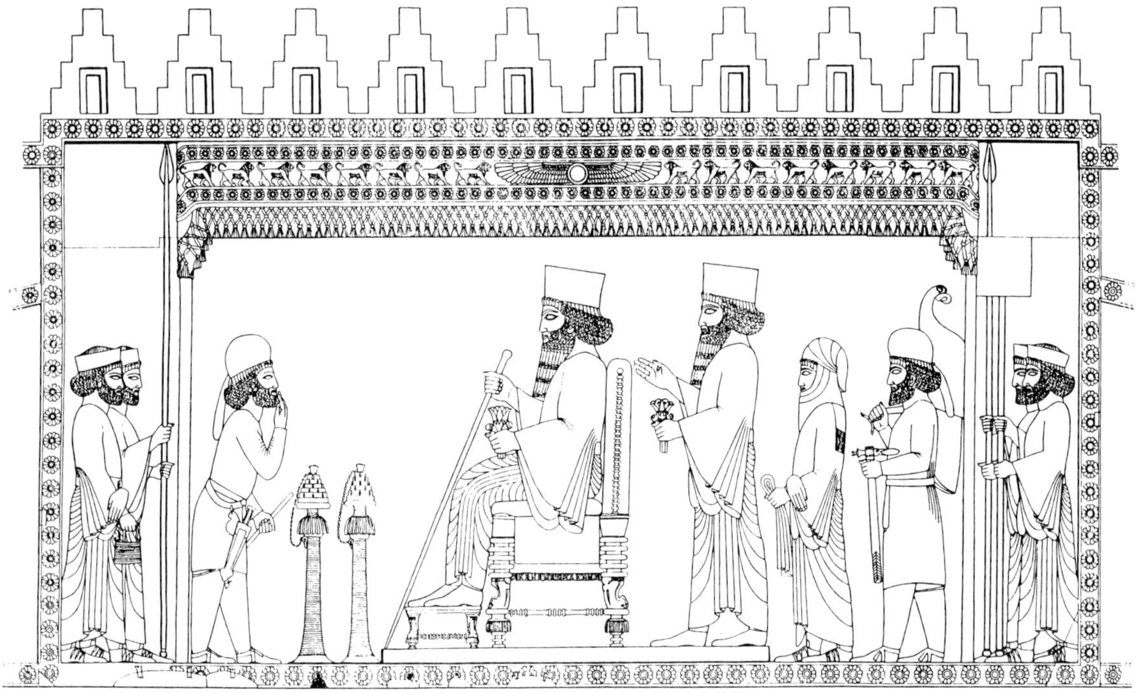

Abb. 49 Rekonstruktionszeichnung des vollständigen Thronreliefs (Abb. 44)

Abb. 50 Die Gesandtschaft der Meder

Abb. 51 Die Gesandtschaft der Elamer

tragen auf den Armen ein Obergewand mit Ärmeln und einen Umhang, der zu der iranischen Reitertracht gehört, die sog. Kandys. Kennzeichnend für sie ist, daß sie lange, schmale Ärmel besitzt, in die man aber nicht hineinschlüpft, die vielmehr an den Seiten lang herunterfallen. Der letzte bringt eine dazugehörige Hose.

Die Elamer sind mit dem langen Faltengewand bekleidet, das die Perser von ihnen übernommen und zu ihrer Hoftracht gemacht haben. Dazu tragen sie halbhohe Stiefelchen mit sechs Schnürungen. Um den Kopf haben sie nur ein Band gelegt, das hinten jeweils zu einer Schlaufe gebunden ist. Die Elamer bringen zwei Bogen, die in Entenköpfen enden, zwei Dolche in der Form, wie sie die Perser in den Gürtel ihres Faltengewandes zu stecken pflegen *(Abb. 186)*, und eine Löwin mit ihren beiden Jungen *(Abb. 52)*. Besorgt wendet sie sich zu diesen um. Die Tiere sind für den Jagdpark des Herrschers bestimmt, den Parádeisos (altpersisch *paradaitha*; s. unten Kapitel VIII 1). In Wirklichkeit werden sie in einer Kiste oder einem Gitterkäfig herbeigebracht worden sein, doch stellt der entwerfende Meister der Reliefs die Löwin aus künstlerischen Gründen frei spazierend dar, von ihrem Führer nur am Halsband gehalten. *Abb. 51.52*

Hinter den Elamern folgen die Parther. Sie kommen aus dem Norden des Reiches, vom Südufer des Kaspischen Meeres *(Abb. 2)*. Auch sie tragen die iranische Reitertracht und dazu glatte Stiefel; ihr Anführer hat sogar eine Kandys umgehängt. Ihre Köpfe sind ganz von einem Baschlik verhüllt, vergleichbar dem des königlichen Kammerherrn *(Abb. 46)*. Auch sie bringen Becher herbei, dazu ein baktrisches Kamel mit zwei Höckern und ein Löwenfell. *Abb. 53*

Die nachfolgenden Areier, die im Osten des Reiches, dem Gebiet um Herat *(Abb. 2)*, beheimatet sind, überreichen etwa die gleichen Geschenke, *Abb. 54*

Abb. 52 Die Elamer bringen eine Löwin mit ihren Jungen, Detail von Abb. 51

nur die Form der Becher ist etwas verschieden. Ihre Kleidung zeigt einige individuelle Züge. So ist der Baschlik in drei Lagen um den Kopf geführt und endet oben fast gerade. Die Hosen fallen in Kniehöhe bauschig über die hohen Stiefel. Sie sind offenbar an ihrem unteren Rand zugebunden, und die Enden der Bänder hängen herab.

Abb. 55 Das Feld mit der nächsten Delegation ist leider stark beschädigt. An ihren unten in langen Fransen endenden Gewändern kann man die Ägypter erkennen. Ein ganz ähnliches Kleidungsstück trägt nämlich auch der mit Inschrift versehene Ägypter am Grab des Dareios in Naqsh-e Rostam[54]. Von ihren Gaben erkennt man gerade noch die Beine eines mächtigen Stieres.

Abb. 56 Die Baktrer sind wieder gut erhalten. Wie ihre Nachbarn, die Parther und Areier, bringen auch sie ein zweihöckriges, also hauptsächlich in Baktrien beheimatetes Kamel herbei. Auch sie tragen Becher und Schalen vor sich her. Ihre Kleidung ist ähnlich der der Meder, doch sind die langen

[54]Fünfte von links in der unteren Reihe, vgl. die Darstellung auf dem Xerxes-Grab, *Taf. 33.*

Abb. 53 Die Gesandtschaft der Parther

Abb. 54 Die Gesandtschaft der Areier

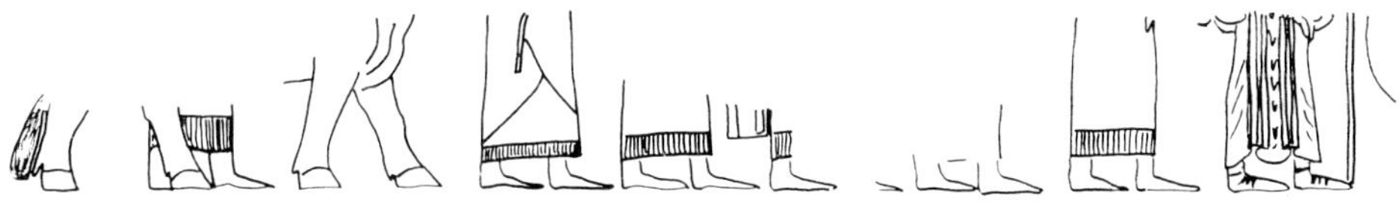

Abb. 55 Die Gesandtschaft der Ägypter (Oberteil zerstört)

Abb. 56 Die Gesandtschaft der Baktrer

Abb. 57 Die Gesandtschaft der Sagartier

Abb. 58 Die Gesandtschaft der Armenier

Hosen weiter geschnitten. Sie haben keine Kopfbedeckung, aber ihre Locken sind mit einem Netz zusammengefaßt, das hinten gebunden ist[55].

Als Abschluß dieser Reliefreihe folgt ein weiteres Volk in iranischer Reitertracht, teilweise ähneln die Abgesandten den Medern, teilweise den Armeniern. Der Anführer trägt die gleiche runde Kappe wie derjenige der Meder. Als Geschenke bringen sie eine komplette iranische Reitertracht mit Kandys, langärmeligem Obergewand und Hosen, dazu ein Pferd. Es ist hübsch aufgeputzt mit einem zusammengenommenen Schopf über der Stirn und eingebundenem Schwanz, wie es bei den Achämeniden üblich ist. Vielleicht handelt es sich bei dieser Abordnung um die Sagartier. Denn die Kleidung des Sagartiers Tshissantachma, der auf dem Bisotun-Relief als fünfter der vor dem König stehenden "Lügenkönige" dargestellt ist, dort allerdings ohne Kopfbedeckung *(Abb. 5)*, läßt sich mit der dieser Männer gut vergleichen. *Abb. 57*

In der mittleren Reliefreihe sind in dem ersten kleineren und abgeschrägten Feld, wie schon oben gesagt, die Armenier abgebildet. Sie sind ähnlich wie die Meder gekleidet, doch haben sie die Wangenklappen ihres Baschlik zurückgenommen und am Hinterkopf übereinandergeschlagen. Auch sie bringen ein Pferd und dazu eine sehr schöne Amphora herbei. Ihre Henkel bestehen aus sich aufrichtenden und zurückblickenden Greifen, durch den Körper des rechten führt der Ausguß (vgl. *Abb. 126–128*). *Abb. 58* *Abb. 59*

In dem ersten großen Feld des mittleren Registers treten die Babylonier auf. Sie tragen nach oben spitz zulaufende Kappen mit einem lang herabfallenden Zipfel. Von ihren umgeschlungenen Mänteln hängt jeweils ein spitzes Ende mit Troddel über die rechte Schulter nach vorn. Die ersten beiden Abgeordneten halten in jeder Hand eine flache Schale vor sich, der dritte bringt einen langen Schal, dessen Enden in Netzwerk mit Troddeln auslaufen. Dieser Abschluß erinnert an die Ausgestaltung des unteren Randes des königlichen Baldachins *(Abb. 49)*. Außerdem wollen die Babylonier dem König ein Buckelrind zum Geschenk machen. *Abb. 60*

Die auf die Babylonier folgenden Syrer bringen ebenfalls silberne oder goldene Schalen, dazu einen Tierbalg und ein zusammengelegtes Kleidungsstück, an dessen Ecken kleine Gewichte hängen, die den richtigen Fall des Gewandes sichern sollen. Zwei stattliche Widder schließen sich an. *Abb. 61* *Taf. 13*

Die nächste Gesandtschaft fällt durch ihre spitzen Mützen auf. Nach ihnen wurden sie auch schon von den Persern der Achämenidenzeit die "spitzmützigen Saken" genannt. Es sind also Skythen, die aus den Gebieten östlich des Kaspischen Meeres kommen *(Abb. 2)*. Auf dem Relief stehen sie *Abb. 62.63*

[55]Zur Eigentümlichkeit dieser Haartracht s. Hinz, AiFF 104.

Abb. 59 Amphora, die von den Armeniern als Geschenk gebracht wird; Detail von Abb. 58

Abb. 60 Die Gesandtschaft der Babylonier

Abb. 61 Die Gesandtschaft der Syrer

Abb. 62 Die Gesandtschaft der Skythen

stellvertretend für alle Skythenvölker, also auch die "haumaschwelgenden"[56] Saken, die ganz an der Grenze des Reiches im Nordosten, jenseits von Oxus (Amū-Daryā) und Jaxartes (Syr-Daryā), wohnten, und für die "Saken jenseits des Meeres", womit das Schwarze Meer gemeint ist. Diese Skythengruppen werden in den Inschriften gesondert aufgezählt. Alle Skythen sind mit einem Akinákes, der Anführer außerdem mit einem schönen, in einem Tierkopf endenden Gorytos versehen. Die Skythen bringen ein Pferd, mit einem kleinen Glöckchen um den Hals, Armreifen und, wie auch schon die Sagartier, eine komplette iranische Reitertracht. Hier kann man übrigens ganz deutlich sehen, daß die Hosen eigentlich "Strumpfhosen" waren.

Im nächsten Feld sind offenbar Sattagydier und Gandarer zusammen-
Abb. 64 gefaßt. Da sie die gleiche Kleidung tragen, hat der Meister der Apadāna-Reliefs diese beiden Völker verbunden. Sie bringen einen Zebustier und Lanzen und Schilde herbei.

Den Abschluß des mittleren Registers bilden Sogder und Chorasmier,
Abb. 65 auch sie zu einem Bildfeld zusammengefaßt. Charakteristisch sind ihre Baschliks, die über der Stirn nach oben einen Buckel haben. Sie bringen einen Akinákes, Armreifen, Streitäxte und wiederum ein Pferd.

Abb. 66.67 An der ersten Stelle der unteren Reihe stehen die Lyder als wichtigstes Volk Kleinasiens. Sie tragen seltsame, nach oben gewundene Kappen und sind an ihren kleinen Zöpfchen hinter den Ohren kenntlich. Ihre kostbaren silbernen oder goldenen Amphoren ähneln denen der Armenier, doch zeigen sie im unteren Teil Kanneluren. Auch diese Gesandtschaft schenkt Schalen und Vasen und ein Paar exquisiter Armreifen, die in Greifen enden *(vgl. Taf. 27)*, dazu ein ganzes Pferdegespann mit Wagen. Die Lyder lassen ihren Reichtum eben auch in ihren Gaben deutlich werden.

Abb. 68 Hinter ihnen kommen die Kappadokier. Sie sind ganz ähnlich wie die Armenier gekleidet, tragen jedoch zusätzlich einen Umhang, der unterhalb der rechten Schulter von einer Fibel gehalten wird. Ihre Geschenke bestehen aus einem Pferd und ebenfalls einer vollständigen iranischen Reitertracht.

[56]Hauma ist der Rauschtrank der indo-iranischen Völker und wurde vermutlich aus Fliegenpilzen gewonnen.

Abb. 63 Die "spitzmützigen" Skythen schenken dem König ein iranisches Reiterkostüm, Detail von Abb. 62 ▷

Abb. 64 Die Gesandtschaft der Sattgydier und Gandarer

Abb. 65 Die Gesandtschaft der Sogder und Chorasmier

Abb. 66 Die Gesandtschaft der Lyder

Abb. 67 Der Wagenführer der Lyder; deutlich erkennt man den kleinen Zopf hinter seinem Ohr; Detail von Abb. 66 ▷

Abb. 68 Die Gesandtschaft der Kappadokier

Abb. 69 Die Gesandtschaft der Ionier

Abb. 69.70 Die Ionier bringen quergeriefelte Becher und Schalen, zusammengelegte Stoffe und Wollknäuel.

Drangianer und Arachosier sind wiederum zusammengefaßt, da ihnen *Abb. 71.72* die gleiche Tracht eigen ist. Auffällig sind die üppigen Pluderhosen. Ihre Becher und Schalen sind besonders fein ausgearbeitet. Dazu bringen auch sie ein baktrisches Kamel.

Abb. 73 Den Abschluß dieses Relieffeldes bilden die Inder, leicht bekleidet nur mit einem Lendenschurz, da sie aus warmen Regionen kommen. Der erste Gabenbringer trägt über die Schultern eine Stange, von der zwei Körbchen *Abb. 74* herabhängen. In ihnen sind jeweils zwei Beutelchen, die wohl den berühmten Goldstaub des Industales enthalten. Weiterhin bringen die Inder Doppeläxte und ein Maultier.

Damit ist dieses lange Bildfeld mit dem Großteil der Völker abgeschlossen. Die noch verbleibenden sind an der Schräge des äußersten Treppenlau- *Abb. 75* fes, seinem Anstieg folgend, abgebildet. Hier finden sich die Thraker mit

Abb. 70 Ein Ionier will dem König ein Wollknäuel überreichen, Detail von Abb. 69

Abb. 71 Die Gesandtschaft der Drangianer und Arachosier

Abb. 76.77 Weidenschilden und einem Pferd, die Araber mit einem zusammengelegten Gewand und einem Dromedar, dann vermutlich die Karer mit Rundschild *Abb. 78.79* und Lanze und einem Stier. Die Libyer führen einen Ziegenbock mit herrlich geschwungenen Hörnern und ein Pferdegespann mit Wagen heran; als letzte, durch die auslaufende Treppe schon recht klein geraten, folgen die Äthiopier mit einem Gnu.

Wenn man den Reigen dieser Völker betrachtet, so stimmt er inhaltlich auffallend mit der Liste der Völker überein, die uns Dareios d. Gr. an seinem Grab in Naqsh-e Rostam *(Abb. 196)* gibt, lediglich die Abfolge ist in einigen Fällen durchbrochen. Die Völker der Grabinschrift sind:

> Perser — Meder — Elamer — Parther — Areier — Baktrer — Sogder — Chorasmier — Drangianer — Arachosier — Sattagydier — Gandarer — Inder — Saken, die Hauma schwelgen — Saken mit den spitzen Mützen — Babylonier — Syrer — Ägypter — Armenier — Kappadokier — Lyder — Ionier — Saken jenseits des Meeres — Thraker — Ionier, die den Petasos[57] tragen — Libyer — Äthiopier — Makraner — Karer.

Abb. 80 Sieht man sich die Darstellungen auf den Apadānatreppen an, so versteht man schnell, warum diese mitunter von der Aufzählung am Grabe abweichen. Die Reliefs sind ja nicht nur eine Dokumentation, sondern gleichzeitig ein Kunstwerk, das auch ästhetisch ansprechend sein soll. Nun sind aber in einigen Fällen die Mitglieder der einzelnen Gesandtschaften sehr ähnlich gekleidet, oder auch ihre Geschenke entsprechen sich. Betrachtet man beispielsweise die oberste Reihe, so folgen sich dort Parther und

[57] eine schildförmige Kopfbedeckung

Abb. 72 Drangianer und Arachosier bringen kostbare Schalen herbei

Abb. 73 Die Gesandtschaft der Inder

Areier mit jeweils einem Kamel. Als nächste müßten nach der Liste die Baktrer kommen. Doch auch sie bringen wieder ein Kamel. Daher hat der entwerfende Künstler die Ägypter, die eigentlich in der Reihe darunter den Syrern folgen sollten, nach oben gezogen, um so eine Unterbrechung in der eintönigen Reihe von Kamelführern zu schaffen. Auch die dann anschließenden Sogder/Chorasmier, Drangianer/Arachosier wurden etwas auseinandergezogen, da letztere wiederum durch ihre Kleidung und durch das Kamel den Baktrern sehr ähneln. Wir können also annehmen, daß dem entwerfenden Meister der Reliefs etwa die gleiche Länderliste vorgelegen hat, wie sie am Grab des Dareios erhalten ist, daß er dann nur einige Umstellungen und Zusammenfassungen vorgenommen hat, um ein ansprechendes Kunstwerk zu schaffen.

Diese Tatsache gibt uns einen wichtigen Hinweis für die Datierung des Treppenentwurfes. Leider haben wir auch für die Anlage des Grabes keine genaue Zeitangabe. Nach verschiedenen Anhaltspunkten kann man aber annehmen, daß Dareios es schon recht bald nach Regierungsantritt in Angriff genommen hat. Nach dem Bericht des Ktesias sollen die Eltern des Dareios das Grab noch besichtigt haben. Magier mußten sie mit Seilen hinaufziehen. Die Magier seien während des Heraufziehens durch Schlangen erschreckt worden, so daß sie die Seile losließen und die Eltern des Dareios dabei zu Tode stürzten. Da Dareios seinen Vater in den ersten Inschriften, die er in Susa verfaßt hat, als noch lebend nennt, dann aber nicht mehr, kann man

Abb. 74 Ein Inder trägt in den Körbchen Beutel mit Goldstaub aus dem Industal, Detail von Abb. 73 ▷

Abb. 75 Thraker

Abb. 76 Araber

Abb. 77 Karer

Abb. 78 Libyer

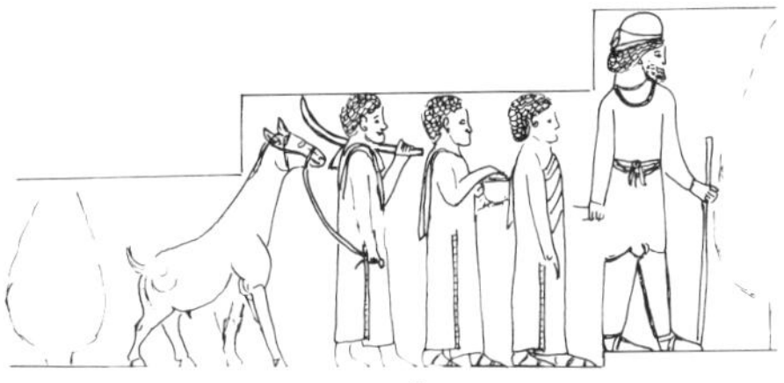

Abb. 79 Äthiopier

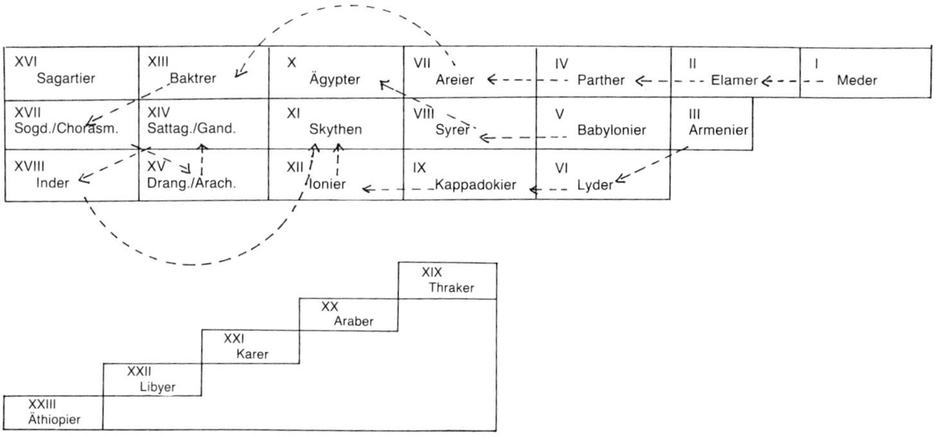

Abb. 80 Schema der Darstellungen der Völker des Reiches auf den Apadāna-Treppen. Die Pfeile zeigen, welche Bildfelder aus künstlerischen Gründen gegenüber der Aufzählung der Länderliste ausgetauscht worden sind

den Tod etwa um 510 v.Chr. ansetzen[58]. Jedenfalls scheint das Grab noch am Ende des 6. Jhs. fertiggestellt worden zu sein. Um diese Zeit also, an der Wende vom 6. zum 5. Jh., wird auch der Entwurf für die Apadānatreppen zustandegekommen sein.

Einen Hinweis auf die Fortschritte der Bautätigkeit können wir vielleicht den Verwaltungstäfelchen entnehmen. Wir hatten ja oben festgestellt, daß der Hofmarschall sich in der Regel in der Nähe des Königs aufzuhalten hatte. Wenn dieser also seinen Sitz nach Susa verlegte, hatte auch der Hofmarschall sich dorthin zu begeben, während der Vizemarschall die Verwaltungsaufgaben in Persepolis erledigte. Nun scheint aber in einem Jahr diese Regel völlig mißachtet worden zu sein. Im 23. Jahr der Regierung des Dareios (499 v.Chr.) nämlich hielt sich der Hofmarschall Farnaka mindestens vom 3. Monat an für den Rest des Jahres in Persepolis auf, während der König in Susa weilte. Dieses muß einen besonderen Grund gehabt haben. Es wäre denkbar, daß Farnaka durch seine Anwesenheit die Baumaßnahmen in Persepolis schneller vorantreiben sollte. Diese Vermutung wird noch verstärkt durch die Tatsache, daß gerade in diesem Jahr große Mengen an Arbeitern von außerhalb nach Persepolis abgeordnet werden. Schwerarbeiter werden genannt, die wohl die Erde abräumen und die großen Steinblöcke für die Säulen aufeinandertürmen sollten. Ein Täfelchen (PF 1532) erwähnt allein 2454 freie Männer, die auf einen Schlag nach Persepolis beordert worden waren. Es wurde dort also mit Macht gearbeitet. Zwar können wir nicht

[58] Hinz I 180 ff. mit Anm. 42.

genau sagen, an welchem Punkt das Bauvorhaben in diesem Jahr angekommen war, doch wäre es durchaus denkbar, daß man sich zu dieser Zeit an die Errichtung des Apadāna machte, ja vielleicht hatte sich Dareios gerade zu der Planänderung entschlossen, die die großartige Anlage der Osttreppen mit den Reliefs nach sich zog. Denn mit ihnen wurde auch der Bedarf an Arbeitskräften vergrößert.

Damit wollen wir zu dem Programm der Osttreppen zurückkehren. In *Abb. 44.49* ihrem Zentrum thronte also der König und empfing alle Völker seines Reiches, die zu ihm zogen und ihm ihre besten Gaben überbrachten. Vorbilder für derartige Szenen von einem thronenden König und Völkern, die ihm ihren Tribut bringen, gibt es in der assyrischen Kunst zahlreich. Doch stehen sie dort immer im Zusammenhang mit Schlachten und Eroberungszügen. Und es wird auch ganz deutlich gezeigt, daß die Tributbringer Gefangene und Unterworfene sind, teilweise sind ihre Anführer zu Füßen des Königs niedergefallen und berühren den Boden mit ihrer Stirn. Die Gefangenen erheben flehend die Hände zu ihrem Besieger. Ganz anders ist der Eindruck, den man von den Apadānareliefs gewinnt. Hier scheinen die Gesandtschaften freudig und freiwillig herbeizukommen. Nirgends wird auf Kämpfe hingewiesen, und die Abgeordneten dürfen als freie Männer ihre Waffen mit sich führen. Auch die Anbringung der Reliefs ist völlig neu. Sie befinden sich hier an einer Außenfront, und ihre Anordnung zeigt ein wohl durchdachtes Programm des Königs. Denn jeder Besucher, der die Terrasse von Persepolis hinaufschritt, zog parallel zu den Repräsentanten aller Völker des Reiches auf seinen König zu, der im Zentrum thronte. Man fühlte sich also gleichsam eingeschlossen in den großen Strom der freiwilligen Gabenbringer.

Im Rücken des thronenden Königs erstreckt sich die zweite Hälfte der ausgedehnten Treppenanlage. Das große Feld ist in gleicher Weise in drei *Taf. 14* Register eingeteilt. Dort stehen bis etwa zur Hälfte des gesamten Feldes die Leibwachen des Königs, in drei Registern übereinander. Es sind dieses die berühmten "Apfelträger", denn ihre Lanzen enden alle unten in *Abb. 81* einem kleinen Granatapfel. Damit dieser nicht beschädigt wird, setzen sie die Lanzen auf ihren vorgestellten Fuß. In der hinteren Hälfte sind in der oberen Reihe diejenigen Bediensteten dargestellt, die bereitstehen mußten, wenn der König sich auf einen Ausritt oder eine Fahrt begeben wollte. Angeführt werden sie von einem Beamten, der als Dienstabzeichen einen Stab trägt, also wohl dem Hofmarschall unterstellt ist. Ihm folgen vier "Teppichbreiter", jeder mit einem Teppich oder einer Satteldecke[59] unter dem

[59]Die Randverzierung scheint für derartige Decken typisch zu sein, s. B. Goldman, Studia Iranica 13,1, 1984, 7 ff.

Abb. 81 Die Leibwachen des Königs Dareios, die sog. Apfelträger

Arm und einer Peitsche in der Hand. Der vierte trägt zudem den Feldstuhl des Königs. Die Peitschen zeigen an, daß diese Beamten auch gleichzeitig eine Polizeifunktion ausübten. Sie hatten dem König unterwegs nicht nur seine Annehmlichkeiten zu bereiten, sondern mußten auch dafür sorgen, daß er ungestört blieb. Im späten Mittelalter hieß der Anführer dieser Gruppe "Hofteppichwart". Er führte die Aufsicht über das Hofteppichlager mit allem Zubehör, wie Zelten, Decken, Matten usw.[60] Auf dem Relief folgen ein weiterer Stabträger, wohl der "Hofstallmeister", mit drei Stallknechten, die je ein Reitpferd vorführen. Der deutsche Arzt und Forschungsreisende Engelbert Kaempfer, der im Jahre 1684 eine Reise an den Hof des persischen Schahs in Isfahān unternahm, berichtet, daß es noch zu seiner Zeit üblich war, immer drei Pferde vorzuführen, "von denen der Herrscher eines auswählt". Als abschließende Gruppe, wiederum mit einem Stabträger als Anführer, dieses Mal aber im achämenidischen Faltengewand, folgen zwei *Abb. 82.83*

[60] Hinz, AiFF 67 f., auch zu dem folgenden.

Abb. 82 Die Teppichbreiter des Königs; sie haben jeweils einen zusammengerollten Teppich oder auch eine Satteldecke unter dem Arm und eine Peitsche in der Hand

Gespanne mit Wagen und Wagenlenker. Vermutlich war der erste Wagen, der mit einem Randbeschlag mit schreitenden Löwen verziert ist, für den *Abb. 84* König und der zweite für den Kronprinzen bestimmt.

In den beiden unteren Registern werden Adlige oder hohe Beamte des persischen Reiches dargestellt *(Taf. 14)*. Sie sind immer abwechselnd in die *Abb. 85* iranische Reitertracht und das achämenidische Faltengewand gekleidet. Ab und an dreht sich der eine oder andere um und unterhält sich mit seinem Hintermann, man faßt sich an den Händen oder legt seinem Vorder- oder Hintermann die Hand auf die Schulter. Diese Gesten sollen die Eintönigkeit der Darstellung etwas auflockern. Doch ist diese Reihung durchaus beabsichtigt. Denn die Garde und die Adligen und Beamten sind die Stützen des Reiches, wie Säulen tragen sie das Gebäude des Staates. Die auf den Reliefs der Apadānatreppen Abgebildeten, auf der einen Seite die Angehörigen aller Völker des Reiches, auf der anderen Seite die für die Aufrechterhaltung der Ordnung in ihm Verantwortlichen, und in ihrer Mitte als Zentrum der König, sind das Fundament des achämenidischen Großreichs, das sinnbild-

Abb. 83 Ein Teppichbreiter mit dem Feldstuhl des Königs; mit seiner Hilfe konnte der König leichter auf den Rücken eines Pferdes gelangen

lich durch das Gebäude des Apadāna verkörpert wird. Dareios hatte also im wahrsten Sinne das Bild eines "Staatsgebäudes" vor Augen, als er den Plan des Apadāna ersann. Daß derartige Überlegungen durchaus den König bewegt haben müssen, zeigen die Reliefs an seinem Grab. Dort sind die Vertreter der einzelnen Völker dargestellt, wie sie mit beiden Händen den Thron stützen, auf dem der König steht *(Abb. 196. Taf. 34)*. Bei den Reliefs des Apadāna ist dieser Gedanke noch verfeinert und der Bestimmung des Gebäudes angepaßt worden.

b) Der Palast des Königs Dareios

Nach Planung des Königs Dareios sollte auf der großen Terrasse von Persepolis als wichtigstes Gebäude der große Empfangssaal, der Apadāna, als Sinnbild des achämenidischen Großreichs stehen. Hier war das Zentrum des Staates. Um dieses Gebäude herum waren ausgedehnte Freiflächen vorgesehen, zum einen, damit das Gebäude seine Wirkung ungestört entfalten

Abb. 84 Der Wagenlenker des Königs bringt seinen Wagen herbei

konnte, zum anderen, um Versammlungsraum auch für große Mengen Volkes zu schaffen. Außer dem Apadāna waren nur südlich von ihm, am Rande der Terrasse, der Palast des Königs, und im südöstlichen Teil das Schatzhaus als Sitz der obersten Verwaltung des Reiches vorgesehen *(Abb. 34)*.

Abb. 86 Der königliche Palast ist zwar im Verhältnis am kleinsten, weil er die mächtige Wirkung des Apadāna nicht beeinträchtigen sollte, doch mangelt es ihm nicht an königlicher Größe und wahrhaft königlichen Details in der Gestaltung, beträgt doch die überbaute Grundfläche noch immerhin 1160 m^2. Durch ein bis zu 2,50 m hohes Podest ist der gesamte Bau emporgeho-
Abb. 87 ben. Mit einer Portikus, deren Dach von 2 x 4 Säulen getragen wurde, öffnet er sich nach Süden *(Abb. 86,1)*. Wie diese Fassade einstmals ausgesehen hat, zeigt das Grab des Königs Dareios in Naqsh-e Rostam *(Abb. 196.197)*. Dieses gibt nämlich in seinem mittleren Teil eine Kopie der Eingangsseite des Palastes in Originalgröße wieder (s. unten Kap. IX 5).

Das Zentrum dieses Bauwerks bildet ein etwa quadratischer Raum, in dem ursprünglich 3 x 4 Säulen standen *(Abb. 86,2)*. Alle Säulen sind verschwunden, so daß wir keine genauere Vorstellung von ihnen erhalten können. Während das aus Lehmziegeln aufgeschichtete Mauerwerk sich aufgelöst hat, sind die noch fast vollzählig erhaltenen Tür- und Fensterrahmen und Nischen sehr beeindruckend. Sie sind aus riesigen Steinblöcken errich-

Abb. 85 Persische Adlige und Würdenträger, die Stützen des Reiches

tet. Die Fenster bestehen teilweise nur aus einem einzigen Stein, und das bei einer Höhe von 2,65 m, einer Breite von 2,65 m und einer Dicke von 1,70 m. Ein solches Fenster hat ein Gewicht von ungefähr 18 Tonnen. Monolithen bilden die Türlaibungen; mit Schwelle, Sturz und Bekrönungen wiegt jede Tür etwa 75 Tonnen. Riesige Steinblöcke sind hier zusammengefügt und erst an Ort und Stelle genau ausgearbeitet worden. Nur die Flächen, an denen die Steine aneinanderschlossen, mußten bereits vor dem Versetzen geglättet werden. Auffallend ist die überaus feine Politur, die die Oberfläche fast schwarz glänzen läßt. Kein Wunder, daß König Dareios sehr stolz auf die *Taf. 15* Leistung seiner Steinmetzen war. Alle Nischen und Fenster des Hauptsaales und der Portikus hat er daher mit Inschriften versehen lassen, die Fenster zwischen Hauptsaal und Portikus sogar von innen und außen. Insgesamt 18 mal erscheint dort die dreisprachige Inschrift (DPc): "Fenstergewände aus Stein, am Hofe des Königs Dareios hergestellt". Die altpersische Fassung steht immer oben in der Mitte, die elamische läuft auf dem linken Rahmen nach oben, die babylonische auf dem rechten nach unten.

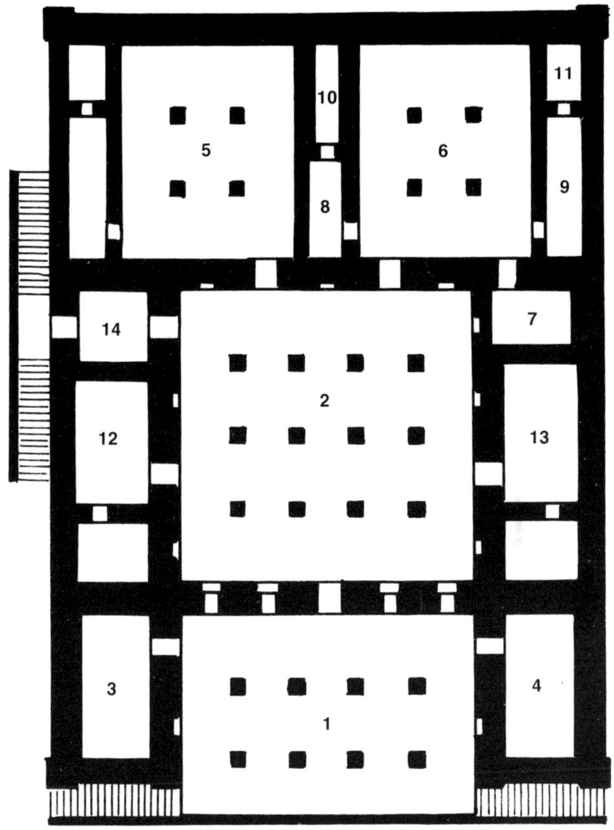

Abb. 86 Grundriß des Palastes des Königs Dareios: 1. Vorhalle (Portikus) am Eingang im Süden, auf die man über zwei Treppen gelangen konnte; 2. zentraler Saal; 3. und 4. Wachstuben; 5. und 6. nördliche Arbeits- und Ruheräume, in die sich der König zurückziehen konnte; 7. – 11. Nebenräume von Raum 6; 12. und 13. größere Räume neben dem Zentralsaal, in deren Zugängen jeweils ein königlicher Held im Kampf gegen Ungeheuer dargestellt ist; 14. Nebeneingang im Westen

Die Türgewände sind mit Reliefs geschmückt, die in einer Tür immer spiegelbildlich dieselbe Darstellung wiedergeben. Zu beiden Seiten der Portikus befinden sich Räume, die offenbar als Wachstuben dienten *(Abb. 86, 3.4)*. Denn in ihren Laibungen stehen jeweils zwei Wachsoldaten mit Lanzen, die zur Tür hinaus in die Portikus blicken. Der vordere ist jeweils noch *vgl. Taf. 16* durch einen hohen Schild aus Weidengeflecht geschützt.

Geht man von der Portikus in den Hauptsaal, so tritt einem der König *Abb. 88* entgegen. Er ist gerade im Begriff, das Gebäude zu verlassen. Auf dem Haupte trägt er eine hohe, goldene Krone mit Zinnenrand. Deutlich kann man die Löcher erkennen, in denen die Metallauflage befestigt war, die hier

Abb. 87 Dareios-Palast von Süden. Im Vordergrund das reliefgeschmückte Podest mit den Treppenaufgängen zur Vorhalle. Die großen Blöcke der Tür- und Fensterumrahmungen ragen dahinter auf

ganz naturalistisch dem Relief hinzugefügt war. Kleine Löcher im Nacken des Königs und auf seiner Brust und desgleichen neben seinen Handgelenken zeigen, daß er auch eine Kette und Armreifen trug. Zwei Diener in viel kleinerem Maßstab folgen dem Herrscher. Der eine ist bärtig und hält den Sonnenschirm über das Haupt des Königs, damit er beim Hinaustreten aus dem Hause geschützt ist. Dieser Diener ist offensichtlich der ranghöhere, da er auf beiden Seiten der Tür vor seinem Gefährten steht. Letzterer ist bartlos, hält mit der einen Hand einen Fliegenwedel über den König und in der anderen ein Handtuch. Über diesen Reliefs in der Haupttür steht auf beiden Seiten eine dreisprachige Inschrift. Sie ist jeweils so angebracht, daß die altpersische Fassung nach außen zeigt. Sie war also das erste, was

Abb. 88 König Dareios will seinen Palast verlassen. Ein Diener hält den Sonnenschirm über ihn. Die Krone war mit Goldblech verziert. Einlaßspuren zeigen, daß der König auch eine goldene Kette trug

ein Eintretender lesen konnte, ganz gleich, ob er sich nach rechts oder links wandte. In der Mitte folgte die elamische Fassung, zum Innenraum hin die babylonische. Die Inschrift besagt: "Dareios, der Großkönig, König der Könige, König der Länder, des Vishtāspa Sohn, der Achämenide, der diesen Palast gemacht hat". Jedem Besucher, damals wie heute, machte Dareios also deutlich, daß es sich sowohl um sein Bild unterhalb der Inschrift als auch insgesamt um ein von ihm errichtetes Gebäude handelte. Dieses ist übrigens die Inschrift, an der es F. Grotefend erstmals gelang, die altpersischen Keilschriftzeichen zu entziffern *(Abb. 12)*.

Von dem Hauptsaal aus führen zwei Türen nach Norden in zwei große Räume, deren Decke von je vier Säulen gestützt wurde *(Abb. 86,5.6)*. Beide Türen zeigen dieselbe Reliefausstattung. Wiederum tritt einem der König entgegen, dieses Mal begibt er sich von den inneren Gemächern in den *Abb. 89*
Hauptsaal. Auch hier ist er in gleicher Weise mit ursprünglich in Goldblech aufgelegter Krone, Kette und Armreifen geschmückt. Auffallend ist eine dreiecksförmige Einkerbung am Kinn. Hier war offensichtlich der königliche Bart in anderem Material eingelegt, vermutlich in ägyptischem Blau, einer besonderen Keramikkomposition, oder gar in kostbarem Lapislazuli. Blaue Bärte waren in der achämenidischen Kunst sehr beliebt, und man hat viele Bruchstücke von solchen auf der Terrasse von Persepolis gefunden. Dem König folgen die gleichen Diener wie an der Südtür. Da Dareios sich indessen hier innerhalb des Gebäudes befindet, benötigt er keinen Sonnenschirm. Der bärtige Diener hat daher seine Hände einfach übereinandergelegt. Diese Haltung hatte Dareios offenbar für alle Bediensteten vorgeschrieben, die sich abwartend in seiner Nähe aufhielten. Wohl bei den nachfolgenden Achämenidenkönigen wurde sie noch weiter spezifiziert, indem man im Angesicht des Königs seine Hände im Gewand zu verbergen hatte (Hinz II 207 ff.).

Das nordöstliche Gemach *(Abb. 86,6)* ist durch die Anzahl seiner Nebenräume etwas hervorgehoben. Insgesamt sind es fünf, wovon drei direkt zugänglich sind *(Abb. 86,7-9)*. Eine Tür im Westen und eine im Osten sind einander genau gegenüber angebracht. Von den dahinter liegenden Räumen gelangt man jeweils in ein weiteres kleines Zimmer im Norden *(Abb. 86,10.11)*. Bei der West- und Osttür von Raum 6 entsprechen nun nicht jeweils die beiden Türlaibungen einander, sondern die Reliefs der zwei gegenüber liegenden Türen. So ist im südlichen Gewände — sowohl der Ost- wie der Westtür — ein Diener zu sehen, der mit einem Salbgefäß (Alábastron) und Handtuch aus dem Nebenraum heraustritt. *Abb. 90*
Ihm entspricht im nördlichen Gewände ein Diener mit Weihrauchgefäß und

Abb. 90 Diener mit Salbgefäß und Handtuch; Relief im Dareios-Palast in Persepolis

Abb. 91 Königlicher Held im Kampf mit einem Löwenmonster; Relief im Dareios-Palast in Persepolis

Eimerchen mit Holzkohle. Eine weitere Tür führt in einen kleinen Raum, der südlich anschließt *(Abb. 86,7)*, aber vom Hauptsaal aus keinen Zugang besitzt. In seinen Türreliefs sind nun die beiden Diener der östlichen und westlichen Türen vereinigt. Auf jeder Seite begeben sich der Diener mit Alábastron und Handtuch und, ihm folgend, der mit Weihrauchgefäß und Henkeleimerchen in das Hauptgemach *(vgl. Abb. 121)*. Leider ist gerade

◁ *Abb. 89 König Dareios tritt in den Zentralsaal seines Palastes. Zwei Diener, der eine mit Fliegenwedel und Schweißtuch, begleiten ihn. Das Relief war ursprünglich mit einer goldenen Krone und goldenen Ketten und Armreifen geschmückt. Der Bart des Königs war in kostbarem Lapislazuli eingelegt*

dieser Teil des Gebäudes besonders stark zerstört, so daß man nähere Bestimmungen der einzelnen Räume nicht mehr vornehmen kann. Das ebenso große nordwestliche Zimmer *(Abb. 86,5)*, das aber nur über zwei Nebenräume verfügt, zeigt in den Türlaibungen dieselben beiden Diener[61].

Vom Hauptsaal aus führen zwei gegenüberliegende Türen im Osten und Westen in Nebenräume *(Abb. 86,12.13)*. Auf ihren Laibungen ist jeweils ein königlicher Held im Kampf gegen Untiere dargestellt — gleichsam die
Abb. 91 symbolische Überwindung des Bösen durch den König selbst. Er hat seine weiten Ärmel hochgeschlagen, so daß sie in Falten über der Schulter liegen, und den langen Faltenrock geschürzt, um mehr Bewegungsfreiheit zu haben. Mit einer Hand packt er das Tier am Schopf bzw. an den Hörnern, mit der anderen stößt er ihm den Dolch in den Leib. Da der Held jeweils zum Hauptsaal hin blickt, ist er immer auf einer Türlaibung als Rechts-, auf der gegenüberliegenden spiegelbildlich als Linkshänder wiedergegeben. Auf der Osttür geht er gegen einen Löwen an, der sich vor ihm aufgerichtet hat, auf der Westtür ist es ein großes, geflügeltes Löwenmonster mit Skorpionschwanz *(Abb. 91)*. An der Westseite gibt es noch eine zweite Tür, die zu einem Nebeneingang führt *(Abb. 86,14)*. Auch dort ist ein königlicher Held dargestellt. Er packt einen Stier am Horn. Doch dieser Held blickt auf beiden Feldern nach außen, ist also auf einen von dort Kommenden ausgerichtet. Der hinter der Tür liegende Raum führt mit einer zweiten Tür ins Freie. An ihren Wänden stehen in gleicher Weise wie in den Türen der Wachstuben in der Portikus zwei Soldaten mit Lanzen. Sie blicken nach außen, bewachen also den Zugang.

Mit diesen Reliefs in seinem Palast, mit den Friesen am Apadāna und den Darstellungen an seinem Grab hat Dareios ein Bildprogramm geschaffen, das von all seinen Nachfolgern kopiert worden ist. An allen Gebäuden auf der Terrasse von Persepolis treffen wir immer wieder auf dieselben Motive, Abwandlungen sind nur äußerst zurückhaltend vorgenommen worden.

Betrachtet man das gesamte Programm der Türreliefs im Dareios-Palast, so fällt auf, daß diese — ebenso wie die Inschriften — in allen Fällen auf einen Eintretenden und dann im Hauptsaal Verweilenden ausgerichtet sind. Dieses ist nur sinnvoll, wenn der Bau tatsächlich für Besucher bestimmt war. Es wird sich daher kaum um den Wohnpalast des Königs gehandelt haben, wie man vielfach angenommen hat, sondern um ein öffentliches Gebäude. Vermutlich war es als Dienstsitz des Königs geplant, von dem aus er alle

[61] Sie waren verschleppt und in einem Gebäude in Qasr Abu-Nasr wiederverwandt worden, doch sind sie im Zuge der Restaurierungsarbeiten nach Persepolis zurückgebracht worden.

Belange seines Großreichs regeln konnte. Auf den offiziellen Charakter des Gebäudes weisen auch die Reliefs an der Ost- und Westtür des Hauptsaales hin, die einen königlichen Helden beim Bezwingen von Untieren zeigen. Dieses Motiv wurde von Xerxes für seinen großen Empfangssaal, den sog. Hundert-Säulen-Saal, übernommen.

Die nördlichen Räume des Palastes *(Abb. 86,5.6)* mögen dem König als normale Aufenthalts- und Arbeitsräume, einer von ihnen vielleicht auch als Ruheraum gedient haben. Zu ihnen werden nur noch die engsten Vertrauten und obersten Verwaltungsbeamten Zutritt gehabt haben.

Jedenfalls lag es wohl nicht in Dareios' Absicht, auf der Terrasse von Persepolis etwas anderes als das Zentrum der Verwaltung des persischen Großreichs zu schaffen. Sein persönlicher Wohnsitz, wie auch der seiner Familie und seines gesamten Hofstaates, war getrennt davon, irgendwo am Fuße der Terrasse in der Ebene vorgesehen. Solange die dort gefundenen Reste von Gebäuden nicht publiziert sind, ist nicht zu sagen, ob vielleicht eines von ihnen der Wohnpalast des Königs war.

c) Die anderen Bauten auf der Terrasse

Als Dareios starb, waren weder der große Empfangssaal, der Apadāna, noch sein Palast vollständig fertiggestellt. Dieses blieb seinem Sohn Xerxes überlassen, der sich auch treulich der Aufgabe unterzog. Er ließ den Treppenaufgang zur Portikus des Dareiospalastes errichten und mit Reliefs versehen und führte die Arbeiten am Apadāna fort, was er beides durch *Abb. 87* Inschriften festhielt. Doch damit war sein Tatendrang noch nicht befriedigt. Er wollte gern auch eigene Gebäude errichten, deren Planung und Ausführung nur ihm zuzuschreiben waren. So ersann er als erstes eine große Palast- und Haremsanlage, die den Bau seines Vaters bei weitem übertreffen sollte. Den geeigneten Platz dafür fand er im südlichen Teil der Terrasse auf dem großen freien Gelände zwischen Dareios-Palast und Schatzhaus *(Abb. 92,16.20)*. Doch von dorther führte der Zugang zum Apadāna herauf. Diesen mußte er also verlegen, um Platz für die neuen Bauvorhaben zu schaffen. So ließ Xerxes im Westen, nördlich des Apadāna, einen großartigen Treppenaufgang anlegen *(Taf. 17. Abb. 92,1)*, der im "Tor aller Länder" gipfelte, wie er es selbst in einer dreisprachigen Inschrift in seinem Innern nannte *(Abb. 92,2)*. Es wird von mächtigen, der assyrischen Kunst entlehnten Fabelwesen bewacht. Vermutlich diente Xerxes das von Kyros d. Gr. *Taf. 18.19* in Pasargadae errichtete Tor als Vorbild (s. oben Kap. IV 2). Von nun an mußten alle Besucher auf diesem Wege die Terrasse ersteigen. Doch

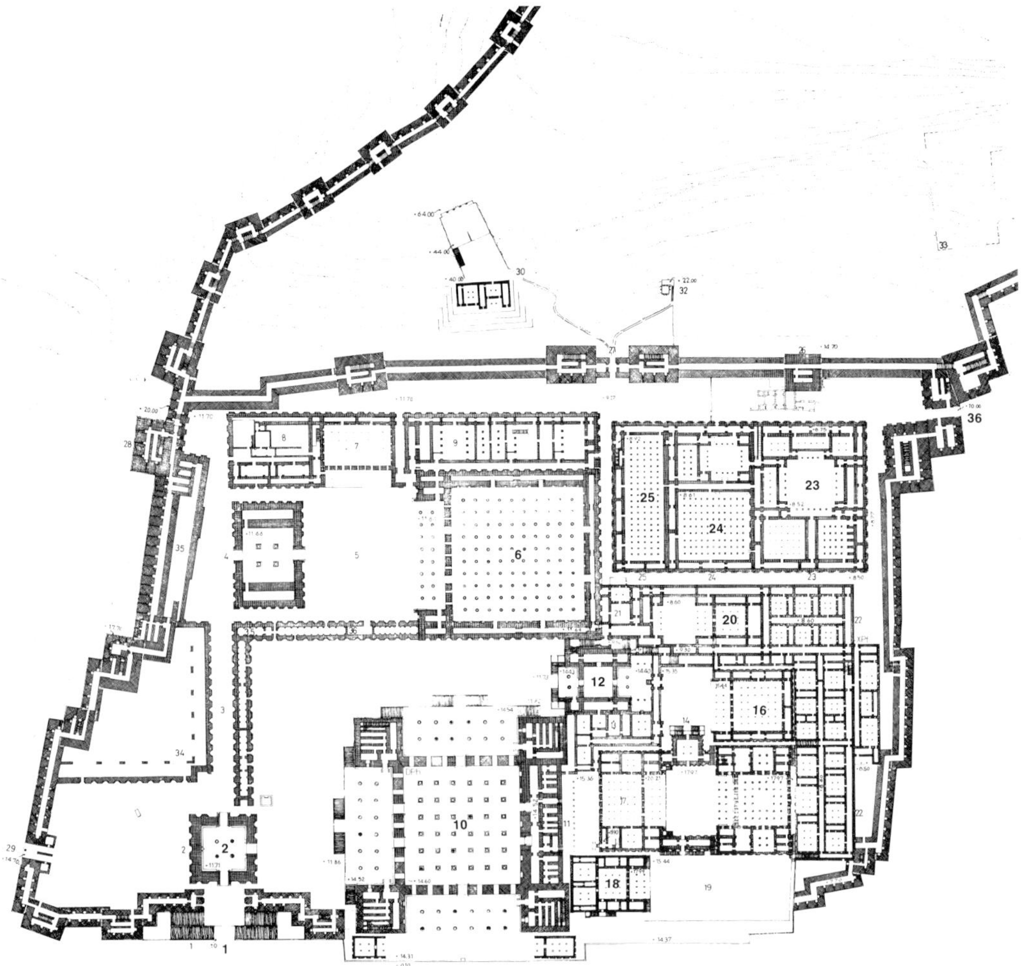

Abb. 92 Der Plan von Persepolis in spätachämenidischer Zeit. Die bedeutendsten Bauten sind: 1. Großer Treppenaufgang im Westen; 2. "Tor aller Länder"; 6. Hundert-Säulen-Saal; 10. Apadāna; 12. Tripylon; 16. Palast des Xerxes; 18. Palast des Dareios; 20. Harem des Xerxes; 23. Schatzhaus, ältester Teil; 24. Schatzhaus, Erweiterung; 25. Schatzhaus, zweite Erweiterung; 36. Tor im Südosten, Zugang zum Schatzhaus in der Spätzeit

Abb. 93 Blick aus dem "Tor aller Länder" auf die Nordseite des Apadāna

dadurch ergab sich eine ganz neue Situation. Trat man nämlich durch das *Abb. 93* "Tor aller Länder", so blickte man zuerst auf die Nordseite des Apadāna. Die Hauptansichtsseite im Osten lag um die Ecke herum, und der dort thronende König mit seinem Hofstaat wandte dem Nähertretenden den Rücken zu.

Um diesen Mißstand zu beheben, mußte also die Nordfront zur Hauptansichtsseite ausgestaltet werden. Zu diesem Zweck gab Xerxes die Anweisung, einfach die Reliefs der Ostseite spiegelbildlich auf den Norden zu übertragen. Damit büßte allerdings das gesamte Programm wesentliche Teile seiner wohlüberlegten Wirkung ein. Es wurde jetzt nur noch zu einer Demonstration von Pracht und Macht. Daß die Ausgestaltung der neuen Hauptansichtsseite vom König mit Eifer vorangetrieben wurde, macht sich an vielen Stellen bemerkbar. Die Reliefs sind längst nicht mehr so sorgfältig ausgeführt wie an der Ostseite, die Proportionen der Figuren sind ungelenk, und auf Details ist oft ganz verzichtet worden. Vergleicht man z.B. die Ge- *Abb. 94* sandten der Drangianer und Arachosier von der Nordseite mit denen der Ostseite *(Abb. 71)*, so fällt auf, daß die Gefäße, die sie tragen, im Osten fein geschmückt, im Norden dagegen ganz glatt belassen sind. Die Haare der Gabenbringer sind auf den Reliefs der Ostseite fein geschwungen und gegliedert, an der Nordseite dagegen nur ganz grob wiedergegeben. Die üppig fallenden Pluderhosen sind im Osten wesentlich bewegter ausgeführt. Diese Vergleiche ließen sich an allen Reliefs weiter fortsetzen. Viele Stellen sind an der Nordseite unfertig stehen geblieben. Sie wurden einfach beim Anmalen mit Farbe überdeckt.

Der neue Haupteingang des Apadāna mußte auch eine Portikus erhalten *(Abb. 92,10)*. Die Basen ihrer Säulen richten sich nach dem Vorbild der einfacheren, mit Blättern geschmückten Basen der Westportikus *(Abb. 39, links)*. Für die aufwendigen Basen mit Lotosblüten und Palmetten der Ostseite *(Taf. 9. Abb. 36)* blieb keine Zeit. Und welch ein Unterschied ist auch gegenüber den Basen der Westportikus festzustellen! Dort sind die einzelnen Blätter ganz exakt ausgeführt und enden unten in einer Spitze. An der Nordseite sind die Ränder zu einem schlaff durchhängenden Wulst geworden und die Blätter gar nicht mehr zu erkennen *(Abb. 39)*. Zum Ausgleich wollte Xerxes wohl die Säulen besonders üppig gestalten und ließ an dieser Seite schon in die Portikus die Ordnung des Innenraumes übernehmen. So finden sich hier auch die hochaufstrebenden Kompositkapitelle unter den Stierprotomen. Damit fällt aber die wohlüberlegte Steigerung des Eindrucks bei Betreten des Innenraumes weg.

Abb. 94 Die Gesandtschaft der Drangianer und Arachosier von der Nordtreppe des Apadāna

Abb. 95 Blick auf Persepolis. Im Vordergrund der Hundert-Säulen-Saal, rechts dahinter der Apadāna mit seinen hohen Säulen und der großen Treppenanlage, links dahinter der Dareios-Palast; ganz links am Rande der Terrasse der Xerxes-Palast

Es hat den Anschein, daß Xerxes seine Bautätigkeit insbesondere nach der Niederlage gegen Griechenland bei Salamis und Plataä in den Jahren 480 und 479 v.Chr. noch steigerte. Die Einbuße an kriegerischem Ruhm wollte er wohl durch Prachtentfaltung im Inneren wettmachen. Zu diesem Zeitpunkt mag es auch gewesen sein, daß es Xerxes ein Dorn im Auge war, immer noch auf den Reliefs im Zentrum der Treppenanlagen des Apadāna als Kronprinz hinter seinem Vater Dareios zu stehen. War er doch längst selber König. Daher ließ er diese Reliefs entfernen und durch nichtssagende Darstellungen von einander zugewandten acht Wachsoldaten ersetzen, auf jeder Seite vier, die abwechselnd in iranische Reitertracht und das achämenidische Hofgewand gekleidet sind. Indessen mochte er die herrlichen *Abb. 180* Reliefs mit der Thronszene nicht zerstören und ließ sie deshalb im Innenhof des Schatzhauses unterbringen, wo sie immerhin an nicht so hervorgehobener Stelle saßen. Da die Ausgräber sie dort gefunden haben, heißen sie in der Literatur "Schatzhausreliefs". Erst das italienische Architektenehepaar Tilia, das in Zusammenarbeit mit der persischen Regierung Ende der sechziger und Anfang der siebziger Jahre Restaurierungsarbeiten in Persepolis durchführte, konnte den ehemaligen Anbringungsort dieser Reliefs herausfinden (Tilia I 175 ff.).

Xerxes beschloß auch, einen weiteren großen Empfangssaal zu bauen, der den von seinem Vater errichteten Apadāna noch übertreffen sollte. Da dieses von den äußeren Maßen her durch die vorgegebene Fläche auf der Plattform von Persepolis kaum möglich war, so verzichtete er auf die äußeren Portiken bis auf diejenige an der Eingangsseite von Norden her. Dadurch gewann er Raum für einen großen Saal von 4700 m^2 Grundfläche (gegenüber 3660,25 m^2 beim Apadāna), dessen Decke auf hundert Säulen ruhte. Deshalb wird er gemeinhin der Hundert-Säulen-Saal genannt *(Abb. 92,6)*. Die Türgewände *Abb. 95* in diesem Saal sind in vergleichbarer Weise, wie wir es bei dem Palast des Dareios gesehen haben, mit Reliefs geschmückt. Im Osten und Westen führen je zwei einander gegenüberliegende Türen in Seitenräume. Dort wurden vermutlich die für die großen Empfänge notwendigen Möbel und anderen Utensilien aufbewahrt. Die Türen zu ihnen sind mit königlichen Helden im Kampf gegen Ungeheuer geschmückt, genau so, wie es bei den seitlichen Türen des Hauptsaales im Dareiospalast der Fall war *(Abb. 91)*. Für die Laibungen der großen Türen an den beiden Haupteingängen von Norden her hat sich Xerxes dagegen auf die Reliefs der Apadānatreppen bezogen. Im oberen Teil erscheint die zentrale Szene mit thronendem König, *Abb. 96* vor den der Hofmarschall hintritt. Hinter dem Thron stehen der Kammerherr mit Handtuch, der hier auch noch einen Fliegenwedel über das Haupt

des Königs hält, und der Waffenträger. Aber der Kronprinz fehlt. Dieses ist ein deutliches Zeichen dafür, daß es tatsächlich Xerxes war, der die zentralen Reliefs der Apadānatreppen entfernen ließ. Hier im Hundert–Säulen–Saal thront er nun als Herrscher des persischen Weltreichs. Unter seinem Thron stehen in fünf Registern die königlichen Garden, um für die Ordnung in diesem Reich zu garantieren.

Das Thronmotiv wird an den Südtüren des Hundert–Säulen–Saales noch einmal aufgenommen, jedoch in verkürzter Form, nur der König mit dem hinter ihm stehenden Fliegenwedler ist wiedergegeben. Auch hier kein Kronprinz. Das Podest, auf dem der König thront, wird von den Völkern des Reiches gestützt, in vergleichbarer Weise, wie es König Dareios für sein Grab entworfen hatte. Hier sind die Vertreter der Völker jedoch jeweils auf die beiden Türgewände verteilt, die Hälfte von ihnen im östlichen, die andere Hälfte im westlichen Türrahmen. Der König tritt damit zweifach auf. *Abb. 97*

Alle Türreliefs sind, wie es schon im Dareiospalast der Fall war, auf einen eintretenden Besucher ausgerichtet, bzw. nach seinem Eintreten auf einen im Hauptsaal verweilenden. Im Hundert–Säulen–Saal lag der offizielle Eingang im Norden *(Abb. 92,6)*. Die südlichen Türen führten lediglich in einen Korridor, durch den man zum südlich anschließenden Palast und Harem gelangen konnte *(Abb. 92,20.16)*. Dieser Zugang war nur dem König und seinem engsten Hofpersonal vorbehalten.

Während der gesamten Regierungszeit des Xerxes (486–465 v.Chr.) muß also eine äußerst rege Bautätigkeit auf der Terrasse von Persepolis geherrscht haben, hatte er doch den aufwendigen neuen Treppenzugang mit dem Tor aller Länder schaffen lassen *(Abb. 92,1.2)*, der dann die Ausgestaltung einer neuen Hauptansichtsseite des Apadāna *(Abb. 92,10)* mit Vorhalle und den endlosen Reliefs der Treppenanlagen mit sich brachte. Der ganze südliche Bereich der Terrasse wurde mit den Baulichkeiten des neuen Palastes und des Harems überzogen *(Abb. 92,16.20)*. Dieses brachte mit sich, daß auch das alte, von Dareios errichtete Schatzhaus *(Abb. 92,23)*, das schon einmal eine Erweiterung erfahren hatte *(Abb. 92,24)*, nun an der westlichen Seite beschnitten werden mußte, um der Anlage des Harems Platz zu schaffen. Statt dessen wurde es nach Norden hin bis fast an den Hundert–Säulen–Saal heran vergrößert *(Abb. 92,25)*. Und dann und vor allem wurde auch noch

◁ *Abb. 96 Relief einer Nordtür im Hundert–Säulen–Saal. König Xerxes sitzt auf dem Thron, unter ihm ist seine Leibwache angetreten*

Abb. 97 Relief einer Südtür im Hundert-Säulen-Saal. König Xerxes auf dem Thron wird gestützt von den Vertretern der Völker seines Reiches

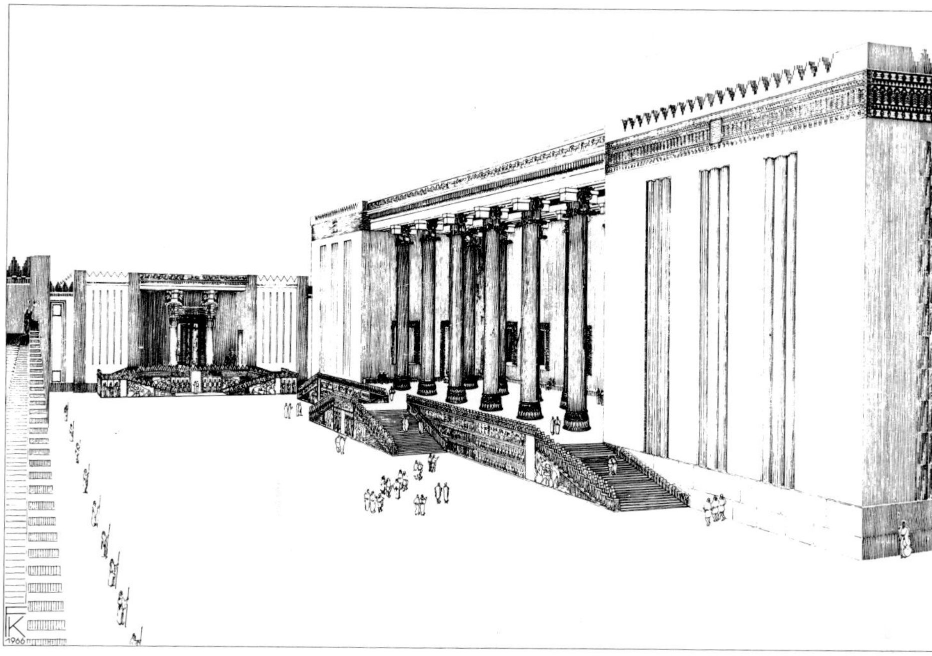

Abb. 98 Blick auf den "Korridor" zwischen Hundert–Säulen–Saal und Apadāna entlang auf die Ostseite des Apadāna (rechts) und das Tripylon im Hintergrund

an dem neuen großen Empfangssaal, dem Hundert–Säulen–Saal mit den ihn begleitenden Baulichkeiten *(Abb. 92,6)*, gearbeitet. Ganz Persepolis war eine Riesenbaustelle.

So erlebte Xerxes auch nicht mehr die Fertigstellung all dieser gewaltigen Bauvorhaben. Wie er vorher die Bauten seines Vaters Dareios, so mußte nun sein Sohn Artaxerxes I. (465–424 v.Chr.) seine Bauten zu Ende führen. Von einer dreisprachigen Inschrift haben sich Reste erhalten, in denen Artaxerxes berichtet, daß er den Palast (altpersisch *hadish*) seines Vaters fertiggestellt habe (A^1Pa).

Durch die Errichtung des Hundert–Säulen–Saales entstand zwischen ihm und dem Apadāna ein langer, breiter Korridor *(Abb. 92, zwischen 10 und 6)*. Von der einstmals hier vorhandenen großen Versammlungsfläche vor der Hauptansichtsseite des Apadāna unter Dareios war also nichts mehr verblieben. Um diese beiden Bauten architektonisch miteinander zu verbinden und für das Auge des Betrachters, der durch den neuen Zugang von Nordwesten her auf die Terrasse gekommen war, einen Schlußpunkt zu setzen,

Abb. 99 Das Symbol des Gottes Ahuramazdā im Türgewände des Tripylon

Abb. 98 ließ Artaxerxes zwischen beiden einen großartigen Torbau errichten *(Abb. 92,12)*. Damit war die Platzanlage zu einer Einheit zusammengewachsen. Da dieser Bau über drei Zugänge verfügte, von dem öffentlichen Bereich der Terrasse im Norden aus in den privaten Bereich des Großkönigs, den Wohnpalast im Süden und den Harem im Südosten *(Abb. 90,16.20)*, wird er in der Literatur auch "Tripylon" genannt. Die Reliefs in den beiden Türen im Norden und Süden sind Kopien nach der Südtür des Dareios-Palastes *(Abb. 88)*: der König tritt, begleitet von seinen beiden Dienern mit Sonnenschirm und Fliegenwedel und Handtuch, aus dem Palast heraus. Hinzugefügt ist beim Tripylon noch das Symbol des Gottes Ahuramazdā,
Taf. 24 das schützend über dem König schwebt. Dieses hatte schon Xerxes für
Abb. 99 die Türen des Hundert-Säulen-Saales eingeführt. Auf den Gewänden der Osttür des Tripylon ist der König auf dem Thron dargestellt, während sein Podest von den Völkern des Reiches gestützt wird, vergleichbar den Reliefs der Südtüren des Hundert-Säulen-Saales *(Abb. 97)*. Doch hier im Tripy-

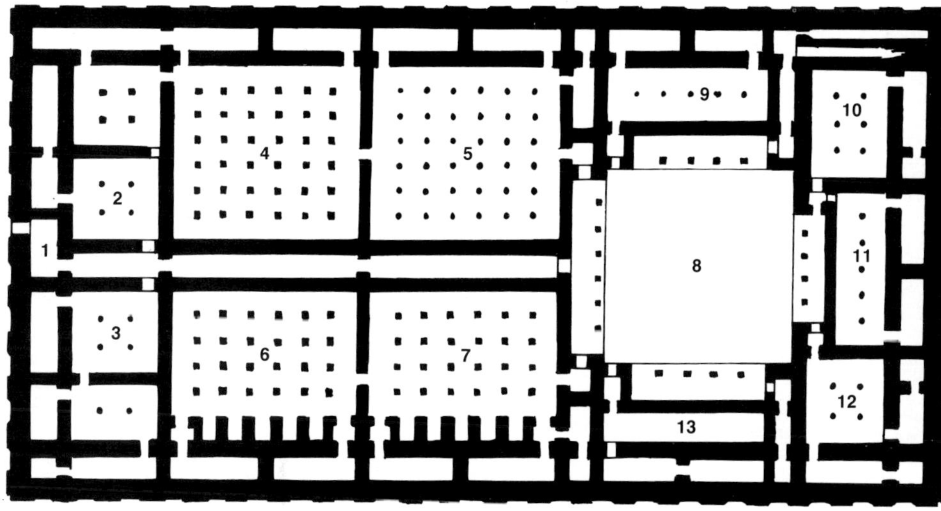

Abb. 100 Plan des Schatzhauses in Persepolis, 1. Phase: 1. Eingang im Westen mit Wachstube; 2. und 3. Schreibstuben; 4.–7. große Lagerhallen; 8. Innenhof; 9. Sitz des Hofschatzwartes; 10. Amtssitz des Hofmarschalls; 11. Schreibstube der Hofkanzlei; 12. Sitz des Vizemarschalls; 13. Archivräume

lon erscheint wiederum der Kronprinz hinter dem Thron, genau wie an den Apadāna-Treppen. Artaxerxes war offenbar dieser Darstellung gegenüber nicht mehr vorbelastet.

d) Das Schatzhaus

In der Südostecke der großen Terrasse von Persepolis liegt das Schatzhaus *(Abb. 92,23–25)*. Es gehörte bereits zur ursprünglichen Planung des Dareios und war eines der drei Gebäude, die oben auf der Terrasse entstehen sollten *(Abb. 34)*. Da es auch das war, zu dem der meiste Publikumsverkehr hinführte, lag es dem damaligen Zugang von Süden am nächsten, rechterhand des Weges, der hinauf zum Apadāna führte. Im Zusammenhang mit der Errichtung seines Palastes und Harems *(Abb. 92,16.20)* mußte Xerxes nicht nur den Zugang zur Terrasse verlegen, sondern auch das Schatzhaus beschneiden und verändern, um Platz für den Harem zu gewinnen. Dennoch konnten die Ausgräber unter Leitung von E. F. Schmidt etwa das ursprüngliche Aussehen des ersten Schatzhauses rekonstruieren.

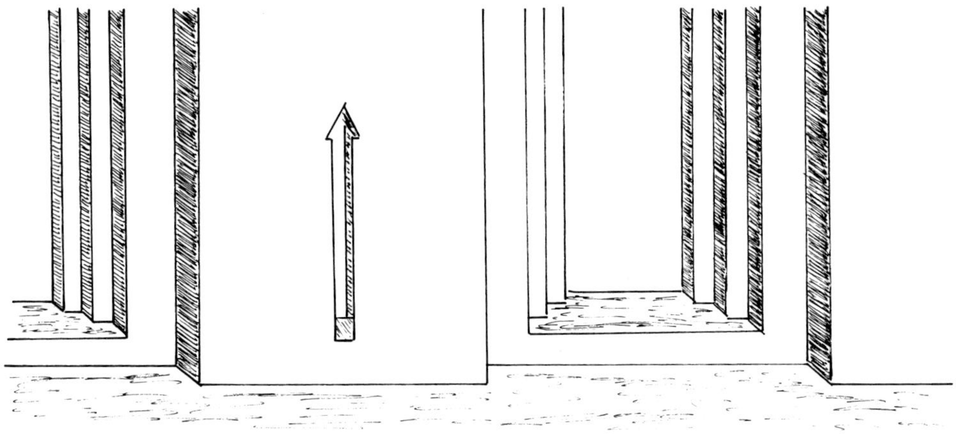

Abb. 101 Gliederung der Fassade des Schatzhauses; etwa 2 m breite, getreppte Nischen wechseln mit etwa ebenso breiten Vorsprüngen ab, in die jeweils ein pfeilförmiger Schlitz getieft ist

Abb. 100 1. Phase:

Dicke Mauern aus luftgetrockneten Lehmziegeln bildeten einen längsrechteckigen Bau von 120,70 m Länge und 61,90 m Breite. Wie eine Festung ragten diese Mauern etwa 11 m hoch auf, von keinem Fenster unterbrochen. In den Umfassungsmauern zieht sich um das ganze Gebäude eine Reihe von kleineren, langgestreckten Räumen, die an ihrer Innenseite wiederum von dicken Mauern begrenzt werden. Sie wirken also wie eingetieft in eine ungeheuer dicke Mauer. Dadurch bekam die gesamte Außenhaut eine besondere Stabilität. Die größeren und luftigeren Räume lagen dann ganz geschützt im Inneren. Woher sie allerdings ihr Licht bekamen, ist bisher ungeklärt. Möglicherweise waren die großen Säle höher gezogen, so daß durch kleinere Fensteröffnungen in ihrem oberen Teil Licht hineinfallen konnte. Man kann sich eigentlich nicht vorstellen, daß die Angestellten des Schatzhauses ständig mit brennenden Fackeln zwischen dem kostbaren Lagergut herumeilen mußten.

Die Außenfassade hat zwar keine Fenster, doch wird sie durch etwa 2 m
Abb. 101 breite Pfeiler und ebenso breite, vierfach abgetreppte Nischen gegliedert. In der Mitte der Pfeiler befand sich jeweils ein pfeilförmiger Schlitz. Diese Art der Außengliederung von Wänden ist von neubabylonischen Häusern und Tempeln bekannt.

Der Eingang zum Schatzhaus lag im Westen, vom Weg aus am besten zu erreichen. Trat man durch das Tor ein, so befand man sich zunächst in einem

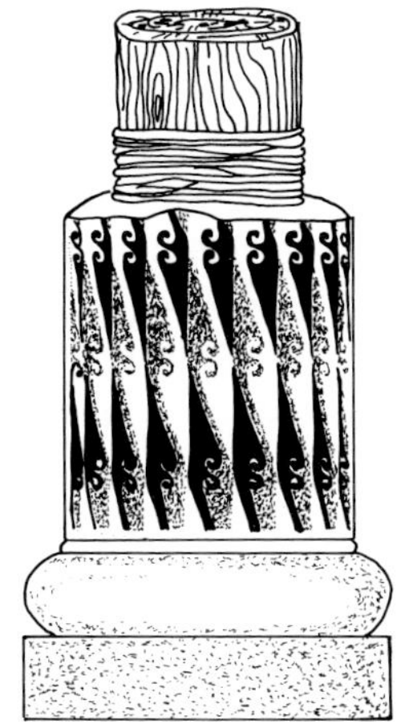

Abb. 102 Säule im Schatzhaus. Um einen Baumstamm sind Zweige gewunden und diese mit Lehm verputzt. In kräftigen Rot- und Blautönen und Weiß sind Muster darauf gemalt

kleineren Raum *(Abb. 100,1)*, vermutlich der Wachstube. Hier mußte man sein Anliegen vortragen und sich ausweisen; erst, wenn diese Formalitäten erledigt waren, durfte man durch eine zweite Tür, die ins Innere führte, einen Korridor betreten. Rechts und links von ihm lagen zwei gleich große Räume *(Abb. 100,2.3.)*, deren Decke von je vier Säulen getragen wurde. Die Säulen im Schatzhaus waren alle in derselben Art und Weise hergestellt. Nur die runde Basis bestand aus Kalkstein, in einigen Sälen noch unterstützt von einer eckigen Steinplinthe. Das war wohl in den Fällen nötig, wo eine besonders große oder hohe Decke gesichert werden mußte. Auf den Basen ruhten etwa 35–40 cm starke Baumstämme, die mit Zweigen umwunden und dann mit einer 8–10 cm dicken Lehmschicht verputzt wurden. So entstanden Säulen von etwa 60 cm Durchmesser. Sie wurden mit leuchtenden Farben, rot, blau und weiß bemalt. Nur ganz geringe Reste haben sich von diesem farbigen Verputz erhalten, die uns eine Vorstellung von dem einstigen Aussehen der Säulen geben können. Diese Methode, Säulen herzustellen, *Abb. 102*
erinnert an die Schilderung des griechischen Geographen Strabo (XVI 1,5), der um Christi Geburt lebte, die er von den Häusern in Babylon gibt: "Da Bretterholz so selten ist, bauen sie ihre Häuser mit Balken und Pfeilern aus Palmenholz. Sie winden Seile aus gedrehten Fasern um die Pfeiler und verputzen sie dann und bemalen sie mit Farben". Babylonischer Bauweise ist ja auch die Außengliederung des Schatzhauses entlehnt.

In den beiden Räumen, die rechts und links des Korridors liegen *(Abb. 100,2.3)* und von denen man noch in kleinere Nebengemächer gelangen konnte, werden wohl die Beamten gesessen haben, die den üblichen Publikumsverkehr abzufertigen hatten. Hier kamen die Boten mit dem gesamten

Schriftverkehr an, Abrechnungen aus den Intendanturen der ganzen Persis wurden hier abgeliefert, an die jeweiligen Prüfer weitergereicht und dann archiviert. Auch Lieferungen von Abgaben der verschiedensten Art, von Kleidern, Schmuck und Gefäßen, werden hier eingegangen und zunächst einmal gesichtet und verzeichnet worden sein. Handelte es sich um besonders kostbare Gegenstände, so wird man diese zur Deponierung im Schatzhaus selbst bestimmt haben. Dafür waren wohl die großen Säle vorgesehen, die sich rechts und links des langen Korridors befanden. Nach Norden hin lagen zwei miteinander verbundene Säle mit je 36 Säulen *(Abb. 100,4.5)*, im Süden mit je 24 *(Abb. 100,6.7)*. Die südlichen Räume weisen an ihrer Südwand tiefe Nischen auf. Man kann sich vorstellen, daß in diesen Regale angebracht waren, auf denen beispielsweise Gefäße aus Edelmetall oder Glas oder auch kostbare Stoffe, die vor der Feuchtigkeit des Bodens geschützt werden mußten, aufbewahrt werden konnten. Die großen Säle im Norden und Süden waren von dem langen Korridor nicht zugänglich, sondern nur von dem großen Innenhof *(Abb. 100,8)* aus. Dies war wohl eine besondere Vorsichtsmaßnahme. So war es nicht so leicht möglich, sich schnell etwas zu schnappen und durch den Ausgang zu entschwinden.

In den im Osten des Schatzhauses liegenden, großen Hof *(Abb. 100,8)* werden wohl nur wenige Außenstehende gelangt sein. Um ihn betreten zu dürfen, mußte man schon ein besonderes Anliegen haben. Hier lag offenbar das Verwaltungszentrum des Schatzhauses. Dieses wird auch durch die Räume deutlich, die sich um den Hof herum gruppieren. Der Hof selbst war sicher eindrucksvoll ausgestaltet. Vier Portiken mit im Westen sechs, sonst je vier Säulen begrenzen ihn. Die Türen von den Portiken aus waren vermutlich mit Musterbändern in Malerei umzogen, so wie es sich dann bei dem Erweiterungsbau erhalten hat, wie wir noch sehen werden. Die Türen selbst bestanden aus Holz, das aber reich mit Bronzeblech beschlagen war. Dort waren Rosettenbänder und Fabelwesen angebracht, teilweise mit Gold überzogen. Reste von solchen Beschlägen, insbesondere Fragmente von den Flügeln der Tiere oder auch der geflügelten Sonnenscheibe, haben sich überall im Schatzhaus gefunden. Von der östlichen Portikus, dem Zugang genau gegenüber, gelangt man nach Norden und Süden jeweils in einen kleinen Vorraum. Von dem nördlichen kann man geradeaus in den schönsten der an dieser Seite befindlichen Säle treten *(Abb. 100,10)*. Bei einer Grundfläche von fast 140 m^2 wird seine Decke von sechs Säulen gestützt. Im Hintergrund führt eine Tür in zwei kleinere Nebenräume, die in der Umfassungsmauer liegen. Von demselben Vorzimmer aus gelangt man auch in den östlichen Saal *(Abb. 100,11)*. Er ist langgestreckt mit einer Reihe von fünf Säulen. Auch er verfügt über zwei Nebenräume. Der südliche Vorraum führt in ein etwa quadratisches Gemach mit vier Säulen *(Abb. 100,12)* und zwei Zugängen zu jeweils zwei ineinander übergehenden Nebenzimmern. Wir haben also hier im östlichen Teil des Schatzhauses eine Flucht von drei hervorgehobenen Räumen vor uns, die zwar voneinander getrennt, aber andererseits auch untereinander leicht erreichbar sind. Es ist verlockend, sich vorzustellen, daß hier vielleicht die höchsten Beamten des persischen Reiches ihren Sitz hatten, der Hofmarschall und sein Stellvertreter, der Vizemarschall. Den Amtssitz des Hofmarschalls könnte man sich im größten Raum, dem im Nordosten *(Abb. 100,10)*, vorstellen. Der Vizemarschall wäre dann entsprechend im südlichen Raum anzusiedeln *(Abb. 100,12)*. Und zwischen beiden könnten die nur für sie zuständigen Beamten der Hofkanzlei ihre Plätze gehabt haben. Die Nebenräume hätte man in allen Fällen zum Aufbewahren der "Akten", also der auf Tontäfelchen und der auf Leder geschriebenen Belege, benutzen können. Weitere Möglichkeiten der Ablage standen in den langgestreckten Räumen südlich der großen Hofanlage zur Verfügung *(Abb. 100,13)*, wo man sogar Abdrücke im Boden entdeckt hat, die wohl von Holzregalen stammen. Dafür, daß wir die oberste Verwaltung tatsächlich in dem Schatzhaus suchen können, mag auch die Aussage bei Esra sprechen, wo allerdings von Babylon die Rede ist; dort erwähnt er das "Archivhaus, in dem auch die Schätze deponiert werden"[62].

Hinzuweisen ist noch auf einen weitereren Raum, und zwar im Norden des Hofes *(Abb. 100,9)*. Auch er verfügt über ein kleines Vor- und zwei Nebenzimmer. Dort mag der Hofschatzwart amtiert haben, so daß wir die obersten Beamten der persischen Verwaltung um diesen Innenhof herum vereint hätten. Hier im Schatzhaus von Persepolis liefen alle Fäden der Organisation zusammen, und von hier aus wurde letztlich für die Versorgung eines jeden Arbeiters der Krone bis hin in die Elymais Sorge getragen.

Damit war das Schatzhaus in Persepolis eines der wichtigsten Gebäude für König Dareios. Sobald es die Fertigstellung der großen Terrassenanlage zuließ, wird mit seinem Bau begonnen worden sein. Da hier — abgesehen von den Säulenbasen und den Türschwellen an wichtigen Passagen — nur mit Lehmziegeln gebaut wurde, konnte der Bau schnell voranschreiten und als erster auf der Terrasse seiner Bestimmung übergeben werden. Wir können uns also vorstellen, daß Hofmarschall Farnaka im Jahre 499 v.Chr., das er nach Aussage der elamischen Täfelchen entgegen seiner sonstigen Gepflogenheiten fast vollständig in Persepolis verbrachte (s. dazu auch oben Kap. IV 3), von seinem Amtssitz im Schatzhaus aus die Bauarbeiten am

[62] 6:1–3; eine vergleichbare Anordnung konnte auch für Schiras erschlossen werden, s. oben in Kapitel IV 1.

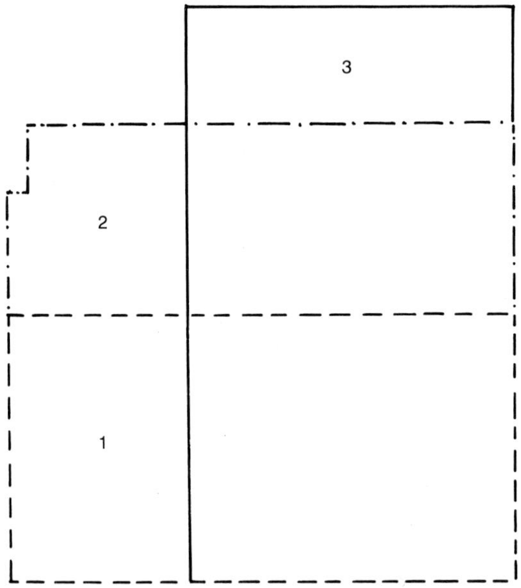

Abb. 103 Die verschiedenen Phasen des Schatzhauses.
1. Erste Phase unter Dareios.
2. Erweiterung unter Dareios.
3. Unter Xerxes werden Phase 1 und 2 beschnitten und das Gebäude nach Norden vergrößert

Apadāna und am Palast des Königs vorantrieb; von hier aus konnte er auch schnell einmal hinübergehen, um sich mit eigenen Augen ein Bild vom Fortgang zu machen. Durch einen Nordeingang, der vermutlich den obersten Beamten vorbehalten war, gelangte man von der großen Hofanlage, die das Zentrum der Verwaltung darstellte, schnell ins Freie.

2. Phase:

Da das Schatzhaus so vielen Aufgaben gerecht werden mußte, wurde es trotz seiner großen Anlage schon bald zu eng, so daß Dareios eine Erweiterung nach Norden vornehmen ließ, die die Größe des Schatzhauses fast verdoppelte *(Abb. 103,2)*. Das Auffallendste an diesem Erweiterungsbau ist eine riesengroße Halle in seiner Mitte. Ursprünglich trugen 121 Säulen das Dach, nach dem unter Xerxes folgenden Umbau waren es noch 99 *(Abb. 104,14)*. Im Ostteil des Neubaus befand sich eine etwas kleinere Hofanlage mit vier Portiken *(Abb. 104,15)*. An sie schließt nur ein einziger hervorgehobener Raumkomplex an, und zwar nach Norden hin *(Abb. 104,16)*. Dieser scheint von seiner Anlage her dem nördlich des Haupthofes gelegenen *(Abb. 104,9)* sehr ähnlich. Auch vom Hof des Erweiterungsbaus kommt man von der Portikus aus zunächst in einen kleinen Vorraum und dann in einen großen Saal mit zehn Säulen *(Abb. 104,16)*. Eine Tür im Norden führt in weitere Nebengemächer. Es wäre denkbar, daß der Sitz des Hofschatzwartes in die neuen Räumlichkeiten nach Norden verlegt worden ist. Damit erhielt er für sich und seine Abteilung mehr Platz und war auch in unmittelbarer Nähe des neugeschaffenen, ausgedehnten Lagerraumes. Andererseits konnten sich Hof- und Vizemarschall mit Hofkanzlei und all ihrer Verwaltung um den alten Innenhof *(Abb. 104,8)* weiter ausdehnen. Tatsächlich hat man bei den Ausgrabungen im Raum 16 den großen Fund an Tontäfelchen gemacht, den sog. Schatzhaustäfelchen (s. Cameron). Sie dokumentieren zum überwiegenden Teil Zahlungen in Silber, die der Hofschatzwart an Arbeiter der Krone leisten sollte. Somit haben wir einen Hinweis für seine Tätigkeit gerade in diesem Bereich. Es ist natürlich nur ein Bruchteil der einstigen Archive, der uns durch den Zufall, daß der Ton im Feuer gebrannt worden ist, erhalten geblieben ist. Die übrigen ungebrannten Täfelchen sind längst zerfallen und unwiederbringlich verloren.

3. Phase:

Abb. 104

Unter Xerxes wurde, wie wir gesehen haben, das Aussehen der Terrassenanlage gänzlich verändert. Der Haupteingang wurde nach Nordwesten verlegt, und im südöstlichen Teil wurden die ausgedehnten Bauten des neuen Palastes und des Harems geschaffen *(Abb. 92,16.20)*. Dabei war das Schatzhaus im Wege. Deswegen mußten seine westlichen Teile abgetragen werden. Als Ausgleich für den verlorenen Raum wurde im Norden eine große Halle angebaut, die sich über die ganze Breite des nunmehr beschnittenen Schatzhauses erstreckt *(Abb. 104,17)*. Es entstand somit ein Längsrechteck, das den ganzen verbleibenden Raum zwischen Harem im Westen und Hundert-Säulen-Saal *(Abb. 92,6)* im Norden einnimmt. Von beiden Gebäuden ist es durch eine Straße getrennt; es gibt keinerlei Zugang von ihnen zum Schatzhaus. Überhaupt mußte das Schatzhaus ganz neu ausgerichtet werden. Der Zugang von Süden auf die Terrasse war weggefallen, dadurch und durch die Errichtung des Harems war auch der Eingang in das Schatzhaus von Westen her unmöglich geworden. Somit ließ Xerxes einen Zugang von Osten schaffen. Er liegt etwa in der Mitte des Gebäudes *(Abb. 104,18)*. Nun ist wohl kaum anzunehmen, daß alle, die im Schatzhaus zu tun hatten, die große Treppe im Nordwesten hinaufsteigen *(Abb. 92,1)*, am Apadāna *(Abb. 92,10)* entlang und um den Hundert-Säulen-Saal *(Abb. 92,6)* herumgehen mußten, um zum Eingang des Schatzhauses zu kommen. Zum einen wird diese Strecke wegen der ausgiebigen Bauarbeiten über Jahre hin recht unwegsam gewesen sein, zum anderen wird man auch nach Fertigstellung kaum die anzuliefernden Schätze die Treppenanlage hinaufgeschleift haben. Es ist

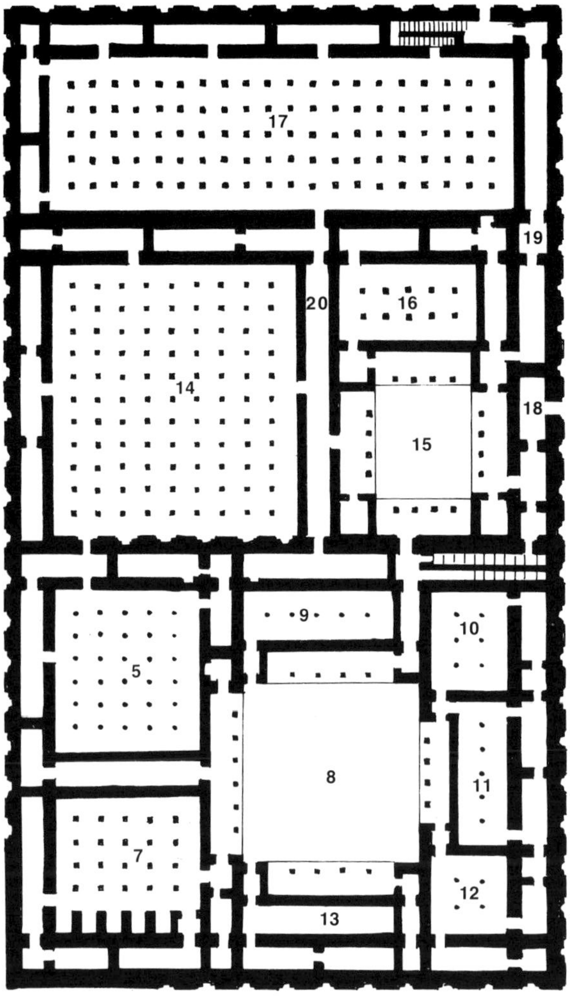

Abb. 104 Die letzte Phase des Schatzhauses. Nr. 5–13 wie in Abb. 100; 14. großer Lagersaal der 2. Phase, unter Xerxes beschnitten; 15. kleiner Innenhof; 16. neuer Sitz des Hofschatzwartes; 17. unter Xerxes angefügte Lagerhalle; 18. neuer Zugang zum Schatzhaus mit Wachstube; 19. Gang zum nördlichen Ausgang; 20. Korridor

also anzunehmen, daß es für das Schatzhaus und die anderen an der östlichen Seite befindlichen Versorgungseinrichtungen einen gesonderten "Lieferanteneingang" an der Südostecke gab. Durch zwei starke Befestigungstürme wurde er geschützt *(Abb. 92,36)*.

Betrat man den neugeschaffenen Osteingang des Schatzhauses, so befand man sich zunächst wiederum in einer allseits geschlossenen Wachstube *(Abb. 104,18)*. Durch einen zweiten Raum gelangte man dann direkt in das Innere des Erweiterungsbaus *(Abb. 104,15)*, also vermutlich zum Sitz des Hofschatzwartes. Dieser Innenhof wurde damit zum Repräsentationszentrum des Schatzhauses, und Xerxes ließ ihn auch besonders schön ausstatten. In der Ost- und Südportikus wurden die Reliefs angebracht, die er aus dem

Zentrum der Treppenanlagen des Apadāna hatte entfernen lassen. Dort, an so hervorgehobener Stelle, am wichtigsten Bau des persischen Großreiches mochte er sie nicht mehr dulden; hier im abgeschiedenen Bereich des Schatzhauses konnte man sie noch als Schmuck verwenden. Vor die zentrale Tür in der Westportikus und die nördliche in der Ostportikus wurden zu beiden Seiten lebensgroße Tierfiguren aufgestellt. Nur die Abdrücke ihrer Basen haben sich erhalten, doch können wir uns durch Funde an anderen Gebäuden eine Vorstellung von ihrem Aussehen machen *(s. Abb. 107)*. Im Westen mögen Hunde oder Leoparden gelegen haben, die Basen in der östlichen Portikus sind noch länger, so daß sogar Stiere darauf gestanden haben können.

Die gesamte Anlage ist indessen nur ausgerichtet auf einen Besucher, der sich im Hof aufhält. Von dort aus sollte er den Eindruck einer reichen Ausstattung erhalten. Was hinter den geschmückten Türen lag, war völlig unwichtig. Beide führen nämlich in untergeordnete Durchgangsräume. So waren auch alle die Türdurchgänge selbst, die vom Hof aus sichtbar waren, reich ausgestaltet. Auf die mit Bronzereliefs versehenen Türflügel hatten wir schon oben hingewiesen. Hier im zweiten Innenhof haben sich auch die Bemalungen der Türrahmen in Resten erhalten. Alle Türen waren eingefaßt von einer leuchtend blauen Borte, auf der in einem roten Streifen weiße Rosetten mit blauem Mittelpunkt aufgemalt waren. Eine feine Dreiecksborte begleitet die Rosetten auf beiden Seiten, wie es häufig zu finden ist. Auch an den beiden Durchgängen, die zu dem nördlichen Ausgang der zweiten Bauphase *(Abb. 104,19)* führen, also wohl den Dienstzugang für die obersten Beamten bildeten, haben sich Reste von derartigen Bemalungen gefunden. Vermutlich werden in dieser Weise auch noch andere Türen geschmückt gewesen sein, zumindest ist dieses an den Hauptpassagen anzunehmen, doch hat sich die Bemalung dort nicht erhalten.

Als die Ausgräber unter Leitung von E. F. Schmidt im Jahre 1935 den Spaten an der Südostecke der Terrasse ansetzten, hatten sie keinerlei Vorstellung, was sie dort finden würden. Im Gegensatz zu den anderen Gebäuden auf der Terrasse wußte man bis zu diesem Zeitpunkt nicht, daß sich dort oben auch das Schatzhaus befunden hatte. Die griechischen Autoren berichten Wunderdinge von dem Inhalt dieses Schatzhauses. Doch was die Ausgräber vorfanden, war mehr oder weniger der Zustand, wie es die Soldaten Alexanders d. Gr. nach der Plünderung im Jahre 330 zurückgelassen hatten. Was sie nicht mitnehmen konnten, hatte das große Feuer zerstört, das sie im Übermut in Persepolis entfacht hatten. "Aber wenn sie nicht alles forttragen konnten, was sie fanden, wurden die Gegenstände nicht mehr zufällig ergriffen, sondern ihr Wert wurde geschätzt. Sie zerrissen

die königlichen Gewänder, da jeder ein Teil in seinen Besitz bringen wollte, mit Hacken zerbrachen sie unvergleichliche Gefäße, nichts wurde unverletzt gelassen oder als Ganzes fortgetragen, jeder trug die abgebrochenen Glieder von Statuen, so wie er sie abgerissen hatte", schreibt noch Quintus Curtius in seiner Geschichte Alexanders (Historiae V 6,2–5). Und tatsächlich fand man die kostbarsten Steingefäße, in viele Teile zerbrochen und die einzelnen Stücke in den großen Hallen zerstreut, bei den Ausgrabungen vor. Von einer klassischen griechischen Statue, einem Original aus Kleinasien, das die persischen Könige sicherlich als besonders wertvolles Gut in ihrem Schatzhaus
Abb. 105 aufbewahrt hatten, fand man den Oberkörper in dem langen Nord–Süd-Korridor des Mittelteiles des Schatzhauses *(Abb. 104,20)*, wo man ihn wohl hatte zum Ausgang schleppen wollen, eine dazugehörige Hand lag aber noch im großen Nordsaal *(Abb. 104,17)*. Die weiteren Teile sind verloren.

Was haben Alexander und seine Soldaten überhaupt im Schatzhaus in Persepolis vorgefunden? "Die Gewölbe waren vollgepackt mit Silber und Gold. Es stellte sich heraus, daß es insgesamt 120.000 Talente waren, wenn man das Gold in Silber umrechnet", berichtet Diodorus Siculus (XVII 71,1). Auch sonst weiß er von Persepolis Wunderbares zu erzählen (XVII 70,2): "Es war die reichste Stadt unter der Sonne, und die Privathäuser waren über die Jahre hin mit jeder Art an Reichtum ausgestattet worden. ... viele der Häuser gehörten gewöhnlichen Leuten und waren überreich ausgestattet mit Möbeln und Kleidung jeder Art. Hier wurde viel Silber fortgetragen und nicht wenig Gold, und viele reiche Kleider, gefärbt mit Seepurpur oder bestickt mit Gold, wurden der Preis der Sieger." Neben Edelmetallen sind es insbesondere immer wieder Möbel und Kleider, die die griechischen Autoren unter den Schätzen der Könige besonders hervorheben. Gemünztes Geld spielt dagegen kaum eine Rolle, ja Strabo (XV 3,21) betont beispielsweise, daß "das meiste Gold und Silber für Ausstattungsgegenstände gebraucht wird, aber nicht viel in Geld; und sie (die Perser) betrachten jene Metallgegenstände für besser geeignet für Geschenke und um in Lagerhäusern aufbewahrt zu werden."

Nur ganz geringe Reste, die bei der Plünderung verloren gegangen sind und das große Feuer überstanden haben, lassen noch erahnen, daß hier im Schatzhaus von Persepolis tatsächlich große Mengen der erwähnten Schätze aufbewahrt worden sein müssen. Besonders reich sind die Funde in den nördlichen Teilen des Schatzhauses, da sie dort unter einer dicken Verschüttungsschicht geborgen waren. Im Südwesten dagegen war diese Schicht nur sehr gering, und deshalb war dieser Bereich auch immer wieder den Räubereien der Einheimischen in der Folgezeit nach dem Untergang des

'af. 16 Relief zweier thrakischer Krieger mit geflochtenen Schilden

Taf. 17 Die große Treppenanlage im Nordwesten der Terrasse von Persepolis

Taf. 18 Riesige Stiere mit Menschenköpfen bewachen das "Tor aller Länder" an seinem Osteingang

Taf. 19 Blick auf die Säulen im Inneren des "Tores aller Länder"

Taf. 20 Silberne Amphora mit Vergoldungen und besonders grazilen Steinböcken als Henkel

Taf. 21 Silberteller mit Steinböcken aus der Slg. N. Schimmel, New York

Taf. 22 Silbernes Rhyton in Form eines Steinbocks aus der Slg. N. Schimmel, New York

Taf. 23 Kostbares Rhyton aus Lapislazuli und Gold aus der Slg. der Abegg–Stiftung, Riggisberg ▷

Taf. 24 So war einstmals das Symbol des Gottes Ahuramazdā bunt bemalt (vgl. Abb. 99)

Taf. 26 Goldener Armreif, der in Löwen endet, die Steinböcke verschlingen; im Landesmuseum Karlsruhe

Taf. 27 Goldener Armreif, ehemals reich mit farbigen Einlagen versehen; aus dem Oxus-Schatz

Taf. 25 Der Teppich von Pazyryk

Taf. 28 Diener, die ein lebendes Zicklein herbeibringen

Taf. 29 Glasväschen, das in Babylon gefunden worden ist

Taf. 30 Gewicht in Form eines Steinbocks (9,745 kg)

Taf. 31 Rollsiegel mit achämenidischen Kriegern im Faltengewand

Taf. 32 Ohrring mit farbigen Einlagen aus der Slg N. Schimmel, New York

Taf. 33 Rückseite eines Bronzespiegels aus der Slg. N. Schimmel, New York

Taf. 34 Die Gräber der Achämenidenkönige in der Felswand von Naqsh-e Rostam

Taf. 35 Detail des königlichen Thronpodestes von dem Grab des Xerxes in Naqsh-e Rostam. Es kopie[illegible] genau die Darstellung auf dem Dareios-Grab, ist aber besser erhalten

Taf. 36 Silberfigürchen eines bärtigen Persers

achämenidischen Großreichs ausgesetzt. Insbesondere waren diese an den steinernen Säulenbasen interessiert. Die Grabungen brachten vor allem in den beiden nördlichen großen Hallen bedeutende Reste ans Licht. Hier fanden sich beispielsweise Bruchstücke von kostbaren, steinernen Gefäßen, von den Ausgräbern als "königliches Tafelgeschirr" bezeichnet. Unter ihnen tragen sehr viele Teile eine Inschrift des Königs Xerxes, außerdem gibt es solche mit den Namen ägyptischer Pharaonen oder assyrischer Könige. Es ist kaum anzunehmen, daß diese Stücke tatsächlich benutzt worden sind. Vielmehr werden sie in gleicher Weise wie die schon erwähnte griechische Statue als außerordentlich wertvolle Gegenstände aufbewahrt worden sein. Eine besondere Kategorie unter diesen Steingefäßen stellen Mörser mit Stößeln und Platten aus grünem Kieselschiefer dar, die vor allem in dem nördlichsten Saal *(Abb. 104,17)* und dem Raum in der nordwestlichen Ecke gelagert worden sind. Sie tragen Aufschriften in aramäischer Sprache. Daraus kann man ersehen, daß es sich um Abgaben der Provinz Arachosien handelt. Diese sind seit dem Jahre 479 v.Chr. nachzuweisen. Mehrfach wird der Name des dortigen Schatzmeisters genannt, außerdem erscheinen die Namen persischer Adliger, die wohl in Arachosien über Großgrundbesitz verfügten und von dort ihren Tribut ablieferten. Die grünen Mörser hat man sofort mit dem Haumakult in Verbindung gebracht. Da zudem das Siegel des Schatzmeisters der Satrapie Arachosien eine Kultszene mit einem Magier zeigt, vor dem ein Mörser in gerade der Form steht, wie sie im Schatzhaus gefunden worden sind *(vgl. Abb. 111)*, schien die Bestimmung dieser Gegenstände gesichert. Rätsel hat dagegen ihr so zahlreiches Vorhandensein im Schatzhaus aufgegeben. Außerdem sehen die Stücke ganz neu und unbenutzt aus. Auch wären bei Gebrauch die mit Tinte geschriebenen Aufschriften sehr schnell abgegriffen worden. Doch sie sind unversehrt. Hat man etwa jedes Jahr ein neues Set bekommen, das dann nur einmal in einer bestimmten Zeremonie benutzt worden ist, um dann im Schatzhaus zu verschwinden? Aber selbst an den noch aufgefundenen Resten kann man erkennen, daß in den einzelnen Jahren mehrere Teile abgeliefert worden sind. Es ist daher eher anzunehmen, daß es sich bei den Mörsern mit Stößeln und den Platten einfach um besonders kostbare Gegenstände handelt, die man für wert hielt, im Schatzhaus des Königs aufbewahrt zu werden. Dieser Stein wurde nur in Arachosien gefunden, und daher gehörte ein Teil solcher Gefäße zu den jährlichen, an den König zu entrichtenden Abgaben. Von dort sind sie direkt in das Schatzhaus gewandert, nachdem im Büro des Hofschatzwartes die ordnungsgemäße Ablieferung vermerkt worden war. Vielleicht hat der König dann aus den Vorräten des Schatzhauses dem einen oder anderen

Abb. 138.139

auch einmal als besondere Gunst einen Mörser mit Stößel oder eine Platte oder auch ein ganzes Set zum Ehrengeschenk gemacht.

In gleicher Weise wird man im Schatzhaus Gefäße aus Gold und Silber und auch aus Glas aufbewahrt haben. Von letzteren hat man bei den Ausgrabungen noch einige Scherben gefunden. Durchsichtiges Glas galt als eine der kostbarsten Errungenschaften der Perser und wurde in der ganzen damaligen Welt höher geschätzt als alle Edelmetalle.

Von den kostbaren Möbeln ist nichts mehr geblieben. Die Plünderer haben lediglich die wertvollen Goldverkleidungen abgerissen und die Einlegearbeiten aus Elfenbein, Lapislazuli und weiteren edlen Steinen herausgebrochen. Teilchen von diesen haben sich im gesamten Bereich des Schatzhauses gefunden.

Wie die Plünderer mit den kostbaren Kleidern verfahren sind, geht aus der oben angeführten anschaulichen Schilderung bei Quintus Curtius hervor. Selbst kleinste Teile von ihnen wurden noch so hoch geschätzt, daß man sich darum riß. Unwillkürlich ist man an die byzantinischen Seidenstoffe erinnert, die die Kreuzfahrer im Mittelalter mit heimbrachten und von denen selbst kleinste Fetzen noch für so wertvoll gehalten wurden, daß man Reliquien darin einwickelte. Was den Plünderern im Schatzhaus entgangen war, wurde dann ein Opfer der Flammen. Einige verkohlte Gewebestückchen wurden noch gefunden. Ein gedrehtes Goldband mit Perlchen gehörte wohl zu einem reich bestickten Stoff. Manche der abgelieferten Kostbarkeiten werden einfach so, wie sie angekommen sind, in Säcken deponiert worden sein. An ihnen befanden sich noch die Tonbullen mit den Siegelabdrücken der zuständigen Beamten.

Außerdem waren Waffen in großen Mengen im Schatzhaus gelagert worden. Die wertvollen Rüstungen, Panzer, teilweise mit vergoldeten Schuppen, Schwerter, Dolche und Lanzen waren den Plünderern willkommene Beute. Zurück blieben immerhin noch Hunderte von Pfeilspitzen, teilweise in ganzen Klumpen, durch das Feuer zusammengeschmolzen, in den Räumen liegen, zum anderen aber auch über die großen Hallen und in den Gängen verstreut.

Obwohl das Schatzhaus so vollkommen geplündert worden ist, gewinnt man allein durch die noch aufgefundenen, wenigen Reste den Eindruck, daß es bis unter das Dach vollgestopft gewesen sein muß. Von Ordnung konnte kaum mehr die Rede sein. Offenbar hatte man jeden freien Platz und selbst die Gänge als Lagerraum benötigt. So hat man auch die Portiken des frühesten Baus durch Wände zugesetzt, um sie noch als Lagerraum nutzen zu können. In der Spätzeit des Achämenidenreichs kann dort also kaum noch die Verwaltung gesessen haben. Auch der große Raum am kleineren Innenhof *(Abb. 104,16)*, der vielleicht der Amtssitz des Hofschatzwartes gewesen war und in dem die vielen Tontäfelchen gefunden worden sind, war in dieser Phase zusätzlich zu dem Archiv noch mit Waffen, Stoffen, Schmuckgegenständen und Gewichten vollgestopft. Wo zu dieser Zeit die hohen Beamten amtiert haben, läßt sich nicht sagen. Hatten sie ein anderes Gebäude, vielleicht unterhalb der Terrasse, zugewiesen bekommen? Oder waren sie in das Obergeschoß des Schatzhauses gezogen, während die unteren Räume nur noch zu Lagerzwecken verwandt wurden? Einen Hinweis auf die Existenz eines Obergeschosses bieten nicht nur die beiden Treppenläufe im Norden und nördlich des großen Innenhofes, sondern auch herabgestürzte Wandteile. Ebenso mögen die im zweiten Innenhof gefundenen Basen von Säulen mit einem viel kleineren Durchmesser von nur 41–42 cm zu einem oberen Stockwerk gehört haben.

e) Die Skulptur

Die ungeheure Menge der Reliefs in Persepolis hat immer wieder Bewunderer gefunden; sie waren auch Gegenstand vieler Studien unter den verschiedensten Blickwinkeln. Wenig oder gar nichts kann man dagegen von den vollplastischen Kunstwerken der Achämeniden lesen. Natürlich gibt es Dutzende von herrlichen Kapitellen, die jeweils aus zwei zusammengefügten Vorderkörpern von Tieren bestehen. Die Stierkapitelle herrschen vor *(Taf. 10. Abb. 37)*, hinzu kommen die einzigartigen Löwenmonster der Ostportikus des Apadāna *(Abb. 36)*, ferner Löwen- und Greifenkapitelle und sogar solche, die männliche Sphingen wiedergeben. Sie sind zwar alle freiplastisch gebildet, doch stellen sie andererseits Bauglieder dar. Dasselbe gilt für die Stierwesen an den großen Toren *(Taf. 18.19)*. Doch wie sieht es nun mit "richtigen" Standbildern aus?

Von der griechischen Marmorstatue, der sog. Penelope, deren Fragmente im Schatzhaus gefunden wurden, haben wir schon gehört. Sie kann zeigen, daß die persischen Könige derartige Kunstwerke durchaus zu schätzen wußten und sie sogar in ihrem Schatzhaus aufbewahrten. Kleine Fragmente weisen auf weitere griechische Arbeiten hin, so fanden sich Reste eines archaischen Schildbandes aus Bronze aus der 1. Hälfte des 6. Jhs. v.Chr., und selbst Kritzeleien auf Steinplatten, wie z.B. ein Sgraffito eines Herakles (etwa 500 v.Chr.), wahrscheinlich von einem der griechischen Künstler, die am Apadāna mitarbeiteten, entworfen, wurden für wert befunden, im Schatzhaus aufbewahrt zu werden. *Abb. 105*

Abb. 105 Griechische Statue aus dem Schatzhaus in Persepolis, die sog. Penelope

Auch ägyptische Kleinplastiken, der Fuß einer Statuette auf einem Sockel mit Hieroglyphen, Besfiguren oder der Oberteil einer Bronzestatuette, sind im Schatzhaus gefunden worden. Haben die Perser nun nur derartige fremde Kunstwerke gesammelt oder auch selbst solche hergestellt?

Plutarch (Alexander 37,3) berichtet von dem Zwiegespräch, das Alexander mit der Statue des Xerxes führt: "Als er eine große Statue des Xerxes sah, die von der in den Königspalast eingedrungenen Volksmenge brutal umgestürzt war, trat er hinzu und redete sie wie einen Lebenden an: "Sollen wir dich wegen deines Krieges gegen Griechenland liegen lassen und

Abb. 106 Statue des Königs Dareios. Sie war am Tor zum Königs-Palast in Susa aufgestellt

Abb. 107 Statue eines Hundes aus fein poliertem grauem Kalkstein, gefunden im Südostturm des Apadāna, heute im Museum in Teheran (Kopf ergänzt)

vorbeigehen oder wegen deiner sonstigen edlen Gesinnung und Mannhaftigkeit wieder aufrichten?" Er versank für lange Zeit in Gedanken und ging dann schließlich schweigend vorbei." Wie diese Statue etwa ausgesehen haben mag, können wir uns jetzt vorstellen, nachdem in Susa eine solche von Dareios gefunden worden ist. Sie besteht aus dunkelgrauem Stein, der in *Abb. 106* Ägypten in der Nähe des Roten Meeres gebrochen wurde. Der König ist in dem typischen achämenidischen Hofgewand dargestellt, in der linken Hand hält er eine Lotosblüte. Leider ist der Kopf verloren. Eine dreisprachige Inschrift (altpersisch, elamisch, akkadisch) auf dem Gewand nennt uns den Namen des Königs. Und auf dem Sockel sind in ägyptischen Hieroglyphen die Länder des persischen Großreichs verzeichnet. Dareios hat diese Statue in Ägypten anfertigen lassen. Die ägyptischen Bildhauer scheinen auch in der Folgezeit ihren Reiz auf die Perser ausgeübt zu haben, denn noch fast hundert Jahre später beauftragt der persische Satrap von Ägypten, Rshāma (428–412 v.Chr.), einen ägyptischen Bildhauer damit, ihm eine Reiterstatue und weitere Standbilder anzufertigen, wie ein aramäischer Brief bezeugt[63]. Andere Fragmente monumentaler Rundplastik, die in Susa gefunden wurden, wie das Fragment eines bärtigen Kopfes, eines Fußes mit persischem Schuh und Fragmente von Gewändern mit Resten von Inschriften[64], zeigen durchaus den geläufigen achämenidischen Stil.
Herodot (VII 69) erzählt, Dareios habe von seiner Lieblingsfrau Artystone ein goldenes Bild hämmern lassen.

Es wurden also in den persischen Landen, zumindest in Susa und Persepolis, Rundplastiken gefertigt. Allerdings wird man sich dazu auch Bildhauer aus anderen Ländern, wie Griechenland und Ägypten, haben kommen lassen. Der Boden und Teile des Sockels einer etwa halblebensgroßen Statue sind in der sog. "Garrison Street" am Rande der Terrasse von Persepolis gefunden worden. Das Tonköpfchen eines Persers lag inmitten der elamischen Verwaltungstäfelchen in der Nordostecke der Terrasse. Die Statuette eines Helden im Löwenkampf ist aus kostbarem, rot und gelblich–braun geadertem Stein gearbeitet. Obwohl das erhaltene Fragment von einer Kleinplastik stammt und nur 7,4 cm hoch ist, sind die Augen in Lapislazuli eingelegt und von gelblicher Fritte eingefaßt. Löwentatzen hat man an verschiedenen Stellen und aus verschiedenem Material entdeckt.

Ganz besonders eindrucksvoll sind aber die lebensgroßen oder beinahe lebensgroßen Tierfiguren, die sich an vielen Stellen gefunden haben. Zwei sitzende Hunde kamen am Eingang des Südostturmes des Apadāna zu Tage. *Abb. 107*

[63] P. Grelot, Documents araméens d'Égypte (1972) Nr. 70.
[64] MDP 21, 1929, 57 f. pl. 13.

Ihre Körper sind bis ins feinste Detail durchgegliedert, die Köpfe sind leider verloren[65]. Bei dem einen, heute im Museum in Teheran, hat man einen Kopf ergänzt. Den beiden Hunden entsprachen im Nordostturm zwei stehende Steinböcke[66]. In dem Hof südlich des Apadāna flankierten zwei Stiere die Treppe, die zu dem späteren Palast G hinaufführte. Weitere Stiere werden neben den Treppen zum Xerxespalast gestanden haben[67]. Von den Tieren, die zwei der Türen im kleineren Innenhof des Schatzhauses bewachten, sind nur mehr die Basen erhalten. Doch der Gebäudekomplex, der südlich der Terrasse von Persepolis in der Ebene liegt, zeigt wiederum große Tierfiguren. An einer der Hoftreppen standen Steinböcke[68], und an dem Haupteingang zu einem Apadāna-ähnlichen Gebäude waren noch rechteckige Basen vorhanden. An der Südseite der Ostportikus lagen zwei Leoparden[69]. Sie sprechen besonders durch die naturgetreue Wiedergabe ihrer übereinander geschlagenen Vorderpfoten und seitlich gelagerten Hinterbeine an. Leider sind bei allen Tieren die Köpfe verlorengegangen. Es wird aber klar, daß offenbar eine ganze Reihe von Treppenaufgängen und Türen von solchen lebensgroßen Tierfiguren flankiert war. Auch in Pasargadae scheinen derartige Statuen gestanden zu haben[70].

Es läßt sich jedenfalls feststellen, daß es eine große Zahl von freistehenden achämenidischen Tierplastiken gegeben hat, die allerdings in allen Fällen, die uns bekannt sind, mit einem Bauwerk verbunden sind. Jedoch ist die Ausführung dieser Statuen ganz anders als die der Kapitelle und monumentalen Türhüter. Letztere stehen in ihrer strengen stilisierten Art noch ganz unter dem Banne der assyrischen Kunst, während die freiplastisch gearbeiteten Tierfiguren eine Lebendigkeit in ihrer Ausführung zeigen, die eher griechischen Bildwerken nahe kommt.

[65]Schmidt II Pl. 36 A und B.
[66]a.O. Taf. 36 C.
[67]Schmidt I 241.
[68]Schmidt II pl. 37 A.
[69]Schmidt II Pl. 36 D.E.
[70]Stronach Taf. 55b,c und 62 Anm. 27; T. S. Kawami, AJA 90, 1986, 266.

V. *Vom täglichen Leben*

1. Die Häuser

Von den großköniglichen Gebäuden kann man an Hand der Reste noch eine recht gute Vorstellung gewinnen. Aber wie haben nun die normalen Bürger und einfachen Leute gewohnt? Darüber wissen wir leider sehr wenig. Da die Bauten alle aus luftgetrockneten Lehmziegeln errichtet worden waren, sind sie im Laufe der Jahrhunderte wieder zerflossen und gleichen dem sie umgebenden Erdboden. Auch waren in solchen Häusern kaum spektakuläre Funde zu erwarten, so daß sie Ausgräber, selbst wenn sie die Häuser als solche erkannten, weit weniger lockten als die vielversprechenden Tempel und königlichen Bauten. Nur an wenigen Stellen hat man auch Wohnviertel systematisch untersucht, wie in Assur oder Babylon[71]. Bei den Ausgrabungen in Susa sind Teile der Handwerkerviertel mit Schmelzöfen freigelegt worden. Die Reste der Häuser in Babylon können uns aber einen Eindruck vermitteln, wie wir uns wohl auch diejenigen in der Persis vorzustellen haben. Gab es doch zum einen in Babylon ebenfalls einen großköniglichen Palast, den Dareios dort hat errichten lassen[72], und bei den Wohnbauten ließ sich eine persische Schicht mit entsprechenden Funden nachweisen. Zum anderen und vor allem zeigen die Bauten in Persepolis viele babylonische Einflüsse. Die Perser haben sogar das gleiche Maß für die Ziegel benutzt wie die Babylonier, nämlich 33 x 33 cm (Höhe 12–13 cm).

Einen Eindruck davon, wie ein persisches Wohnhaus ausgesehen haben mag, kann uns das Schatzhaus in Persepolis vermitteln, nur sind dort die Ausmaße gewaltig gesteigert und ist die Ausstattung mit den Säulen im Inneren für einen normalen Wohnbau nicht vorauszusetzen. Sicher gab es in der Persis viele kleine Häuser, die nur aus einem oder zwei Räumen bestanden, wie dieses heutzutage noch im Orient allenthalben anzutreffen ist. Charakteristisch für die persischen Häuser ist bis heute, daß sie eine

[71] O. Reuther, Die Innenstadt von Babylon (Merkes) (Neudruck der Ausgabe von 1926, 1968). Gebäude der Perserzeit auch auf der Zikkurat von Ur: L. Woolley, Ur Excavations IX. The Neo-Babylonian and Persian Periods (1962); sie werden durch die dort gefundenen Tontäfelchen datiert.

[72] R. Koldewey, Das wieder erstehende Babylon (1913) 126 ff.

Abb. 108 Ein einfaches persisches Haus mit der charakteristischen Vorhalle

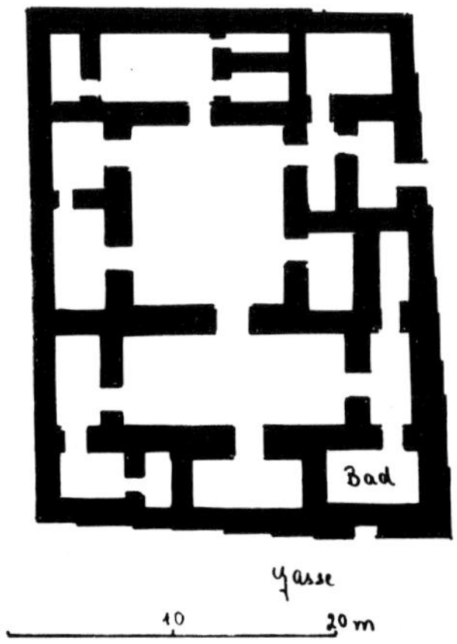

Abb. 109 Grundriß eines Hauses der Perserzeit in Babylon. Typisch sind der Innenhof, in den man vom Hauseingang her nicht blicken kann, und das Bad in der Ecke des Hauses

Abb. 110 Einfacher, aufgemauerter Herd in einem Haus in Babylon

von Balken gestützte Vorhalle besitzen. Dort kann man sich, geschützt vor Sonne und Regen, dennoch aber in frischer Luft, stundenlang aufhalten. *Abb. 108*

Die etwas reicher ausgestalteten Häuser besaßen einen Innenhof, um den sich die einzelnen Räume gruppierten. Die Mauern bestanden aus luftgetrockneten Ziegeln, die aus Lehm, vermischt mit gehäckseltem Stroh, geformt wurden. Die 12–13 cm hohen Ziegel verband man durch eine etwa 3 cm dicke Mörtelschicht, die ebenfalls aus Lehm mit gehäckseltem Stroh bestand. Mit demselben Gemisch wurden auch die Innen- und Außenwände verputzt. Darauf kam normalerweise wohl nur eine dünne Kalktünche. Der grünlich-graue Tonputz des Schatzhauses ist schon eine aufwendigere Machart. Die Wände waren glatt, nur die Straßenfronten etwas abwechslungsreicher gestaltet. Eine Nischengliederung wie die des Schatzhauses konnten sich wohl nur Reiche leisten, in Babylon findet sich vor allem eine sägezahnartige Fassade. Fenster an den Außenseiten gab es auch bei den Wohnhäusern nicht. Für die Türangeln hob man in der Regel eine Grube aus, auf deren Grund eine Bettung aus Brocken gebrannter Ziegel gelegt wurde. Die Türen waren immer so angebracht, daß man von außen nicht unmittelbar in den Innenhof blicken konnte. Dort spielte sich wohl vornehmlich das Familienleben ab. Da der Hof unter freiem Himmel, also auch Regenfällen ausgesetzt war, wurde er mit gebrannten Ziegeln oder Kieselsteinen gepflastert. Die Fußböden der Zimmer bestanden in ganz einfachen Häusern nur aus festgestampftem Lehm, bei aufwendigeren aus gebrannten Ziegeln. Wie weit sich auch Grundbesitzer und Handelsherren den schönen, glänzenden, roten Fußboden, der erstmalig in den Bauten der persischen Könige auftritt, leisten konnten, kann nicht gesagt werden, da wir keine entsprechenden Funde haben. *Abb. 109* *Abb. 101*

In Babylon gehört zu den Stadthäusern immer ein Bad. Dort sind Fußboden und unterer Teil der Wände mit Bitumen abgedichtet und ein

Abfluß mit Tonröhren angebracht. In gleicher Weise finden sich Toiletten mit einem direkten schrägen Abfluß. Im Südwesten der Terrasse von Persepolis hat man in der Ebene in einem palastartigen Bau ein Badezimmer freigelegt (Hinz II Bild 24). Der Fußboden und Sitzbänke an drei Seiten des Raumes bestehen aus gebrannten Ziegeln. In der Mitte des Bodens bedeckte eine Platte mit runder Öffnung den Abfluß. War dieses auch ein recht aufwendiges Bad, so zeigt es doch, daß die Perser den Luxus eines Badezimmers durchaus zu schätzen wußten.

Die Dächer der Häuser haben sich leider nirgendwo erhalten. Sie werden aus flachen Holzbalkenlagen mit Stroh darüber, abgedeckt mit Lehm, bestanden haben. Vermutlich werden sie zum Aufenthalt und in den warmen Sommermonaten zum Schlafen genutzt worden sein. Treppen führen ja auch auf das Dach des Schatzhauses. Wie weit noch mit Obergeschossen zu rechnen ist, bleibt fraglich. Von Babylon weiß Herodot (I 180) zu berichten, daß es dort drei- und viergeschossige Häuser gegeben habe. Für die Ableitung des Brauch- und Regenwassers zu sorgen, war nicht nur eine Frage des Komforts, sondern vor allem der Erhaltung der Lehmbauten. So zeigt das Schatzhaus ein ausgedehntes Drainagesystem, das aus gebrannten Ziegeln besteht, die in Bitumen gebettet sind. Solche Wasserleitungen haben sich beispielsweise auch beim Apadāna gefunden. Vom Dach herunter wurde das Regenwasser in Tonröhren geleitet. In wasserarmen Gegenden wurde es in Zisternen gesammelt.

Anschließend an den Innenhof fand sich in der Regel ein durch seine Größe hervorgehobenes Zimmer. Dieses mag der Empfangsraum des Hausherrn gewesen sein. Die übrigen Räume lassen sich in ihrer Funktion nicht mehr festlegen, mit Ausnahme des Badezimmers, das in den meisten Fällen in einer Ecke des Hauses lag *(Abb. 109)*. Die Herde bestanden aus zwei
Abb. 110 kleinen, aus Ziegelsteinen aufgemauerten Bänken. Zwischen ihnen konnte das Feuer entfacht und der Topf darüber gestellt werden. Backöfen waren in Babylon mitunter in den Boden des Hofes eingelassen. Sie zeigen eine nach oben gerundete Form mit einem kreisförmigen Abzug, der es ermöglichte, das Feuer anzufachen. Es wird im Orient offenbar über die Jahrhunderte hinweg in der gleichen Weise das Brot zubereitet, indem man nach Erhitzen des Ofens die Asche herauskratzt und die Fladen an die heißen Wände der Rundung klebt.

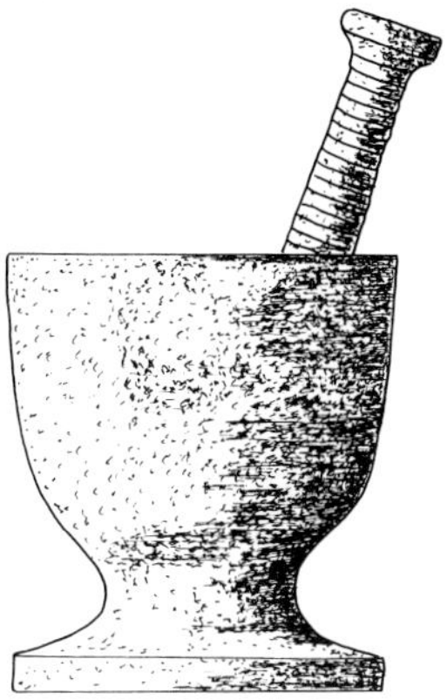

Abb. 111

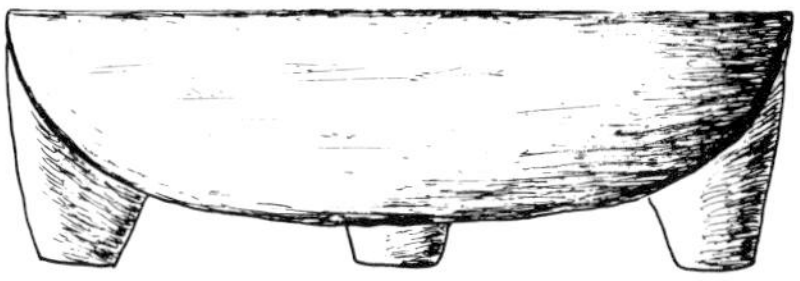

Abb. 112

Abb. 111 Bronze-Mörser mit Stößel
Abb. 112 Reibschale
Abb. 113 Vorratsgefäße aus Ton
Abb. 114 Rundes Tongefäß und Wasserkanne
Abb. 115 Wasserflasche

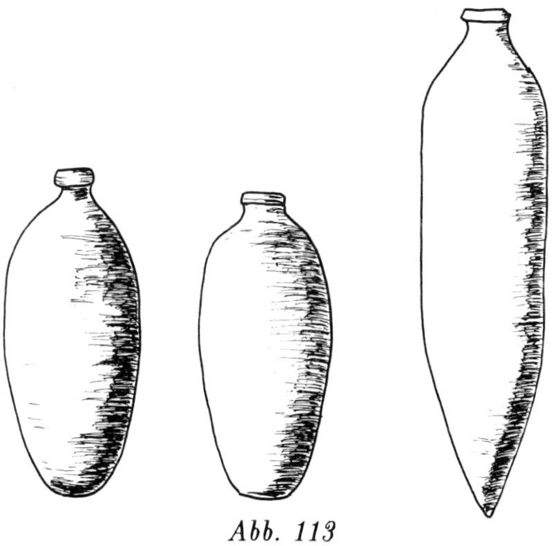

Abb. 113

Abb. 114

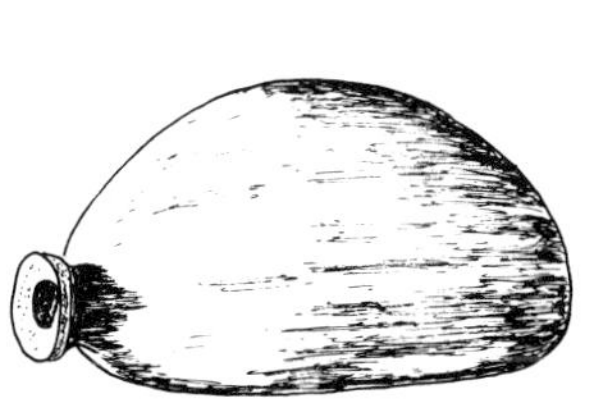

Abb. 115

2. Haushaltsgerät

Aus den in Persepolis gefundenen Verwaltungstäfelchen erfahren wir, daß als Grundnahrungsmittel der Bevölkerung Gerste diente. Erhielt also ein einfacher Arbeiter seinen täglichen Liter an Gerste, so mußte er diese für den Verzehr zubereiten. Er konnte sie beispielsweise in einem Mörser schroten, um Gerstenbrei daraus zu bereiten. Dieser konnte noch mit Früchten und Schafs- oder Ziegenmilch bereichert werden. Solchen Brei bereiteten auch die vom König angestellten Köche für das Hofpersonal (PF 414, 417). Einfache Mörser bestanden aus Holz und haben sich daher nicht erhalten. Große steinerne Mörser wurden z.B. in den Häusern von Assur, im Boden eingelassen, gefunden. Ein schlichtes Beispiel eines steinernen Mörsers ist im Schatzhaus in Persepolis zutage gekommen[73], ebenso wie ein Bron-
Abb. 111 zeexemplar. Letztere Art wurde wohl eher zum Zerstoßen von Gewürzen verwandt.

Die Gerste konnte man aber auch zu Mehl mahlen, um daraus beispielsweise Fladenbrot im Backofen im Hof zu backen. Gemahlen wurde zwischen zwei Steinen. Als Unterteil diente ein mit einer Mulde versehener, längsrechteckiger Stein, wie man ihn heute noch mitunter im Orient findet. Etwas vornehmer waren Reibschalen. Das Fragment einer solchen ist im
Abb. 112 Schatzhaus gefunden worden. Sie besteht aus grauem Basalt und ist an der Innenseite durch den starken Gebrauch ganz glatt gerieben worden. Drei Füße geben ihr einen festen Halt beim Mahlen.

Die Vorräte wurden in großen Tongefäßen aufbewahrt, die teilweise etwa bis zur Hälfte in den Boden eingelassen waren. Sie laufen unten spitz zu, so daß man sie auch leicht wieder herausnehmen und den letzten Rest aus ihnen
Abb. 113 herausschütten konnte. In großen, runden Töpfen wurde wohl das Wasser
Abb. 114 aufbewahrt. Durch den porösen Ton drangen die Tropfen nach außen, so daß das Gefäß ständig feucht war und der Inhalt schön kühl blieb. Das Wasser wurde, wenn irgend möglich, aus den Flüssen entnommen, die von den Persern besonders rein gehalten wurden. In einigen Gegenden genossen sie sogar göttliche Verehrung (s. Kap. IX 2). Doch weite Gebiete waren sehr wasserarm und trocken; dorthin wurde das Wasser in unterirdischen Kanälen geführt (s. Kap. VIII 1). Auf das Feld oder längere Reisen nahm man sich seinen Vorrat in sog. Pilgerflaschen mit. Sie sind rund und an einer Seite abgeflacht, so daß man sie leichter an einen Esel oder ein Pferd
Abb. 115 binden oder auch sich selbst umhängen konnte. Die Gefäßformen für das Gebrauchsgeschirr sind während der Achämenidenzeit im ganzen Kernland,

[73] Schmidt II Taf. 80,6.

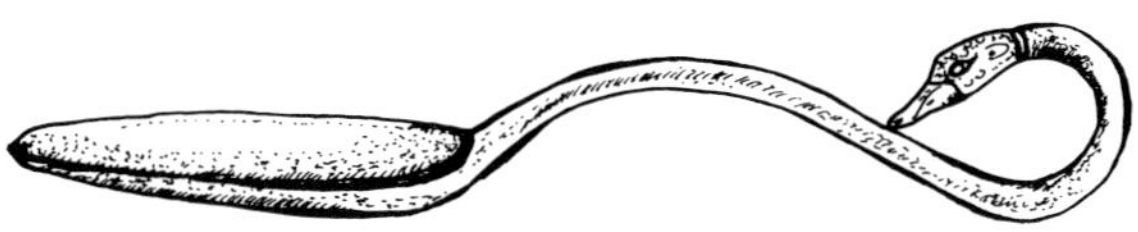

Abb. 116

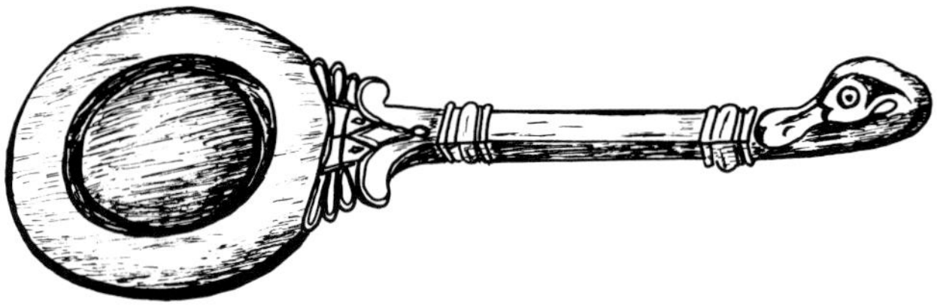

Abb. 118

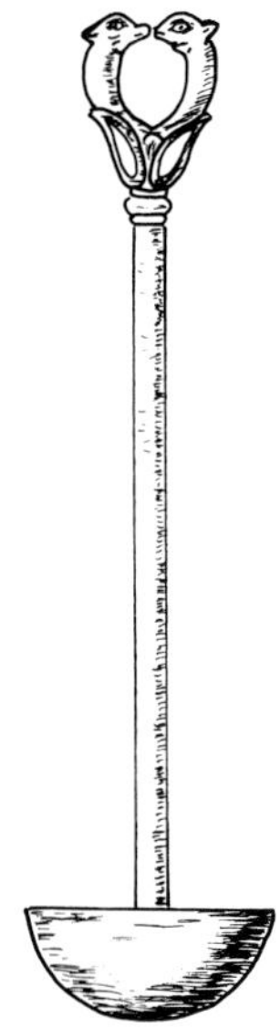

Abb. 117

Abb. 116 *Silberlöffel, dessen Griff in einen Entenkopf ausläuft; aus Pasargadae*
Abb. 117 *Bronzene Kelle, einstmals im Besitz des Grafen v. Moltke*
Abb. 118 *Räucherpfännchen aus Bronze*

sei es in Persepolis, in Susa oder Pasargadae, und auch im Zweistromland und Syrien die gleichen.

In einem Schatzfund in Pasargadae, der achämenidischen Schmuck aus dem 5. und 4. Jh. v.Chr. enthielt, ist auch ein Silberlöffel feinster Ausführung zutage gekommen. Der edel geschwungene Stiel endet in einem bis ins Detail ausgearbeiteten Entenkopf. Dieser wendet sich in einem Bogen zum Löffelstiel zurück, so daß eine Schlaufe entsteht. *Abb. 116*

Die Kochtöpfe werden meistens aus Kupfer oder Bronze bestanden haben, desgleichen die Schöpfkellen und die Siebe. Daneben gab es einfache

Abb. 119 Oberteile der Weihrauchgefäße (Thymiateria), die vor dem Thron des Königs aufgestellt sind; Detail von Abb. 44

Exemplare aus Ton, die sich allerdings selten erhalten haben. Zum Schöpfen eigneten sich auch halbierte Flaschenkürbisse hervorragend. Auf uns gekommen sind einige wertvolle Beispiele, aus Kupfer oder gar Silber bestehend, die zeigen können, wie formschön die Bewohner des Achämenidenreichs auch ihre Gebrauchsgegenstände zu gestalten wußten. Die Griffe enden in der Regel in einem Tierkopf. Bei Sieben und Kellen sind Entenköpfe am häufigsten anzutreffen, doch finden sich auch Köpfe von Kälbern als
Abb. 117 Verzierung. Der Griff eines Weihrauchpfännchens mit langem Stiel läuft
Abb. 118 ebenfalls in einem Entenkopf aus. Daneben gibt es auch noch aufwendigere Formen achämenidischer Weihrauchgefäße (Thymiateria), von denen sich Exemplare in Bronze erhalten haben. In Shechem[74] und in Til-Barsib[75] sind in Gräbern, die durch ihre Beigaben als perserzeitlich bestimmt wer-

[74]Palästina; E. Stern, Levant 12, 1980, 95 Fig. 6,1 und Taf. XIV A.
[75]M. Dunand, Til Barsib (1936) 76 Taf. XIX 6.

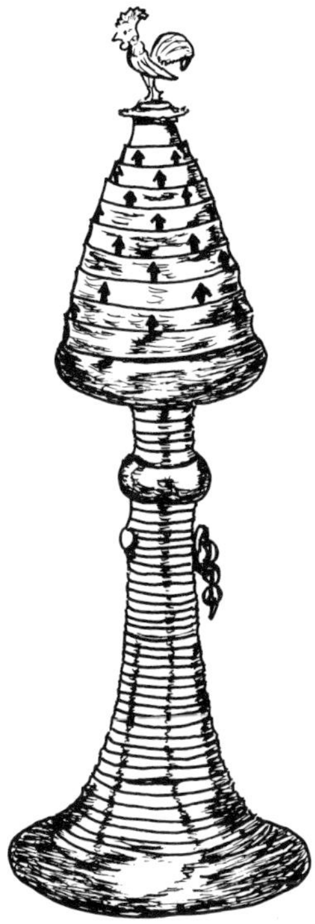

Abb. 120 Silbernes Weihrauchgefäß

Abb. 121 Diener mit Weihrauchgefäß und Eimerchen für Holzkohle; Detail eines Türreliefs im Xerxes-Palast in Persepolis

den können, ganz ähnliche Bronzegefäße in Form einer nach oben weiter werdenden Vase gefunden worden. In ihrem Innern sind Rückstände von Asphalt; auf ihm konnte das Feuer für die Duftessenzen wohl länger glimmen. Ähnliche Weihrauchgefäße wurden wohl auch in Ton hergestellt. Zu solchen könnten Fragmente gehören, die in Susa gefunden worden sind[76]. Leider ist dort immer nur der Fuß erhalten.

Noch charakteristischer sind die Weihrauchgefäße, die auf den Reliefs vom Apadāna vor dem König aufgestellt sind *(Abb. 44.49)*. Sie stehen auf einem hohen Fuß, der sich nach oben verjüngt und durch Querriefel gegliedert ist. Diese Art der Riefelung ist typisch für achämenidische Metallarbeiten. Den oberen Abschluß des Fußes bildet ein überfallender Blätterkranz, über dem noch ein wiederum quergeriefeltes Teilstück des Ständers zu sehen ist, auf dem die Schale aufliegt, in der der duftende Weihrauch auf

[76] DAFI 15, 1987, Fig. 12, 6–8.

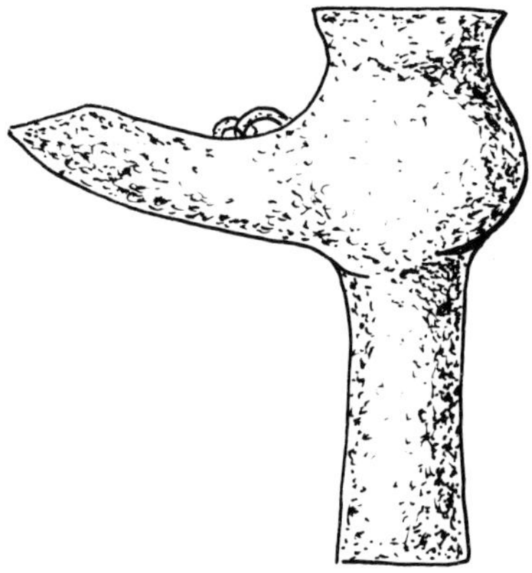

Abb. 122 Bronzelampe mit langer Tülle für den Docht; die Lampe wurde ursprünglich auf einen Stock gesteckt

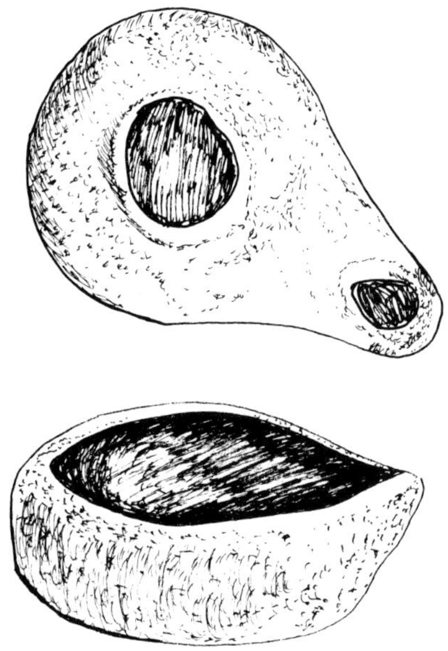

Abb. 123 Einfache Tonlampen aus Pasargadae

Abb. 124 Tonschale in der typisch achämenidischen Form

der glühenden Holzkohle langsam verbrennt. Abgedeckt ist das Ganze mit einem mehrfach abgestuften Deckel, durch dessen pfeilförmige Schlitze der *Abb. 119* Duft entweicht. Eine Lotosblüte in feinster Ausführung bekrönt den Deckel. An ihr ist eine Kette befestigt, deren anderes Ende unterhalb des Blattkranzes des Ständers in einer Öse hängt. Somit konnte der Deckel, wenn man ihn abnahm, nicht verlorengehen. Die Weihrauchgefäße, die vor dem König stehen, waren sicher aus einem kostbaren Material, vermutlich aus Silber. Ein derartiges silbernes Thymiaterion ist beispielsweise in Sardes gefunden worden. Sardes, die alte Hauptstadt des Lyderreiches, war ja seit ihrer Eroberung durch Kyros d. Gr. persischer Satrapensitz. Hier hatte Dareios seinen Bruder Artaphernes als Satrapen eingesetzt. Der Einfluß des Königshauses ist somit an diesem Orte besonders groß, und viele typisch achämenidische Gegenstände sind in den Gräbern von Sardes gefunden worden. Da die am Königshof geschaffene Kunst in allen Teilen des Großreichs in gleicher Weise geschätzt und daher auch nachgeahmt wurde, kann man überall, sei es in Kleinasien oder in Ägypten, entsprechende Gegenstände finden und so ein recht reiches Material zusammenstellen. Woher das besonders schöne Exemplar eines silbernen Thymiaterions stammt, das jetzt im Metropolitan Museum in New York aufbewahrt wird, ist nicht bekannt. Sein Fuß ist *Abb. 120* nicht ganz so hoch wie bei den vorher genannten Beispielen, und es gleicht damit den Weihrauchgefäßen, die der Diener auf den Reliefs im Palast des Dareios und, von dorther übernommen, im Palast des Xerxes trägt. Um den *Abb. 121* Weihrauch ständig am Duften zu erhalten, muß von Zeit zu Zeit Holzkohle nachgelegt werden. Diese hält der Diener in dem kleinen Eimerchen mit Henkel bereit. Es zeigt wiederum die typische Querriefelung. Ein gleiches Eimerchen trägt auch einer der Diener auf den Audienzreliefs *(Abb. 49)*.

In Persepolis selbst hat man keine Lampen gefunden. Sicher muß es sie auch dort gegeben haben. In demselben Grab, in dem das oben genannte Weihrauchgefäß in Shechem lag, kam eine bronzene Lampe zutage. Ursprünglich saß sie wohl auf einem Holzstock oder einem anderen Ständer. Sie hat die Form einer kleinen Vase mit einer ungewöhnlich langgezogenen Tülle, in der der Docht lag. Untersuchungen des Metalls haben ergeben, daß *Abb. 122* die Lampe aus Persien oder der Türkei stammen muß. Ganz ähnliche Lampen, aber aus Ton, sind beispielsweise in Babylon[77] und Susa[78] gefunden worden. Dagegen sind zwei Lampen, die bei den Grabungen in Pasargadae zutage gekommen sind, sehr viel schlichter. Die eine erinnert zwar an *Abb. 123* die Beispiele aus Susa und Babylon, doch ist ihr Körper flacher und die Mündung für den Docht nicht so weit herausgezogen. Die andere Lampe besteht einfach aus einem oben offenen Schälchen, das an einer Seite zu einer Mündung vorgezogen ist. Von weiteren haben sich nur Fragmente erhalten.

[77]Reuther a.O. (s. oben Anm. 71) Abb. 32.
[78]DAFI 15, 1987, fig. 12,9–12. pl. V, 3.4.

Abb. 125 Diener mit Speisen, einem noch lebenden Zicklein und einem Weinschlauch steigen die Treppenstufen zum Dareios-Palast hinauf

3. Tafelgeschirr

a) Gefäße aus Ton

Normales Tafelgeschirr, also Gefäße, die mit Speisen in Berührung kamen, wie Schüsseln, Teller, Krüge, Becher, bestanden aus glasiertem Ton. Diese glasierte Keramik allgemein zum Gebrauch einzusetzen, war offenbar eine Errungenschaft der Achämenidenzeit. Bei den Grabungen in Susa konnte man einen deutlichen Bruch gegenüber den früheren Schichten erkennen. Vergleicht man die Keramik der Achämenidenzeit, die in Ur gefunden worden ist, so stellt man fest, daß von den typisch persischen Formen etwa die Hälfte aller Gefäße glasiert ist, dagegen ist es von den typisch neubabylonischen nur etwa ein Fünftel. Vorherrschend war ein blau-grüner Überzug,

Abb. 126 Silberne Amphora, die in Duvanli im heutigen Bulgarien gefunden wurde

der durch Kupfersulfat hervorgerufen wurde; selten finden sich weiße Gefäße mit gelben oder braunen Bändern oder Punkten.

Eine Besonderheit stellt die sog. "Eierschalenware" dar. Die Wände dieser Gefäße sind nicht dicker als 2,5 mm und zeigen eine erstaunlich glatte Oberfläche, die allerdings nie glasiert ist. Es ist dieses die feinste Ware, die in mehreren Jahrhunderten in Mesopotamien hergestellt worden ist, und sie ist dort nur in der Perserzeit zu finden.

Typisch für die persische Töpferware ist eine Schalenform, die unten gerundet ist und nach einem Einzug in etwa halber Höhe des Gefäßes nach

Abb. 127 Palmettenfries der Amphora aus Duvanli, Detail von Abb. 126

Abb. 124 oben weiter wird. Im Laufe der Zeit kann man eine Weiterentwicklung dieser Form feststellen, die zu immer flacheren Gefäßen führt.

b) Gefäße aus Edelmetall

Woraus die Schalen bestehen, die die Scharen von Dienern die Treppen zu
Abb. 125 den königlichen Palästen in Persepolis hinauftragen, wissen wir nicht. Fanden sich unter ihnen auch Gefäße aus Eierschalen-Keramik oder waren sie alle nur aus Gold und Silber? Teilweise scheint ein Tuch darübergedeckt zu sein, damit ihr Inhalt nicht verunreinigt wird. Ganz hervorragende Beispiele von Gefäßen aus Edelmetall haben sich erhalten. Soweit ihre Fundorte bekannt sind, was leider nur in den seltensten Fällen zutrifft, sind sie über das gesamte achämenidische Großreich verteilt. Eine schöne Auswahl derartiger Gefäße ist auf den Treppenreliefs des Apadāna zu sehen. Und

Abb. 128 Rechter Henkel mit Ausguß der Amphora aus Duvanli, Detail von Abb. 126 ▷

Abb. 129 Goldkännchen mit der typisch achämenidischen Querriefelung, aus dem Oxus-Schatz

Abb. 130 Silberbecher mit Querriefelung, heute im British Museum in London

auch dort werden sie von den verschiedensten Völkern des Reiches herbeigebracht. Charakteristisch ist ein hoher Krug mit zwei Griffen, eine Amphora *(Abb. 59)*. Das typisch Persische dabei ist, daß der eine Griff gleichzeitig als Ausguß dient. Diese Form findet sich auch bei ganz schlichten Tongefäßen[79]. Meistens sind die Griffe sehr schön als Tiere oder Fabelwesen ausgestaltet. Auf den Reliefs vom Apadāna bringen Meder und Lyder solche Gefäße herbei. Ganz deutlich ist zu erkennen, daß der Ausguß durch den Körper des geflügelten Löwen bzw. Greifen führt. Eine vergleichbare Amphora, aus Silber hergestellt, wurde in Duvanli, im heutigen Bulgarien, gefunden. Die exquisite Ausführung — bis in die kleinsten Details *Abb. 126–128*

[79]Das Fragment eines emaillierten Kruges in Susa ahmt sogar Kanneluren auf dem Körper nach; s. a. die Kanne vom Friedhof bei Persepolis, Schmidt II pl. 89,5.

Abb. 131 Goldschale mit Inschrift "Xerxes der König" in altpersisch, elamisch und babylonisch, gefunden in der alten Mederhauptstadt Ekbatana (Hamadān)

hinein — ruft immer wieder unsere Bewunderung hervor. Es gab daneben aber auch Amphoren ohne Tülle. Von ihnen haben sich ebenfalls sehr kostbare Beispiele erhalten, teils aus Bronze, in den meisten Fällen aus Sil-
Taf. 20 ber, mitunter mit feinen Goldauflagen. Doch sind auch Gefäße aus reinem Gold zutage gekommen. Die Körper können glatt oder mit Kanneluren oder Querriefeln versehen sein. Als Zierde der Edelmetallgefäße finden sich immer wieder Borten mit Lotosblüten und Palmetten *(Abb. 127)*. Ein kleines Goldkännchen aus dem sog. Oxus-Schatz, heute im Britischen Museum in
Abb. 129 London, zeigt die typisch achämenidische Querriefelung.

Auch für die Becher und Schalen, die unter anderen die Drangianer und Arachosier auf den Apadāna-Reliefs herbeibringen *(Abb. 72)*, gibt es
Abb. 130 schöne Beispiele. Die Schalen zeigen zunächst noch ganz ähnliche Formen wie die aus Keramik gefertigten, sind aber mit Zungenmotiven im Schalenrund verziert[80]. Teilweise haben sie einen Omphalos in der Mitte. Dieser war nicht nur eine ansprechende Verzierung, sondern er gab der Hand auch die Möglichkeit zu sicherem Zugriff, da man mit den Fingerspitzen dort hineingreifen konnte. Die Zungenschalen sind schon von den Assyrern her

[80] z.B. Treasures of the Holy Land (1986) 188 Nr. 96.

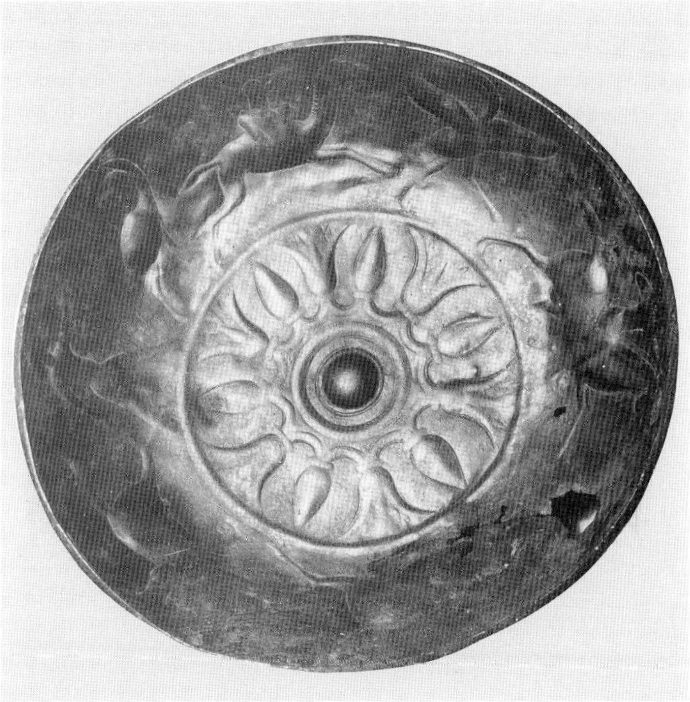

Abb. 132 Bronzeschale mit Darstellung einer Straußenjagd

bekannt; Gefäße mit aufgelegten Blättern, die nach oben spitz zulaufen, waren dagegen bei den Ägyptern beliebt. Unter den Achämeniden haben diese Formen eine ganz neue Ausprägung erfahren. Oft wurden sie noch kombiniert mit eierförmigen Gebilden, die tief aus dem Silberblech herausgedrückt wurden. Solche Schalen lassen sich immer auf den ersten Blick *Abb. 131* als Werke der achämenidischen Hofkunst erkennen. Sie wurden auch in Ton nachgeahmt[81] für alle, die sich Bronze oder gar Silber und Gold nicht leisten konnten.

Seltener als die ornamental verzierten Schalen sind reliefgeschmückte. Ein besonders schönes und frühes Exemplar befindet sich in der Sammlung N. Schimmel. Den Mittelpunkt bildet eine goldene Rosette. Um sie herum *Taf. 21* im Schalenrund schreiten vier Steinböcke. Ihre Ausführung, insbesondere die stark stilisierten Schulterpartien, kennzeichnet sie als persisches Werk. Leider nicht gut erhalten ist eine Bronzeschale im Louvre. Um den Ompha- *Abb. 132* los in der Mitte schlingt sich ein lockerer Fries, abwechselnd mit geöffneten Lotosblüten und noch geschlossenen Knospen. Interessant ist die Jagdszene auf dem äußeren Schalenrund. Ein Jäger zu Fuß verfolgt einen entfliehenden

[81] z.B. Stronach fig. 106,11.

Strauß, der zu ihm zurückblickt. Ein zweiter Jäger, auf einem einhöckrigen Kamel reitend und mit Bogen bewaffnet, setzt ebenfalls einem Strauß nach. Zwei Reiter zu Pferde galoppieren von beiden Seiten auf ein großes Huftier zu, das sich zwischen ihnen befindet.
Ganz besonders kostbare Silberschalen tragen zudem noch Einlagen in Goldfolie[82]. Vorläufer für diese Technik haben sich schon in Ziwiye gefunden. Die dortigen Arbeiten bringt man gern mit den Medern in Verbindung, deren Kunstfertigkeit zwar viel gerühmt worden ist, von denen wir jedoch so gut wie keine Gegenstände haben, die man ihnen mit Sicherheit zuschreiben könnte. Indessen hat ja auch Großkönig Dareios die medischen Goldschmiede, sicher als die besten ihres Faches, an seinen Hof geholt (s. Kap. IV 2). Die Silberschalen mit den Goldauflagen zeigen Motive, wie sie in der achämenidischen Hofkunst geläufig sind und zahlreich in Persepolis selbst auf den Reliefs begegnen: königliche Leibwachen im langen persischen Faltengewand oder auch den königlichen Helden im Kampf gegen Untiere. Diese Schalen sind wohl in den Hofmanufakturen der Schatzhäuser hergestellt worden und dienten dem König als Geschenke für besonders verdiente Untertanen. Aus diesem Grunde wurden auf ihnen auch ganz bewußt Themen aus dem königlichen Umkreis gewählt.

c) Gefäße zum Weintrinken

Auf den Reliefs von Persepolis sieht man immer wieder Diener, die mit einem gefüllten Weinschlauch auf den Schultern die Stufen zum königlichen Palast hinaufsteigen. (*Abb. 125*) Das Weintrinken spielte bei den Persern eine große Rolle. Den Verwaltungstäfelchen aus Persepolis kann man entnehmen, daß Wein für große Teile der Bevölkerung zu ihren täglichen Rationen gehörte. Die einfachen Arbeiter bekamen immerhin in Form von Sonderzuteilungen und zu Festen eine kleinere Menge zugestanden. Jedenfalls erschien der persische Weinverbrauch den Griechen mehr als üppig. Herodot berichtet: "Dem Wein sind sie sehr ergeben, und es ist ihnen nicht erlaubt, in Gegenwart eines anderen sich zu erbrechen oder Wasser zu lassen. Dies wird nun so eingehalten. In trunkenem Zustande pflegen sie über die ernstesten Angelegenheiten zu beraten. Was ihnen bei der Beratung gefällt, legt der Herr des Hauses, bei dem die Beratung stattfindet, ihnen am folgenden Tage vor, wenn sie nüchtern sind. Falls es ihnen auch in nüchternem Zustande gut

[82] z.B. die Schale im Metropolitan Museum in New York, Metr.Mus.Bulletin, Summer 1984, 25 Nr. 18

Abb. 133 Rotfigurige, griechische Schale mit Darstellung eines trunkenen Persers. Bekleidet ist der Zecher mit dem typischen, lebhaft gemusterten Gewand der iranischen Reitervölker. Zu seinen Füßen liegt ein großes Trinkhorn

scheint, führen sie es aus. Andernfalls geben sie es auf. Was sie nüchtern vorberaten haben, beraten sie noch einmal in trunkenem Zustande"[83].

Bezeichnenderweise zeigt die wohl früheste Darstellung eines Persers in der attischen Vasenmalerei diesen in trunkenem Zustand. Zu seinen Füßen *Abb. 133* liegt ein großes Trinkhorn, das auf die barbarische Sitte, den Wein unverdünnt zu trinken, hinweisen soll. In seiner Komödie "Die Acharner" läßt der griechische Dichter Aristophanes (Vers 73–75) athenische Gesandte, die vom Perserkönig zurückgekehrt sind, von ihren "Leiden" berichten, die sie während ihrer Mission erdulden mußten. Zu diesen "Leiden" rechnen sie auch, wie sie beim Perserkönig saufen mußten: "Wir wurden gastfreundlich bewirtet und mußten, ob wir wollten oder nicht, aus gläsernen Bechern und Goldgefäßen ungemischten, süßen Wein trinken".

[83]I 133. So auch Strabo XV 3,20: "Sie fassen ihre wichtigsten Entschlüsse beim Weintrinken, und sie halten die dann gemachten Entscheidungen für wichtiger als jene, die sie in nüchternem Zustand getroffen haben".

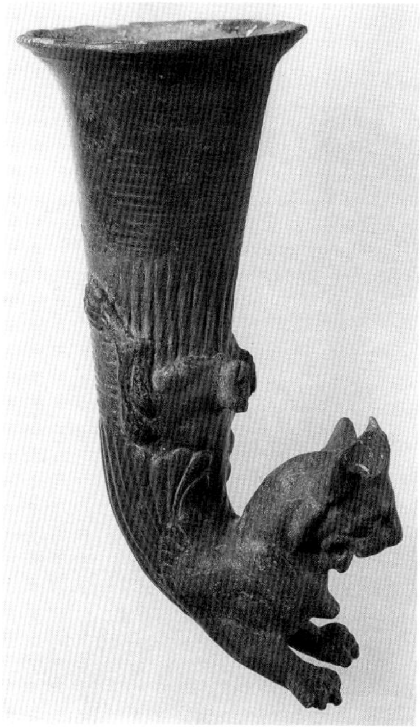

Abb. 134 Tonrhyton, dessen Vorderteil von einem Löwenmonster gebildet wird, das ehemals noch Hörner hatte

Abb. 135 Silberrhyton mit Stiervorderkörper

Abb. 176.177 Für das Weintrinken brauchte man mehrere Geräte, regelrechte "Weinsets". Die Diener schütteten den in Schläuchen aus Ziegen- oder Hammelbälgen herbeigebrachten Wein zunächst in ein großes Gefäß. Aus diesem wurde er dann für den Verbrauch mit einer Kelle mit langem Griff herausgeschöpft und durch ein Sieb in einen kleinen Krug gegossen. Der Wein mußte also erst geklärt werden. Aus dem Krug goß ihn der Diener dann in die Trinkschale des Zechers. Die Könige hatten natürlich ihren eigenen Mundschenk. Xenophon schildert in der Kyroupaideia (I 3,8) anschaulich, wie der Mundschenk des Mederkönigs Astyages seines Amtes waltet: "Die Mundschenken dieser Könige schenken zierlich den Wein, gießen ein, ohne etwas zu verschütten, tragen die Trinkschale herbei, sie auf drei Fingern balancierend, und bringen das Gefäß, um es dem Zecher griffbereit zu reichen".

Eine andere und, wie es scheint, typisch iranische Form, den Wein zu trinken, war diejenige mit Hilfe eines Rhytons. Diese Gefäße, die ursprünglich nur aus dem Kopf eines Tieres bestanden, waren wohl eine iranische Erfindung[84]. Sie werden immer schöner und mit immer größerem Gefäßkörper in Form eines nach oben weiter werdenden Hornes ausgestaltet. In achämenidischer Zeit zeigen sie senkrechte Kanneluren oder die typische Querriefelung und enden im Vorderteil eines Tieres oder Fabelwesens *(Taf. 22.23. Abb. 134.135.140)*. Sehr beliebt sind Widderköpfe, Steinbock–, Stier– und Löwenprotomen. Schon die Meder scheinen derartige Trinkgefäße geschätzt zu haben, wie die Funde in der Gegend von Ziwiye zeigen. Dort hat man sie nicht nur in Silber angefertigt, sondern auch in Ton[85]. Ein besonders schönes Silberrhyton der achämenidischen Zeit befindet sich in der Sammlung N. Schimmel in New York. Der Vorderkörper eines Steinbocks ist weit aus dem Silber herausgetrieben. Fein stilisiert sind Barthaare und Augenbrauen. Die Schultermuskeln wölben sich ornamental heraus. In Höhe der Rippen sind kleine, flache Flügel eingezeichnet. Der Hinterkörper des Tieres ist auf den Gefäßkörper nach oben geklappt und dort in flachem Relief wiedergegeben. Die Teile, die nicht vom Tierkörper bedeckt sind, tragen die typische persische Querriefelung. Den oberen Abschluß, der leicht nach außen schwingt, schmücken ein Flechtband und ein Lotosblüten–Palmetten–Fries. In der Brust des Tieres befindet sich eine Öffnung, durch die der Wein ausströmen konnte. Bei dem Rhyton der Sammlung Schimmel hat sich als Besonderheit noch ein Siebeinsatz erhalten, der in das Rhyton eingefügt werden konnte und so im Gefäß selbst den Wein klärte. Eine Kostbarkeit allerersten Ranges ist das aus Lapislazuli und Gold gefertigte Rhyton der Abegg–Stiftung in Bern.

Taf. 22

Taf. 23

Ganz ähnlich in der Form ist ein Rhyton aus Ton, das sich ebenfalls in der Sammlung N. Schimmel befindet. Dort bildet ein Löwengreif mit Hörnern, die allerdings abgebrochen sind, das Vorderteil. Er läßt an die Löwenmonster der Kapitelle in der Ostportikus des Apadāna von Persepolis denken *(Abb. 36)*. An die dortigen Kapitelle in den beiden anderen Portiken und im Innern des Gebäudes erinnert ein Silberrhyton mit einer Stierprotome. In der gleichen Weise wie bei den Kapitellen hat der Stier seine Vorderbeine eingewinkelt. Der Gefäßkörper ist quer geriefelt. Löwen und Stiere sind die am häufigsten in der achämenidischen Kunst vertretenen Tiere.

Abb. 134

Abb. 135

Abb. 140

Zu einem Rhyton gehörte immer eine Trinkschale, in die man den Wein hineinfließen lassen konnte. Ganz "Durstige" konnten ihn natürlich auch direkt in den Mund strömen lassen, was vor allem in späterer Zeit in der

Abb. 136

[84] K. Tuchelt, Tiergefäße in Kopf– und Protomengestalt (Ist. Forsch. 22, 1962) 85.

[85] A. Godard, Le Trésor de Ziwiyè (1950) Abb. 57. 58. H. Hoffmann, Antike Kunst 4, 1961, Taf. 10,5 — New York Acc.no. 59.130.2, von Kaplantu, bei Ziwiye.

Abb. 136 Ein Satyr beim Gelage; aus einem Rhyton mit Greifenvorderkörper will er sich gerade den Wein in seine kleine Trinkschale, die er in der linken Hand hält, eingießen

sasanidischen Kunst des öfteren abgebildet wird. Die Handhabung eines solchen Gefäßes muß schon einige Übung erfordert haben. Zum einen war es sicher gar nicht so einfach, mit dem herausströmenden Strahl richtig zu zielen, insbesondere, wenn man den Wein in elegantem Bogen von weit oben fließen lassen und damit besonders zum Schäumen bringen wollte. Und Rotweinflecke lassen sich wirklich nur mit Mühe aus den Gewändern entfernen! Zum anderen mußte man die Rhyta, wenn man nicht gerade am Ausgießen war, so geschickt balancieren, daß der Wein weder unten herausfloß noch oben aus der großen Öffnung herausschwappte. So waren es teilweise nur sehr geringe Mengen, die solch ein Rhyton aufnehmen konnte. Mehr fassen die in ihrem unteren Teil stark geschwungenen Exemplare. Jedenfalls ist es nicht denkbar, daß man den unteren Ausfluß durch einen Daumen oder auch anderen Finger zuhielt, wie man es oft in der Literatur lesen kann. Dann hätte man das Gefäß mit beiden Händen anfassen müssen. Doch auf allen Abbildungen wird das Rhyton mit der rechten Hand in Höhe der Biegung gehalten[86].

[86] z.B.: Krater in Wien, Kunsthistorisches Museum, in: Treasures of the Holy Land (1986) 188 fig. 70; Schauspielerrelief aus dem Piräus: J. Boardman, Griechische Plastik. Die klassische Zeit (1985) Abb. 170; in späterer Zeit noch "König" im Mittelteil der Schale aus Buddingharra: O. M. Dalton, The Treasure of the Oxus (1905) Fig. 70.

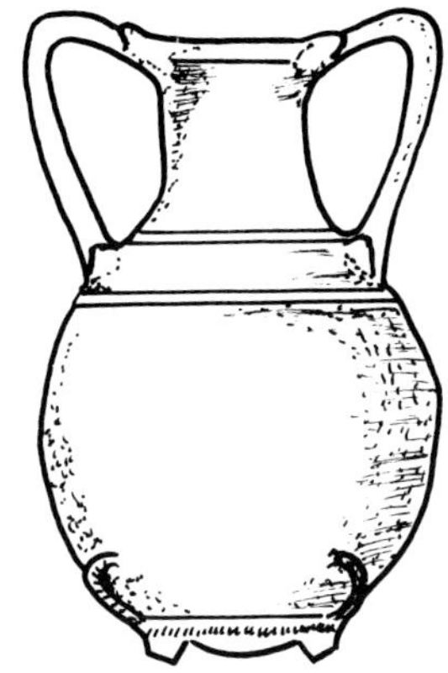

Abb. 137 Tonrhyton mit zwei Ausflüssen aus Pasargadae

Durch das Ausgießen in hohem Bogen oxydierte der Wein in der Luft und entfaltete so ganz besonderen Wohlgeschmack. Junger Wein schäumte sogar leicht; das scheint auch den Griechen gefallen zu haben, so daß sie schon bald nach den Perserkriegen, wo sie wohl mit dieser Form der Trinkgefäße bekannt geworden sind, in großem Maße die Rhyta nachahmten. Vasenbilder und Reliefs zeigen uns ihren Gebrauch, und das Rhyton wurde zu dem beliebtesten Attribut der Heroen beim Gelage. Die in Griechenland aus Ton gefertigten Rhyta besaßen indessen häufig keinen Ausfluß nach unten.

Die Rhyta wurden somit im gesamten persischen Großreich und darüber hinaus hergestellt, von Griechenland bis Ägypten. Aus Ägypten haben wir aus dem Petosiris-Grab, einer Anlage des 4. Jhs. v.Chr., sogar die Abbildung einer Werkstatt für Gold- und Silbergefäße erhalten, wie aus der Hieroglypheninschrift hervorgeht. *Abb. 168* Neben den Medern waren es ja gerade ägyptische Goldschmiede, die sich auch Dareios herbeigeholt hatte (s. Kap. IV 2). In der abgebildeten Werkstatt wird nun an genau solchen Gefäßen gearbeitet, wie wir sie gerade betrachtet haben. Mehrfach sind Rhyta zu sehen, die über Spezialambossen getrieben werden. Im obersten Register der Malereien treten die Handwerker in einer Reihe vor den Tisch des Leiters, um ihre fertiggestellten Gefäße abzuliefern und registrieren zu lassen. Der vorderste setzt gerade ein fertiges Rhyton und ein Schälchen auf den Tisch. Es folgen andere Goldschmiede mit Schalen und Krügen, einem großen Krug für den Wein und zwei Kellen dazu, wiederum einem Rhyton und einem Weihrauchgefäß. Ähnlich wird es auch in den Werkstätten der königlichen Hofmanufakturen in den Schatzhäusern im persischen Kernland ausgesehen haben.

Eine andere Sorte von Rhyta kann indessen nicht zum Trinken verwandt worden sein. Sie hat in der Regel Amphorenform, aber keine Standfläche, sondern unten eine Rundung. In diese sind zwei Ausflüsse eingefügt. Wenn man diese Öffnungen nicht mit Stöpseln verschließen konnte, muß der Inhalt des Gefäßes nach unten weggeflossen sein. Am ehesten möchte man an ein Gefäß für Trankopfer denken, doch müßten dann gleiche Sitten im gesamten persischen Großreich geherrscht haben, da Beispiele in weit voneinander entfernten Gebieten zutage gekommen sind. Es gibt diese Gefäße in sehr kostbarer Ausführung, z.B. in dem Schatzfund von Panagjurishte in Bulgarien in Gold[87]. Dort ist ein solches zusammen mit einer ganzen Reihe anderer Rhyta gefunden worden. Die Ausführung dieser Gefäße ist griechisch, nur ihre Form persisch. Auf einem vasenförmigen Rhyton aus Silber, das in Borovo ausgegraben worden ist[88], sind auf dem Gefäßkörper
Abb. 136 u.a. zwei Zecher dargestellt, die hörnerförmige Trinkrhyta und Schälchen in den Händen halten. Das eine Rhyton endet in einer Sphinx–, das andere in einer Greifenprotome. Diese vasenförmigen Rhyta sind aber auch
Abb. 137 in ganz schlichter Ausführung in Ton gefunden worden, z.B. in Pasargadae oder in Ashdod[89]. Bei dem letzten Beispiel laufen die Amphorenhenkel in Tierköpfen aus.

d) Steingefäße

Die kostbaren Edelmetallgefäße, die auf uns gekommen sind, stammen aus Gräbern aus dem gesamten Gebiet des persischen Großreichs. In Persepolis selbst haben die plündernden Soldaten und vermutlich Scharen später nachfolgender Schatzgräber nichts zurückgelassen. Dagegen hat man noch große Mengen an wertvollem Steingeschirr im Schatzhaus gefunden, jedoch alles zerbrochen. Es war wohl nicht nur pure Zerstörungswut, die hier am Werke war, sondern die Gefäße werden oft noch goldene und silberne Fassungen, mitunter besetzt mit Edelsteinen, gehabt haben. Da die Steingefäße selbst zu schwer zum Mitnehmen waren, hat man sie zumindest ihrer Fassung beraubt. Um diese schneller zu entfernen, zerschlug man die mit so viel Mühe hergestellten Werke. Insgesamt sind Fragmente von 626 Gefäßen gefunden worden, darunter 317 Teller ohne Fuß und 40 mit Fuß, dazu 50
Abb. 139 Tabletts. Als Stein ist vorwiegend Serpentin verwandt worden; es finden

[87]Traci. Arte e Cultura nelle terre di Bulgaria dalle origine alla tarda romanità (Art World Media, Milano 1989) Nr. 182/1.

[88]Russe, Museo Storico, Traci (s. vorige Anm.) Nr. 144/4.

[89]Palästina, Atiquot 9–10, 1971, fig. 24, 12 und pl. 19,1.

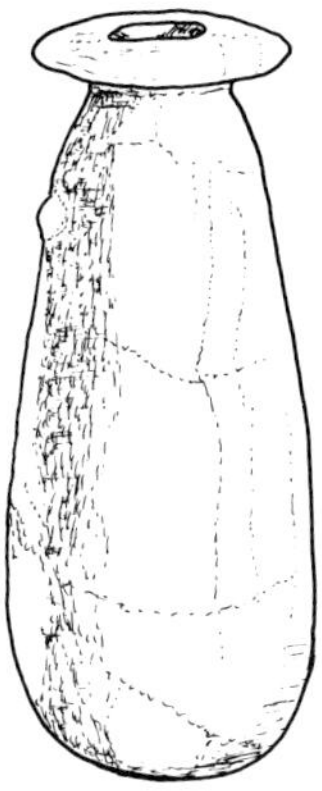

Abb. 138 Salbgefäß aus Alabaster (Alábastron), gefunden im Schatzhaus von Persepolis

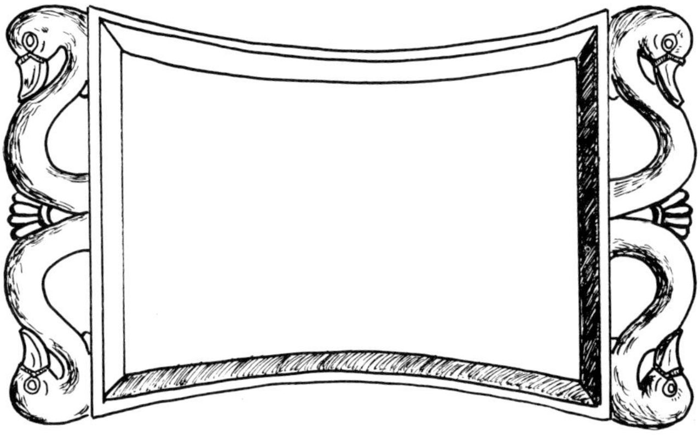

Abb. 139 Steintablett mit Entenkopfgriffen aus dem Schatzhaus in Persepolis

sich aber auch Alabaster, Granit und andere Steinarten. Sofern die Gefäße Inschriften tragen, begegnet immer wieder der Name des Xerxes. Dareios wird nur auf einigen ägyptischen Gefäßen genannt, und zwar in ägyptischen Hieroglyphen geschrieben. Überhaupt scheinen die persischen Könige die ägyptischen Gefäße besonders geschätzt und richtig gesammelt zu haben. So fanden sich im Schatzhaus auch Reste von älteren ägyptischen Vasen und Schalen, unter ihnen solche aus der charakteristischen türkisblauen, mit einer besonderen Technik hergestellten Fritte (Keramik), die auch als Ägyptisch-Blau bekannt ist. Ob alle Steingefäße, die man im Schatzhaus in Persepolis gefunden hat, in Ägypten gearbeitet worden sind, ist nicht klar. Auf die Mörser, Stößel und Schalen aus grünem Kieselschiefer aus Arachosien ist schon oben bei der Betrachtung des Schatzhauses eingegangen worden. Die ägyptischen Gefäße sind also im Zusammenhang mit der Sammlung von Antiquitäten und Kunstwerken der persischen Könige zu sehen, auf die ja auch die Fragmente der griechischen Statue hinwiesen *(Abb. 105)*. Dazu ist eine elamische Bronzeplatte mit Aufhängevorrichtung zu zählen, die ebenfalls im Schatzhaus gefunden worden ist. Leider ist ihre Oberfläche stark korrodiert, doch kann man noch lesen, daß es sich um die Urkunde über eine Stiftung für einen Tempel in Gethat, also einen Ort in elamischem Gebiet, handelt. Dort sichert ein elamischer Fürst durch den Priester Oruru seinen Göttern genau festgelegte Opfer zu. Die Platte stammt etwa aus dem 7. Jh. v.Chr. und konnte für einen persischen König nur noch Sammlerwert besitzen. Regelrechte Schloßmuseen hat es schon unter den babylonischen Königen gegeben. So hat Nebukadnezar II. (604–562 v.Chr.) in Babylon ein solches eingerichtet und sogar zur Besichtigung freigegeben, "zum Anschauen aller Völker"[90].

Sind die Steingefäße mit ihrer präzisen Arbeit und glatten Oberfläche schon allein durch ihre Form bewundernswerte Meisterwerke, so sind einige noch besonders hervorgehoben, indem sie mit Tierköpfen geschmückt sind. Da schauen bei einem Gefäß beispielsweise Gänse oder Schwäne mit ihren langen geschwungenen Hälsen über den Rand hinweg in ein Schalenrund[91]. Ursprünglich waren es zwölf Tiere. Oder als Griffe eines rechteckigen Tabletts, dessen Rand an allen vier Seiten erhöht ist, winden sich je zwei lange Schwanenhälse nach außen, die Tiere blicken zurück und berühren mit ihren
Abb. 139 Schnäbeln ihren Hals. An der Stelle, an der sie gemeinsam aus dem Tablettrand herauswachsen, werden sie durch eine Palmette zusammengehalten. Auf einem Relief im Museum von Susa sieht man einen Diener mit einem derartig verzierten Tablett auf der Schulter eine Treppe hinaufsteigen[92]. Er gehörte offenbar zu einer ähnlichen Treppenanlage, wie sie in Persepolis zu den Palästen der Könige hinaufführen.

Beliebter Zierat für Gefäße aller Art waren auch Löwen. So begegnen
Abb. 140 sie nicht nur als Vorderteile der Rhyta, sondern auch an den Steingefäßen. Teilweise bilden Löwentatzen die Füße[93]. Ein Salbgefäß, ein Alábastron, aus rot-bräunlichem Stein, das zwei sich aufrichtende Löwen zeigte, ist leider

[90] Vorderasiatische Bibliothek IV 119 Z. 52 f. — Berliner Museen; E. Unger, Babylon. Die heilige Stadt nach der Beschreibung der Babylonier (1931) 224.

[91] Schmidt II Taf. 53,1.

[92] R. Ghirshman, Monuments et Mémoires 60, 1976, 17 Fig. 6.

[93] z.B. Schmidt II pl. 55,3.4.

Abb. 140 Goldenes Löwenrhyton aus Ekbatana (Hamadān), jetzt im Museum in Teheran

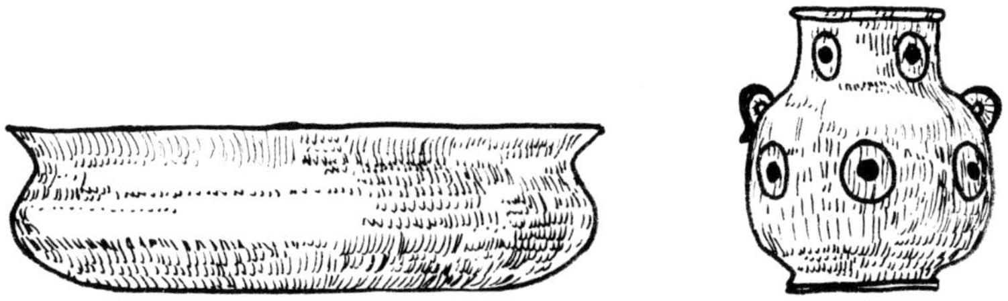

Abb. 141 Glasgefäß und Schale aus einem Mädchengrab in Babylon

nur noch in einem Fragment des unteren Teiles erhalten[94]. Ganz hervorragenden Erhaltungszustand hat ein großes Becken, das auf den Rücken von acht Löwen aufliegt[95]. Dazu gehören beispielsweise auch eine Schale mit sechs Gänsehälsen in derselben Sammlung und ein Steinbecken exquisiter Ausführung, das von drei Steinböcken gehalten wird[96]. Aus drei bronzenen Löwen besteht ein Untersatz, der im Schatzhaus von Persepolis gefunden worden ist[97]. Auf ihren Rücken sind lange, schmale Einlaßspuren. Was sie auf dem Rücken trugen, kann indessen nicht mehr gesagt werden.

e) Glasgefäße

Noch mehr wert als alle Silber- und Goldgefäße waren solche aus Glas. Aristophanes (Acharner Vers 74) hebt als besonderen Luxus der Gesandten des Großkönigs hervor, daß sie aus Gold und Kristallgefäßen den klaren, süßen Wein trinken. Die durchsichtigen, farblosen Glasgefäße waren offenbar erst eine Erfindung der Perser. Nach ihren Fundstätten zu urteilen, wurden sie in Westiran und Mesopotamien hergestellt[98]. Die Gefäße wurden in der verlorenen Wachs-Technik gegossen, d. h. die Form ging bei jedem Guß verloren; anschließend wurden die Muster hinein geschnitten[99]. In dieser Technik hat man alle die Gefäße nachgeahmt, die auch in Metall hergestellt wurden, Trinkbecher und Trinkschalen für den Wein und tiefere

[94] Schmidt II pl. 55,1a.b.

[95] Slg. Rabenou, New York; R. Ghirshman a.O. Fig. 13-15. Ausstellungskatalog "7000 ans d'Art en Iran" Nr. 633 pl. LXX. Die Echtheit des Stückes ist allerdings angezweifelt worden.

[96] Genf, Privatsammlung, Ghirshman a.O. Fig. 2 und 7-11.

[97] Schmidt II pl. 33.34.

[98] v. Saldern, Journal of Glass Studies 17, 1975, 39.

[99] D. Barag, Catalogue of Western Asiatic Glass in the Brit. Mus., Vol. I (1985) 57 f.

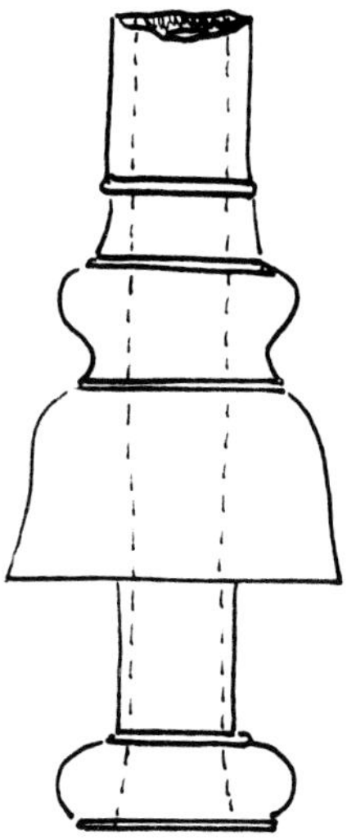

Abb. 142 Fragment eines Stuhlbeines mit hölzernem Kern und Bronzeverkleidung

Schüsseln, aber auch Flaschen und Salbgefäße[100]. Im Schatzhaus von Persepolis wurden Fragmente von etwa einem Dutzend solcher kostbaren Glasgefäße entdeckt[101]. Auch sie tragen Kanneluren oder Querriefelungen, wie sie für die achämenidischen Gefäße charakteristisch sind. Palmetten und Lotosblütenfriese sind zu erkennen. Ein Schalenfragment zeigt die tief ausgeschnittenen Eierformen der wertvollen Silberschalen. Es gab auch Vasen mit tierförmigen Griffen. Diese Luxusartikel sind weithin exportiert worden. Nicht nur in Mesopotamien und Palästina hat man sie gefunden, sondern auch auf der Kyrenaika, nicht nur in Kleinasien, sondern auch in Nordgriechenland. Es sind indessen immer nur Einzelstücke, denn sie waren vermutlich teurer als Silber und Gold. *Taf. 29* *Abb. 141*

4. Möbel

Alexander brauchte angeblich 10.000 Maultierpaare und 5.000 Kamele, um die Möbel und anderen Wertgegenstände aus Persepolis abzutransportieren (Plutarch, Alexander 37,2). Die kostbaren Möbel der Perser werden auch bei anderen griechischen Autoren immer wieder gerühmt. Die Damen des königlichen Hauses, die den letzten achämenidischen König Dareios auf

[100]s. Beispiele bei S. M. Goldstein, Pre-Roman and Early Roman Glass in the Corning Museum of Glass (1979) 118 ff. Nr. 248-252.
[101]Schmidt II pl. 66.67.

seinem Feldzug gegen Alexander begleiteten, führten "reiche Möbel und weiblichen Schmuck" mit sich (Diodorus Siculus XVII 35,2). Und selbst die Häuser der Privatleute waren "überreich mit Möbeln ausgestattet" (ders. XVII 70,3). "Und ihre Lager, wie auch ihre Trinkschalen und alles andere, sind so glänzend geschmückt, daß sie vor Gold und Silber glitzern", weiß Strabo (XV 3,19) zu berichten.

Die kostbaren achämenidischen Möbel wurden offenbar mit Metall ummantelt. Über einen Holzkern legte man Bronze, Silber oder Gold. Reste von derartiger Bronzeverkleidung hat man beispielsweise in einem perser-
Abb. 142 zeitlichen Grab in Al-Mina gefunden. Aus Ägypten stammt der Fuß eines Thrones aus Bronze, der jetzt im Britischen Museum in London aufbewahrt wird[102]. Er gleicht der Darstellung auf einem Relief aus Persepolis in demselben Museum. Die schönste Vorstellung davon, wie solche Throne ausgesehen haben, geben uns die Reliefs in Persepolis. Auf dem zentralen Relief der Apadānatreppen thront Dareios auf einem Sessel mit hoher Rückenlehne und hat seine Füße auf eine Fußbank gestellt *(Abb. 45)*. Die Beine des Thrones sehen aus wie gedrechselt, wie es eine typische Eigenart der persischen Möbel war, und enden in Löwentatzen. Diese ihrerseits stehen noch auf Füßen, die mit einem überfallenden Blattkranz geschmückt sind. Dieses dekorative Detail ist uns ja schon bei den Weihrauchständern aufgefallen. Die Füße der Fußbank sind ganz ähnlich gestaltet, doch statt der Löwentatzen
Abb. 143 sind dort Rinderhufe zu sehen. Dieses ist ganz ungewöhnlich. Offenbar steckt hinter dieser Anordnung — Löwentatzen am Thron, auf dem der König sitzt, und Rinderhufe am Hocker, auf den er seine Füße stellt — eine tiefe, symbolische Bedeutung, die über die reine Schmuckfreude hinausgeht. Man ist unwillkürlich an die in Persepolis so häufig anzutreffenden
Abb. 144 Kampfgruppen von Löwe und Stier wie auch an die Kapitelle des wichtigsten Gebäudes des Staates, des Apadāna, erinnert. Eine vergleichbare Gestaltung wie Thron und Fußbank zeigt auch der Hocker, den ein "Teppichbreiter" im oberen Register der Apadāna-Reliefs im Rücken des Königs herbeibringt, um ihm das Aufsteigen auf das Pferd zu erleichtern *(Abb. 83)*.

Auf Siegelbildern sind mitunter Hocker wiedergegeben, deren Beine in gleicher Weise enden, darüber aber anscheinend aus Korbgeflecht bestehen *(Abb. 165.176.179)*. Vielleicht waren es auch Polster, die kreuz und quer umspannt waren, damit dadurch ihr Halt bewahrt wurde; denn man hat den Eindruck, daß sich der Stuhl durch die Belastung des auf ihm Sitzenden rund nach außen drückt. Den unteren Abschluß bildet ein doppelter Gurt.

[102]Iraq XII, 1950, Taf. IV,1.2.

Abb. 143 Bein des königlichen Thrones und Fußbank, Detail von Abb. 44

Abb. 144 Kampfgruppe von Löwe und Stier, Relief von der Apadāna-Osttreppe in Persepolis

Tische müssen in ganz ähnlicher Weise wie die Hocker gestaltet gewesen sein. Auf Elfenbeinplatten, die man in Ziwiye gefunden hat[103], kann man solche abgebildet sehen. Ihre Beine sind denen des Dareios-Thrones zu vergleichen, mit Löwentatzen und darunter dem Fußende mit überfallendem Blattkranz. Bei dem einen Beispiel (Fig. 77) wird der Rahmen von Rosetten geschmückt, das andere hat noch zusätzliche Stützen in der Mitte, ebenfalls mit dicken Blattkränzen. Auf einem Votivzylinder, der im Schatzhaus von Persepolis gefunden worden ist, ist das Bild eines Tisches eingegraben[104]. Dort dienen drei Frauenfiguren als Stützen. Von einer derartigen Strebe wird wohl auch das leider stark zerstörte Elfenbeinfigürchen stammen, das in Susa gefunden worden ist. Hierbei handelt es sich um eine reichgeschmückte

[103] A. Godard, Le Trésor de Ziwiyè (1950) Fig. 77 und 78.
[104] Schmidt II 63 Fig. 7.

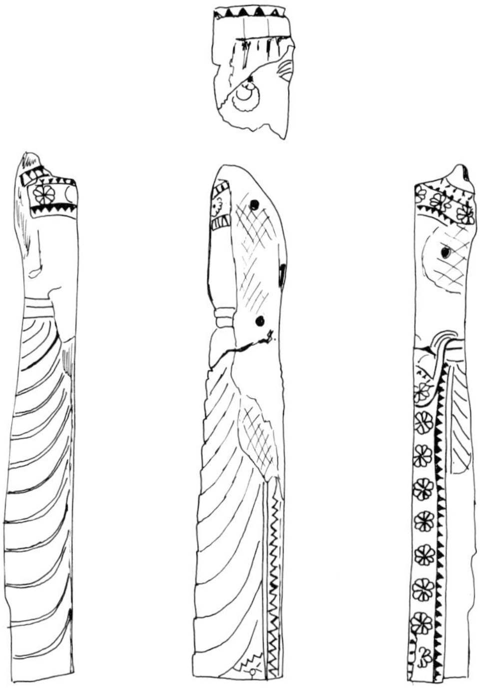

Abb. 145 Fragmente eines Elfenbeinfigürchens aus Susa; es stützte einst einen Tisch oder eine Stuhllehne

Frauengestalt, die mit dem typischen achämenidischen Faltengewand bekleidet ist. Die Ausführung der Tische ist also dem Zeitgeschmack angepaßt worden. *Abb. 145*

Der königliche Thron wird aus Gold und Silber bestanden haben, wie es Xenophon von dem des jüngeren Kyros berichtet (Hell. I 5,3). Zudem war er noch überreich mit Elfenbein- und Edelsteineinlagen verziert. Reste von solchen Elfenbeinteilen, die in ihrer Ausführung den Querleisten des königlichen Thrones auf den Reliefs in Persepolis gleichen, hat man in Susa gefunden[105]. Auf den Throndarstellungen in den Türen des Hundert-Säulen-Saales haben sich Farbspuren erhalten. Dort sind beispielsweise die Blattüberfälle unten an den Beinen des hockerartigen Untersatzes, auf dem der Thron steht, farbig wiedergegeben. Jeweils drei Blätter sind blau und eines rot. Offenbar waren also diese Teile mit Lapislazuli und Karneol eingelegt. Auch der untere Abschluß des Fußes war blau. Statt des überaus kostbaren Lapislazuli konnte auch die blaue ägyptische Fritte verwandt werden. Unter den ganz verstreuten Fragmenten im Schatzhaus von Persepolis hat man viele Stücke von Lapislazuli, teilweise mit Bohrlöchern für die

[105] Jetzt im Louvre, P. Amiet, Syria 49, 1972, 171 fig. 3 und 4.

Befestigung, Goldrosettchen, Palmetten und Lotosblüten, Goldstreifen und -bändern, Käppchen von kleinen Nägeln usw. gefunden. Auffallend ist, daß es viel mehr Gold- als Silberteile sind. Ein richtiger Schatz von mehreren Hundert solcher Stücke mit Lapislazuli, Karneol, Achat, Onyx, Sardonyx und Goldbändern war in der Ecke eines Raumes unter einer Platte versteckt worden. Allerdings ließ sich damit kein Muster mehr herstellen, obwohl einige Teile offenbar spiegelbildlich komponiert waren. Nicht nur Ornamente waren in dieser Weise in die Möbel eingelegt, sondern sie trugen auch figürlichen Schmuck. So fand sich beispielsweise ein winziges Löwengesicht aus Türkis; mehrfach sind Köpfe der übelabwehrenden ägyptischen Gottheit Bes zutage gekommen, aus Türkis und aus Fritte, ferner Teile von Bärten aus Lapislazuli usw. In Elfenbeinstückchen waren Vertiefungen in Form eines Miniatur-Löwen eingelassen und dieser dann noch viel kleinteiliger mit Gold eingelegt, wovon noch Reste vorhanden sind. Goldobjekte waren andererseits mit Türkis oder Intarsien aus anderen Materialien versehen. Eine Feder aus opakem, rotem Glas mit grüner Oberfläche stammte möglicherweise von einem Ahuramazdā-Symbol. Wie bunt diese dargestellt zu werden pflegten, konnte an den Farbspuren der Reliefs vom Tripylon re-
Taf. 24 konstruiert werden. In leuchtenden Rot- und Grüntönen sind die Federn wiedergegeben, auf ihren Enden sitzen blaue und rote "Augen". Die Ränder waren noch besonders durch eine Goldfarbe hervorgehoben. Vergleichbare farbenprächtige Einlagen, aus Edelsteinen und Gold bestehend, müssen sich auch auf Möbelstücken und Kästchen befunden haben.

Ähnlich wie die Beine der Throne sahen auch die der kostbaren Ruhelager aus. Ein heute verschollenes Elfenbeinrelief, das in Demetrias in Griechenland gefunden worden ist, zeigt einen in persische Tracht gekleideten Mann auf einem solchen Bette liegend[106]. Die Klinenbeine bestehen ebenfalls aus vielen runden Knäufen. Herodot berichtet (IX 80), daß die Griechen nach der Schlacht bei Platää gold- und silberbeschlagene Betten im Lager der Perser gefunden hätten. Auch ein Diphros (Hocker), den die Griechen von den Persern erbeutet und auf der Akropolis geweiht hatten, hatte silberne Füße[107]. Dagegen waren die Füße der Kline im Grab Kyros' d. Gr. in Pasargadae goldgetrieben[108]. "Die Perser waren die ersten", sagt Athenaios (Deipnosophistae II 48 d), "die sogenannte 'Bettenmacher' eingesetzt haben, um die Schönheit und Weichheit ihrer Lager zu sichern". So schickte auch Artaxerxes, der Timagoras ein außergewöhnlich schönes

[106] Polemon 3, 1947-48, 89 Abb. 20.
[107] Demosthenes XXIV 129.
[108] Arrian, Anab. VI, 21; nach Strabo XV 3,7 eine goldene Kline.

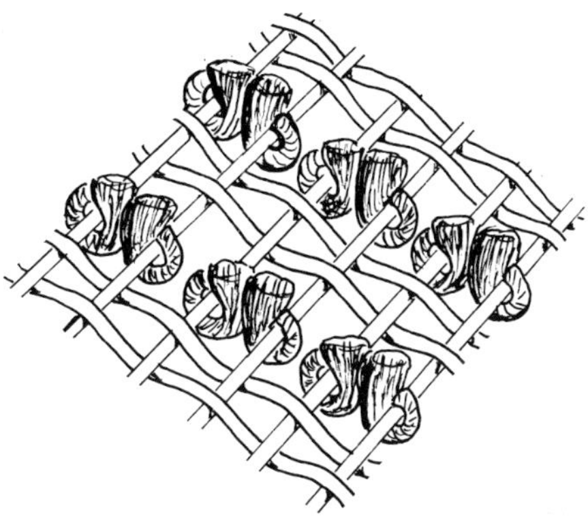

Abb. 146 Der sog. türkische Knoten

Abb. 147 Satteldecke aus Filz mit farbigen Applikationen, die in einem Grab in Pazyryk gefunden wurde

und großes Zelt und dazu eine Kline mit silbernen Füßen geschenkt hatte, zu diesem noch reiche Auflager und einen Sklaven, der sie darüber breiten sollte, da Artaxerxes annahm, daß die Griechen nicht wüßten, wie man ein Bett macht (a.O. 48 d–e). Auch über das Aussehen solcher Lager berichtet Athenaios (V 197b): "Auf den Klinen waren purpurne Decken ausgebreitet, aus feinster Wolle hergestellt, mit einem Polster auf beiden Seiten; und über ihnen waren Bettdecken, in feinster Art bestickt. Weiche persische Teppiche bedeckten den Raum in der Mitte, den die Füße betraten, mit wundervollen Mustern von Figuren, die mit feinster Kunstfertigkeit in sie hineingewebt waren".

Nur ein einziges Original von einem solchen Teppich ist uns erhalten geblieben. Es ist in einem skythischen Grab in Pazyryk in Südrußland *Taf. 25* im Altai–Gebirge, unmittelbar an der chinesischen Grenze, gefunden worden[109]. Dort waren die Gräber reicher skythischer Stammesfürsten in ewiges Eis gebettet, so daß der Inhalt wunderbar bewahrt geblieben ist. Der fast vollständig erhaltene Teppich war 1,8 x 2 m groß. Er ist im sog. türkischen Knoten geknüpft, d. h. daß der Faden um zwei Spannfäden gelegt und dann in ihrer Mitte durchgezogen wird, so daß ein richtiger, fester Knoten entsteht. Auf einen dm^2 kommen etwa 2600 Knoten, das sind insge- *Abb. 146* samt 1.250.000 Knoten, die fleißige Hände knüpfen mußten, bis der Teppich

[109] Rudenko I Abb. 174 f. Sehr schöne Aufnahmen in Rudenko II, Abb. 31–33.42.

fertig war[110]. Das Innenfeld des Teppichs zeigt ein fortlaufendes Muster von aneinandergefügten Quadraten, in denen jeweils eine Blüte sitzt *(Taf. 25)*. Eingefaßt wird dieser Teil von einer Borte mit geflügelten Fabelwesen in einzelnen kleinen Feldern. Dann folgt eine breitere Zone mit äsenden Damhirschen, auf diese eine Borte mit aneinandergereihten Blüten, die in ihrer Form denen im Mittelteil entsprechen. Am aufwendigsten ist die darauf folgende breite Borte mit Reitern. Jeder von diesen Reitern ist verschieden wiedergegeben. Abwechselnd führen sie ihr Pferd am Zügel oder sind aufgesessen. Die Pferde haben Decken über ihre Rücken gebreitet. Und selbst jede dieser winzig kleinen Decken zeigt nicht nur unterschiedliche Farben, sondern auch Muster[111]. Dafür, wie solche Pferdedecken in Natur ausgese-
Abb. 147 hen haben, kann man in demselben Grab sehr schöne Beispiele finden[112]. Sie bestehen aus Filz mit farbigen Applikationen. Zusammen mit den Pferden sind diese Decken dort begraben worden. Den äußersten Rand des Teppichs bildet wiederum eine Borte mit geflügelten Fabelwesen in kleinen Feldern. Auf die seltsamen Mischwesen, die in der iranischen Kunst allenthalben begegnen, spielt z.B. Aristophanes in seinen "Fröschen" an (927–938), wenn er den Dichter Euripides sagen läßt: "Kein Hahn–Pferd in meinen Spielen, bei Zeus, keinen Ziegen–Hirsch werdet ihr sehen, solche Figuren wie in den medischen Wandgehängen (Parapetasma) gezeichnet werden".

Wenn man sich die Reliefs in Persepolis genau anschaut, so kann man feststellen, daß das Tuch, das vom Sitz des Königs herabhängt, mit ganz feinen Ritzzeichnungen versehen ist. Sie zeigen, daß diese Decke in ähnlicher Weise wie der Teppich aus Pazyryk geschmückt ist. G. Tilia hat eine Rekonstruktionszeichnung von der Throndecke der westlichen Türlaibung
Abb. 148 der westlichen Tür im Norden des Hundert–Säulen–Saales angefertigt[113]. Dort kann man im Mittelfeld etwa die gleichen quadratischen Felder mit Blüten erkennen. Sie werden hier aber noch von Blütenrosetten umgeben. Die äußere Borte bilden schreitende Löwen, ein im Zusammenhang mit dem König immer wiederkehrendes Motiv. Ursprünglich waren diese Muster mit leuchtenden Farben auf die Reliefs gemalt, die Einritzungen waren nur die Vorzeichnungen dazu. Hier saß der König also offenbar auf einem kleinen Teppich. Derartige Prachtstücke wurden sicher auch in den königlichen Hofmanufakturen der Schatzhäuser hergestellt. Und ein solcher Teppich ist als wertvolles Exportgut bis zu den Fürsten der Skythen

[110] Beim Teppich aus dem Baschadarsker Hügelgrab sind es 5000 Knoten pro dm^2.
[111] Rudenko II Abb. 34.
[112] Rudenko I Abb. 160–162.
[113] Ganz ähnlich auch Decke von südlichen Türlaibung des östlichen Tores, Tilia II Fig. 4.

Abb. 148 Teppich auf dem Thron des Königs

0 1 2 3 4 5 10 cm.

gelangt. Daß diese überaus wohlhabend gewesen sein müssen, zeigt sich an fast allen ihrer Grabbeigaben. Darunter befindet sich beispielsweise eine seidene Decke, reich mit bunten Vögeln bestickt, die aus China gekommen ist. Zu den persischen Importstücken gehört auch ein Bruststück einer Pferdeschabracke, in das die gleichen schreitenden Löwen eingewebt sind, die auch auf dem Thronteppich des Königs erscheinen[114]. Selbst das Dreiecksband der seitlichen Begrenzung stimmt überein. Auf einem Filz-Wandbehang sind Löwenköpfe appliziert[115], die unmittelbar an Beispiele erinnern, die die emaillierten Platten des großköniglichen Palastes in Susa geschmückt haben *(Abb. 42)*; auch hier bilden in beiden Fällen wieder die typisch achämenidischen Dreiecksborten die seitliche Begrenzung[116].

[114] Rudenko I Abb. 177; Rudenko II Abb. 71.

[115] Rudenko I Abb. 148a; Rudenko II Abb. 52.

[116] Auf die in diesen Gräbern gefundenen persischen Stoffe wird noch im Zusammenhang mit der Kleidung einzugehen sein.

Abb. 149 Silberfigürchen aus dem Oxus-Schatz (Originalgröße)

5. Kleidung

Typisch für die achämenidische Zeit ist ein langes Faltengewand, das auf den Darstellungen immer wieder begegnet und das auch der König trägt. Xenophon[117] berichtet, Kyros habe dieses Gewand von den Medern übernommen und auch seine Verbündeten (koinōnes) davon überzeugt, es zu tragen, "denn es schien ihm, daß, wenn jemand einen persönlichen Fehler hatte, dieses Gewand ihm helfen würde, ihn zu verbergen, und es ließ die Träger schöner und größer erscheinen" . Nach dieser Beschreibung denkt man natürlich sofort an das weite Faltengewand, das bis zum Boden reicht *(Abb. 44.45.81.85.89.90)*. Doch nach allem, was wir wissen, wurde diese Gewandform von der Bekleidung der Elamer abgeleitet[118], die beispielsweise auch auf den Reliefs des Apadāna ein solches Faltengewand tragen. Doch *Abb. 51.52* war es bei den Elamern ursprünglich noch ein sehr viel weniger aufwendiges Kleidungsstück, das nicht die üppige Weite besaß, zu der es sich dann unter den persischen Großkönigen entwickelte. Der letzte Schritt in dieser Entwicklung wurde wohl erst unter König Dareios getan, wie man sogar an den Reliefs ablesen kann. Auf dem Relief in Bisotun tragen der König, ebenso wie die dort abgebildeten Perser, der Magier Gaumāta und auch der Elamer Assina ein Gewand, das seitlich vier Faltenzüge zeigt und nach vorn und hinten im Bogen herabfällt *(Abb. 5.6. Taf. 3)*. Doch sind die seitlichen Falten sehr dünn, die Stoffbahnen nach vorn und hinten hängen nur leicht durch. Die Ärmel bilden einen glatten Bogen ohne Gliederung. Eine Vorstufe zu diesem Gewand zeigt wohl ein kleines Silberfigürchen (14,8 cm hoch), das mit zu dem sog. Oxusschatz im Britischen Museum in London gehört. Dort *Abb. 149* scheint nur eine Gewandbahn um den Unterkörper herumzuführen, die vorn in der Körpermitte zusammengenäht ist. Auf den Türgewänden des Palastes P in Pasargadae schreitet König Kyros, begleitet von einem Diener, aus der Tür. Nur ihre Unterkörper haben sich erhalten. Zu beiden Seiten *Abb. 150* einer breiten Faltenpartie hängt ihr Gewand in einem Bogen nach unten. Die Unterkörper sind offenbar genau in Seitenansicht wiedergegeben, denn die Bögen scheinen im Hintergrund wieder nach oben zu führen, dort saß also wohl die genau gleiche Faltenpartie auf der anderen Seite des Körpers. In eben dieser Weise ist König Dareios auf seinem Grabe am Felsen von Naqsh-e Rostam dargestellt. Hier kann man auch den Ärmel erkennen, der *Abb. 199* nunmehr in fünf Falten gelegt ist. Die Ausführung des Kyros–Gewandes

[117]Kyr. VIII 1,40; zur Einführung der medischen Tracht auch VIII 3,1–5.

[118]Hinz, AiFF 70 ff.; P. Calmeyer, AMI 21, 1988, 27 ff.; B. Goldman, IrAnt 4, 1964, 133 f., sieht Vorläufer auf nordiranischen Silberarbeiten.

Abb. 150 König Kyros d. Gr., begleitet von einem Diener; Relief aus dem Palast P in Pasargadae

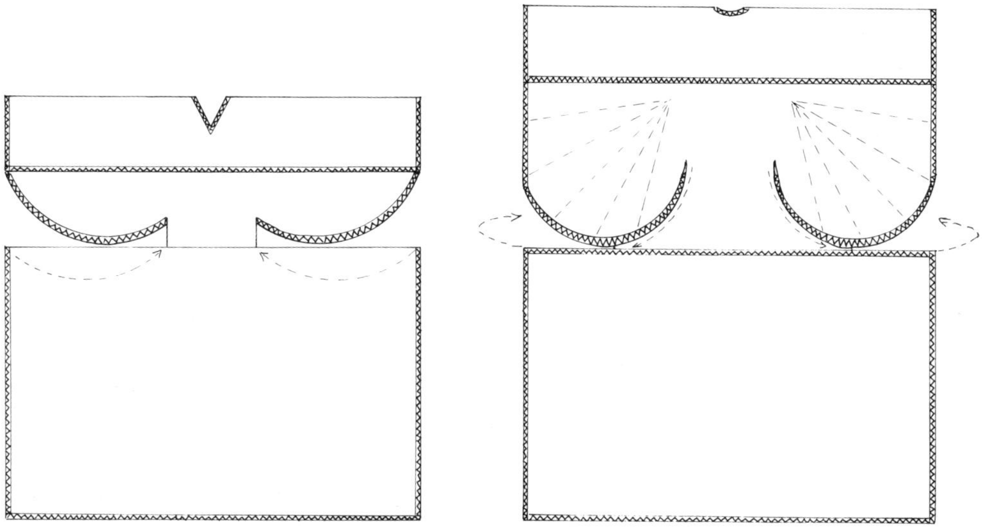

Abb. 151 Zuschnitt des achämenidischen Faltengewandes links: Vorderseite, rechts: Rückseite

in Pasargadae ist also ein Anhaltspunkt dafür, daß diese Reliefs erst unter Dareios gearbeitet worden sind.

Auf den Reliefs von Persepolis haben wir dann das Gewand in vollendeter Ausführung. Man sieht deutlich, daß es gegenüber dem Relief von Bisotun viel stoffreicher geworden ist, zwei üppige Faltenpartien sind nach vorn in Höhe der Oberschenkel gerückt worden, damit so beim Ausschreiten eine möglichst große Beinfreiheit gewährt wird. Bei einigen der Beamten und Adligen ist der Körper in Vorderansicht gedreht, so daß man die Anordnung genau erkennen kann. Zwischen beiden Faltenpartien hängt vorn *Abb. 85.106* eine Stoffbahn in kurzen, spitzen Falten herab, nach hinten ziehen sich große Bögen. Auch die Ärmel sind noch weiter geworden und zeigen jetzt die fünf Falten, die vom Rücken her nach unten laufen, in perfekter Ausführung *(Abb. 44.45)*. Dieses ist von nun an die gültige Form des achämenidischen Hofgewandes.

Schon oft hat man sich Gedanken darüber gemacht, wie dieses Gewand nun eigentlich hergestellt worden ist. Die Vorschläge schwanken zwischen einem einfachen Stück Stoff in doppelter Körperlänge und in der Breite der ausgestreckten Arme, in das nur ein Loch für den Kopf geschnitten wurde, bis hin zu einem komplizierten zweiteiligen Meisterstück des Schneiderhandwerks[119].

Schauen wir uns diese Kleidung doch einmal näher an! Auf den Reliefs aus emaillierten Ziegeln in Susa stehen ganze Reihen von königlichen Garden in *Taf. 7* eben diesem Gewand. Hier ist es durch die farbliche Gestaltung besonders schön zu erkennen. Es besteht jeweils aus drei verschiedenen Stoffpartien, die alle durch Borten voneinander getrennt sind. Diese Borten fassen auch alle Säume und Kanten ein. Die oberste Stoffpartie liegt auf den Schultern auf. Sie führt von einem Handgelenk zum andern, in der Mitte ist der Halsausschnitt eingefügt. Vorn endet sie oben quer über der Brust, auf dem Rücken in Höhe der Schulterblätter. Nach unten schließt sich eine einfarbige Partie an. Vorn reicht sie bis in Höhe der Taille, aber hinten führt sie noch weiter hinunter bis unterhalb der Glutäen. Besonders an der abschließenden Borte kann man deutlich erkennen, daß der Stoff nach vorn hochgenommen wird, wodurch tiefe Faltenschwünge entstehen. Unten folgt wieder eine gemusterte Partie, die vorn und hinten gleich lang ist. Doch an den Stellen, wo sie seitlich zusammengenäht ist, die durch die Borten sehr schön zu erkennen sind, ist der untere Saum kürzer. Dieses Bild kann nur entstehen, wenn man den Stoff an den Nähten hochnimmt. Die hinteren Faltenschwünge weisen darauf hin, daß er auch gleichzeitig nach vorn genommen worden ist. Es wurden also die unteren Stoffpartien seitlich zusammengenäht, noch *Abb. 151* gesondert in Falten gelegt und nach vorn und oben gezogen[120]. Damit diese Falten so exakt fallen, wie es die Reliefs in Persepolis zeigen, müssen sie an ihrem oberen Rand festgenäht werden. Die vordere Stoffmenge wird eng zusammengenommen und fällt daher in spitzen Tütenfalten nach unten, während nach hinten große Schwünge um den Körper herumführen. Dieser Faltenfall ist besonders klar an der rundplastischen Dareiosstatue in Susa *Abb. 106* zu erkennen[121].

Wir haben also ein Gewand, das aus drei verschiedenen Stoffen zusammengesetzt ist, wobei sich bei dem der Wachen in Susa oberer und unterer Stoff im Muster entsprechen. Es hat die Breite der ausgestreckten Arme, ist hinten aber wegen der verlängerten Partie über den Glutäen länger als vorn. Durch diesen Zuschnitt sind auch die Ärmel hinten sehr viel weiter als vorn. Dieses Übermaß an Weite wird durch die eingebügelten Falten aufgefangen, die vom Rücken her in die große Rundung der hinteren Ärmelteile laufen.

[119] A. Roes, Bibliotheca Orientalis 8, 1951, 137 ff.

[120] Diese Anordnung hat auch schon P. Beck erkannt (IrAnt 9, 1972, 116 ff.), doch ist ihre Rekonstruktion in den Details zu verbessern.

[121] Der mittlere Steg auf dem Rücken ist Statuenstütze und gehört nicht zum Gewand, dessen Schwünge darunter durchlaufen.

So enden beide Ärmelteile auf etwa gleicher Höhe. Damit diese Falten auch
schön fallen, ist ein kleines Gewicht an der untersten angebracht. Besonders
deutlich kann man die Rundung des vorderen Ärmelteils sehen, wenn die
Ärmel auf die Schulter hochgelegt sind. Dieses ist immer dann der Fall,
wenn der Träger des Gewandes Bewegungsfreiheit braucht. So zeigen alle
Reliefs, die einen Helden im Kampf gegen ein Untier darstellen, diesen mit
"hochgekrempelten" Ärmeln. Auf den Reliefs sind sie fein säuberlich in Fal- *Abb. 91*
ten über die Schultern gelegt, unterhalb der Taille sieht man aber dabei die
Innenseiten des Ärmelsaums des vorderen Teils ganz freiliegend. Der hin-
tere wird überdeckt von einem Faltenbausch, denn der Held hat zusätzlich
seinen langen Rock geschürzt, um freier ausschreiten zu können. Auch bei
dem thronenden König sind der innere Saum des vorderen Ärmelteils und
die in Falten gelegte größere Rundung des hinteren klar zu erkennen. *Abb. 45*
Um die Taille herum ist eine große Stoffülle vorhanden, die geordnet wer-
den muß. Sie wird gemeistert, indem nach vorn und hinten Falten eingelegt
werden, die gleichzeitig den korrekten Fall des Gewandes sichern. Mit dem
Gürtel allein könnte man all diese Stoffmassen nicht bändigen und schon
gar nicht einen derart geordneten Fall bewirken.

Ähnlich wie das Gewand der Garden auf den Ziegelreliefs in Susa sah
auch das des Großkönigs aus. Auf den Reliefs im Palast des Königs Dareios
und besonders deutlich auch auf denen im Palast des Xerxes haben sich
Ritzungen auf den Gewändern erhalten, die als Vorzeichnungen für die Be-
malung dienten. So kann man sich ein genaues Bild vom königlichen Ge-
wand machen. Auch dieses bestand aus drei verschiedenen Stoffen, doch *Abb. 152*
war hier der einfarbige Teil unten. Er ist purpurrot gefärbt. Die Stoffpartie
auf den Schultern zeigt ein reiches Blütenmuster, dessen in ein Rund ein-
gefaßte Blüten aus kleinen Dolden und Blättern zusammengesetzt sind. Das
Muster des mittleren Teils weicht etwas ab, es zeigt eine hervorgehobene Lo-
tosblüte im mittleren Rund und ein Blätterornament im Kreis außen herum.
Die einzelnen Stoffpartien sind rings mit Borten eingefaßt, desgleichen der
Halsausschnitt. Hier schreiten beim königlichen Gewand rote Löwen auf
blauem Grund entlang. Es sind dieses dieselben Löwen, die uns schon beim
Baldachin über dem Haupte des Königs bei der Audienzszene am Apadāna
und als Randborte des Teppichs, auf dem der König sitzt, begegnet sind. *Abb. 49.148*

Ob die Muster auf der Kleidung des Königs in Brokattechnik eingewebt
oder, wie bei den chinesischen Seidenstoffen, aufgestickt sind, können wir
nicht entscheiden, auch nicht, aus welchem Material das Gewand hergestellt
worden ist. Eines ist jedoch gewiß, es muß überaus kostbar gewesen sein.
Nicht umsonst werden die persischen Gewänder bei den griechischen Schrift-

Abb. 152 Das Gewand des Königs Xerxes; rekonstruiert nach den Einritzungen auf einem Relief im Harem

stellern immer wieder unter den Artikeln des größten Luxus aufgeführt und galten Kleider, die vom König verschenkt wurden, als höchster Gunstbeweis. So schreibt Xenophon in der Kyroupaideia (VIII 2,7–8): "Es war daher Kyros, der die Sitte, überreiche Gaben auszuteilen, einführte, und unter den Königen wird es bis zum heutigen Tag fortgesetzt. Denn wer konnte reichere Freunde zeigen als der persische König? Wen kennt man, der seine Freunde mit schöneren Kleidern schmücken konnte als der König?" In der Anabasis berichtet Xenophon u.a., daß der jüngere Kyros Syennesis, dem Verwalter von Zypern, als Geschenk ein Pferd mit goldverzierten Zügeln, ein goldenes Halsband und Armreifen, einen goldenen Dolch und ein persisches Gewand schenkt (I 2,27). Aelian zählt als Geschenke für Gesandte, die zum Großkönig kommen, folgendes auf: "Einem jeden ein babylonisches Talent gemünzten Silbers und zwei silberne Schalen im Werte eines Talentes. Das babylonische Talent entspricht 72 attischen Minen. Er gab aber auch Armbänder, einen Dolch und eine Halskette, diese zusammen im Werte von 1000 Dareiken, und dazu ein medisches Gewand. Das Gewand aber hat den Namen *dōrophorekē* ('als Geschenk dargebracht')" (I 22). Und selbst Alexander greift diesen Brauch auf, als er bei einem Wettkampf dem Sieger, der unter dem Namen "Alexander" gekämpft hat, als Belohnung zwölf Dörfer schenkt und ihm das Recht verleiht, das persische Gewand zu tragen! (Plutarch, Alexander 31,2). Auch unter den unermeßlichen Schätzen, die Alexander in den Schatzhäusern des Großkönigs gefunden haben soll, werden neben den Mengen an Gold und Silber und den reichen Möbeln immer wieder die kostbaren Kleider erwähnt, "und viele reiche Kleider, gefärbt mit Seepurpur oder mit Goldstickerei wurden der Preis der Sieger", so beispielsweise Diodorus Siculus (XVII, 70,3). Und Tertullian[122] spitzt die Aussage noch zu: "Alexander eroberte das medische Volk und wurde erobert von der medischen Kleidung".

Die Frauen, die in den Schneidereien der großköniglichen Hofmanufakturen in den Schatzhäusern arbeiteten, erhielten ihren Lohn je nachdem, ob sie "einfache Gewänder", "feine Gewänder" oder "superfeine Gewänder" anfertigten. Unter der höchstbezahlten Gruppe finden sich auch einige Männer als Schneider, sie sind aber zahlenmäßig weniger als die Frauen. Diese Gruppe war offenbar für die Anfertigung der Gewänder des Großkönigs und der von ihm als Ehrengaben zu verschenkenden Kleider zuständig. Sie stehen auf der gleichen Lohnstufe wie die Kunsthandwerkerinnen, indem sie monatlich 40 Liter Gerste und 10 Liter Wein erhalten. Das ist das Doppelte einer monatlichen Mindestration für Frauen, Wein ist dabei gar nicht regelmäßig vorgesehen.

Es ist durchaus möglich, daß in der großköniglichen Hofschneiderei auch Seide verarbeitet worden ist. In China wurde sie seit alters hergestellt, doch bewachte man die Seidenkokons streng, so daß sie nicht außer Landes gebracht werden konnten. In dem bereits erwähnten Grab 5 in Pazyryk sind neben persischen Importstoffen auch eine chinesische Seidendecke mit feiner Stickerei und weitere Seidengewebe gefunden worden. Sicher wußten auch die persischen Könige, sich in den Besitz dieses begehrten Materials zu bringen. Zudem wurde in Indien bereits seit dem Beginn des 1. Jahrtausends, vielleicht sogar noch früher, Wildseide[123] gewonnen, desgleichen in

[122] H.-J. Hundt, Jahrbuch d. Röm.-Germ. Zentralmuseums Mainz 16, 1969 (1971), 65.
[123] Aus Tussahkokons, einer Schmetterlingsart.

Abb. 153 Wachsoldat von einem Ziegelrelief aus Susa

Abb. 154 Gobelin-Stoff aus Pazyryk. Vornehme Damen mit Dienerinnen an einem Weihrauchgefäß

Assyrien[124]. In Athen wurden in einem Grab des 5. Jhs. v.Chr. Reste von Seidenstoffen gefunden[125]. Sie können eigentlich nur über die Vermittlung der Perser dorthin gelangt sein. Somit ist wohl anzunehmen, daß die Perser Seide kannten und für ihre kostbaren Kleider verwandten.

Außerdem hat man sicher Wolle zur Herstellung der Gewänder benutzt, vielleicht fielen diese unter die Rubrik "feine Gewänder". Aus Wolle sind die persischen Importstoffe, die in den Gräbern von Pazyryk gefunden wurden. Sie sind in Gobelintechnik gewebt, mit reichen Mustern darin. Auf das Motiv mit den Löwen wurde schon oben hingewiesen; außerdem hat sich ein Stoff erhalten, der kleine Felder mit Festungen zeigt, die mit Zinnen geschmückt sind. Genau den gleichen Stoff tragen auch einige der königlichen
Abb. 153 Soldaten auf den Ziegelreliefs in Susa[126]. In einen anderen Stoff sind Frauen
Abb. 154 mit ihren Dienerinnen, an einem Weihrauchgefäß stehend, eingewebt.

Sehr kostbare Gewänder wurden auch aus Baumwolle hergestellt. Teilweise waren sie so fein gesponnen, daß sie der Seide ähnelten. Baumwolle wurde ursprünglich in Indien gewonnen. "Die wilden Bäume tragen dort als

[124] Hundt a.O. 64.

[125] Das Grab stammt wohl aus der Familie des Alkibiades, Hundt a.O. 66.

[126] Aristoteles, de mirab. Ausc. 96, spricht von einem Gewand, auf dem Susa und Persepolis abgebildet sind.

Frucht Wolle, die an Schönheit und Qualität die Schafwolle übertrifft; und die Inder tragen Kleidung von diesen Bäumen" (Herodot III 106). Schon recht früh muß sich der Baumwollanbau nach Westen ausgebreitet haben. So wuchs auch in den feuchtwarmen Niederungen Persiens die Baumwolle. Besonders berühmt war die von der Insel Tylos im persischen Golf. "Auf einem höheren Teil der gleichen Insel wachsen wolletragende Bäume ... Sie tragen kürbisähnliche Früchte von der Größe einer Quitte, die bei der Reife springen und wollartige Knäuel zeigen, aus denen man Kleider von kostbarem Gewebe macht" (Plinius n.h. XII 38). Die Perser haben sogar einen Monat nach der Baumwolle benannt, und zwar den sechsten, der unserem September entspricht. In diesem Monat wurde die Baumwolle geerntet. Er heißt **karpasya-* "der der Baumwolle"[127], von altindisch *karpâsâ*. Die Griechen übernahmen mit der Baumwolle auch das Wort, *karpasos*. Außer für die Herstellung von Stoffen wird man die rohe Baumwolle auch zum Füllen der Polster und Kopfkissen benutzt haben.

Des weiteren wurden Gewebe aus Leinen hergestellt, das also aus Flachs gewonnen wurde. Herodot (III 47) berichtet, der ägyptische König Amasis (um die Mitte des 6. Jhs. v.Chr.) habe den Lakedaimoniern einen Brustpanzer aus Leinen geschenkt, bei dem jeder Faden aus 360 feinsten Fäden bestanden habe, die alle einzeln zu erkennen gewesen seien. In ihn seien Tierfiguren eingewebt, und außerdem sei er mit Gold und Baumwolle geschmückt gewesen. Auch aus Mesopotamien hören wir von Leinenherstellung, große Manufakturen sollen beispielsweise in Borsippa bestanden haben (Strabo XVI 1,7).
So können wir uns eine breite Skala von verschiedensten Stoffen in ganz unterschiedlicher Ausführung vorstellen, aus denen die persischen Gewänder hergestellt wurden, von den "einfachen" bis hin zu den "superfeinen".

Zu dem langen Faltengewand trug man Schuhe mit drei Nestelungen. *Abb. 155*
Sie kommen nur im Zusammenhang mit dieser Tracht vor. Lediglich die des Königs und des Kronprinzen sind ohne jeden Verschluß *(Abb. 143)*. Vielleicht bestanden sie aus so feinem Leder, daß man ganz bequem hineinschlüpfen konnte. Farbreste, die an den Reliefs im Dareios-Palast gefunden wurden, zeigen, daß die Schuhe sowohl des Königs als auch seines Dieners rot waren[128]. Die Elamer tragen auf den Reliefs ganz ähnliche Schuhe, doch *Abb. 51.52*
sind sie immer höher, als kleine Stiefelchen ausgebildet und haben sechs Nestelungen.

[127] *d.qa-ir-ba-ši-ya-iš* und Varianten, ElW 416.

[128] Tilia II 56 f. Möglicherweise waren die Schuhe des Königs sogar rot-blau gestreift (P. Calmeyer, AMI 22, 1989, 133).

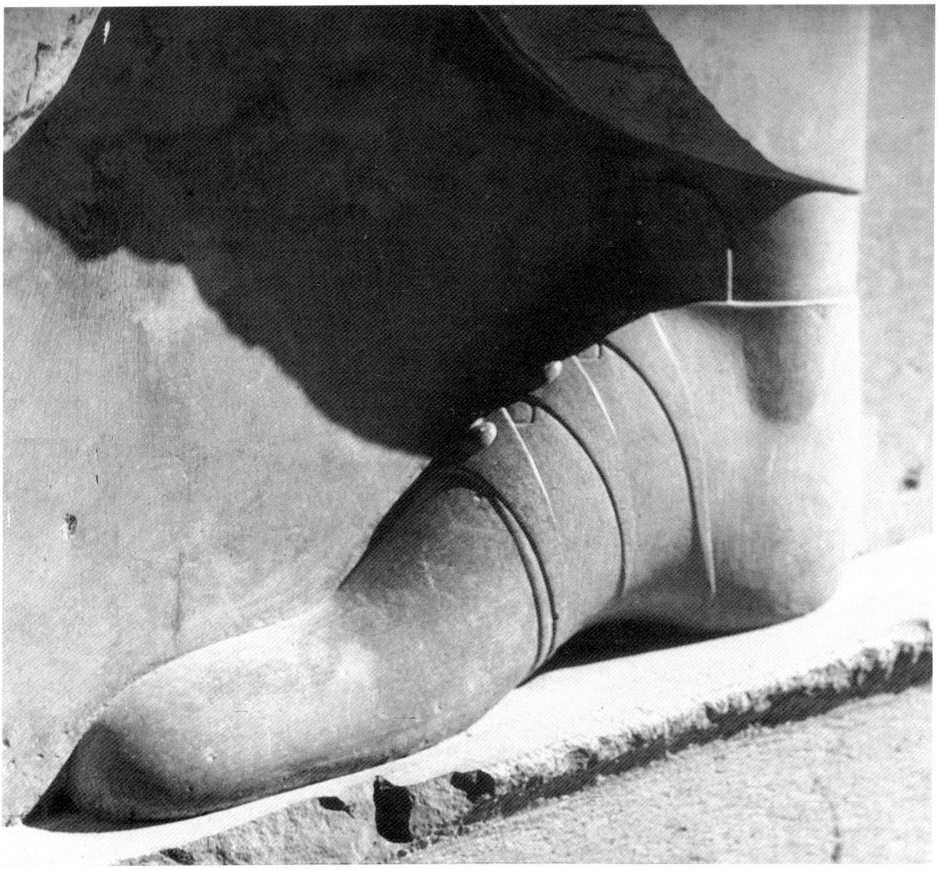

Abb. 155 *Persischer Schuh mit drei Nestelungen, von einem Relief mit königlichem Helden im Hundert-Säulen-Saal*

Als Kopfbedeckung dient König Dareios auf dem Relief von Bisotun ein Goldreif mit Zinnenbekrönung *(Taf. 3. Abb. 5.6)*. Dieser Reif ist auf der Darstellung des Grabes in Naqsh-e Rostam breiter, war aber sonst wohl ähnlich ausgeführt *(Abb. 199)*; allerdings haben wir Einzelheiten der Verzierung hier nicht mehr erhalten. Noch höher ist die Krone, die Dareios auf den Reliefs in seinem Palast trägt. Aber auch sie zeigt als oberen Abschluß das Zinnenband. Wie die Einlaßspuren beweisen, war die Krone ursprünglich mit einer Edelmetall-, vermutlich einer Goldfolie bedeckt *(Abb. 88.89)*. Ähnlich müssen wir uns die Gestaltung der Krone auch auf den

Audienzreliefs aus dem Zentrum der Apadānatreppen vorstellen[129]. Dort lassen sich keine Einzelheiten mehr erkennen, vermutlich war die Ausgestaltung nur in Bemalung vorgenommen. Ob auch hier am oberen Abschluß ein Zinnenrand gemalt war, können wir nicht mehr sagen[130]. Unter Xerxes und Artaxerxes wird diese Krone teilweise noch höher, teilweise erhält sie oben einen vorspringenden Rand[131]. Solch eine Kopfbedeckung zeigt auch das kleine Silberfigürchen aus dem Oxusschatz. Und dort sind auf diesem vorspringenden Rand Zinnenmuster angegeben. Zudem hat der Mann noch ein Diadem um seinen Hut gebunden. *Abb. 149*

Kronen mit Zinnenmuster waren nicht nur dem König vorbehalten. Beispielsweise hat einer der Diener auf den Reliefs des Dareios–Palastes eine solche auf dem Kopf[132], und auch Frauen sind häufig mit dieser Kopfbedeckung dargestellt. So tragen sie unter anderem die Damen auf dem in Pazyryk gefundenen persischen Stoff und sogar deren Dienerinnen *(Abb. 154)*. Auch Damen auf Siegelbildern schmücken sich mit Zinnenkronen *(Abb. 174)*. Auf Siegeln begegnet diese Kopfbedeckung überhaupt sehr häufig, bei einer ganzen Reihe von Bogenschützen oder Helden, die — nach Vorbild der Reliefs in Persepolis — gegen Untiere vorgehen. Vielfach werden alle diese Darstellungen für solche des Königs gehalten. Daß dieses nicht zutreffen kann, zeigt allein schon ein Siegel, das drei Männer mit Zinnenkronen nebeneinander abbildet[133]; es kann sich wohl kaum um drei Könige handeln. Auch Sphingen werden gern mit einer Zinnenkrone geschmückt[134].

Ganz entsprechende Kopfbedeckungen wie König und Kronprinz tragen auch alle Beamten, die die Delegationen an der Ostseite des Apadāna einführen und dabei in das Faltengewand gekleidet sind. Die wachhabenden Soldaten und die Beamten im Rücken des Königs sind dagegen mit einer Federkrone geschmückt. Diese Kopfbedeckung ist ebenfalls von den Elamern übernommen worden. Auf vielen assyrischen Reliefs kann man die Elamer sofort an ihren Federkronen erkennen. *Abb. 85*

Auch die "Apfelträger" der königlichen Leibwache, die mit ihren Lanzen aufmarschiert sind, tragen das lange Faltengewand. Doch haben sie ledig-

[129] Vermutlich ist es diese Art von Kopfbedeckung, die von den Griechen Kitaris genannt wurde; Ktesias, FGrHist 688 F 15,50.

[130] Es wäre aber durchaus denkbar, wie die Einritzungen bei der Kopfbedeckung eines Adeligen von der Nordtreppe des Tripylon zeigen können: M. Roaf, Iran 21, 1983, Fig. 132 (unten Mitte).

[131] z.B. Tilia II pl. 37 fig. 47.

[132] Tilia II Fig. 10

[133] Paris, Louvre, Boardman Nr. 877.

[134] z.B. Boardman Nr. 834. 837.

Abb. 81 lich ein gedrehtes Band um den Kopf geschlungen. Wegen dieses Bandes hat man in ihnen Elamer erkennen wollen[135]. Doch alle Darstellungen von Elamern zeigen diese mit einem schlichten Band, das hinten deutlich zu einer Schleife gebunden ist. Dieses Detail fehlt hier, und die Wachen tragen außerdem persische Schuhe. Es wird sich also auch bei ihnen um Perser handeln.

So malerisch das achämenidische Faltengewand auch aussehen mag, für weit ausgreifende Bewegungen, für Reisen, Jagd und Kriegführung, überhaupt für alle körperliche Arbeit im Freien und in den Manufakturen war es wenig geeignet. Daher trugen die Perser bei solchen Beschäftigungen Hosen zusammen mit einem entsprechenden Obergewand und einem Mantel.
Taf. 36 Hierbei handelt es sich um eine medische oder sogar eine allgemein iranische Kleidung. Denn so erscheinen auch die Armenier, Kappadokier und Skythen auf den Reliefs des Apadāna. Unter ihren Geschenken bringen sie ganze Garnituren dieser Tracht mit *(Abb. 50.57.62.68).* Bei diesen kann man deutlich sehen, daß sie aus drei Teilen besteht, einem Mantel, von den Griechen Kandys genannt, einem Obergewand mit Ärmeln (Chiton) und Hosen (Anaxyrides), die in ein Fußteil übergehen ("Strumpfhosen"). Vor der achämenidischen Zeit lassen sich Hosen überhaupt nicht nachweisen. Dazu trug man schlichte Halbschuhe, die vorn immer eine Schlaufe zeigen, also wohl mit einem Riemchen befestigt wurden.

Auf den griechischen Vasenbildern wird diese Tracht zum Kennzeichen für östliche Krieger (Barbaren) überhaupt, und Perser und Amazonen wer-
Abb. 133.156 den mit Vorliebe auf diese Weise dargestellt. Auf den griechischen Bildern wirken die Hosen häufig wie gestrickt und haben ein auffälliges Zickzackmuster. Daß auch die Hosen der Perser in der Persis tatsächlich so aussahen, zeigt das Fragment eines emaillierten Ziegels, das in Susa gefunden worden ist. Dort kann man gerade einen Schuh, wie er zur "medischen" Reitertracht gehört, sowie den Rest einer gezackten Strumpfhose erkennen[136]. Gleich daneben folgt ein persischer Schuh, der zu einer anderen Gestalt gehört. Wir müssen uns also bei den vielen persischen Beamten auf den Reliefs in Persepolis vorstellen, daß ihre Hosen mit bunten Mustern bemalt waren.

In gleicher Weise werden auch die bis auf die Knie reichenden Obergewänder mit eingewebten Mustern verziert gewesen sein. Reiche Borten zeigt beispielsweise eine Siegelabbildung in Boston[137]. Oft haben diese

[135] Hinz, AiFF 79.
[136] MDP 30, 1947, Fig. 26.
[137] Iran 8, 1970, Taf. 2 Nr. 18, Inv.-Nr. 01.7602.

Abb. 156 Ein Grieche besiegt eine Amazone, die mit einem typischen iranischen Reiterkostüm bekleidet ist

Obergewänder auch nur kurze Ärmel. Die Arme bedeckten Trikots, die in gleicher Weise gemustert sind wie die "Strumpfhosen". *Abb. 156*

Über all diese Pracht trug man dann die Mäntel, und sie müssen das Kostbarste gewesen sein. "Die teuersten Kleider ... waren die wertvollen persischen Mäntel. Sie waren von fester Webart und mit goldenen Plättchen übersät", sagt Athenaios (12, 525c). Von solchen Goldplättchen hat sich eine ganze Reihe erhalten, wenn auch die Stoffe, die sie einst geschmückt haben, vergangen sind. Goldknöpfe und -rosetten sind vereinzelt auch im Schatzhaus von Persepolis gefunden worden. Zwei sehr schöne kleine Löwenköpfe, aus dünnem getriebenem Goldblech, von einer derartigen Mantelverzierung sind heute im Museum in Karlsruhe zu sehen. Sie *Abb. 157* erinnern unmittelbar an die Darstellungen der Löwenköpfe auf den emaillierten Ziegeln aus Susa *(Abb. 42)*. Eine Fülle solcher goldenen Kleiderornamente ist in den Gräbern in Sardes gefunden worden. Als Sitz des persischen Satrapen gab es dort sicher eine Menge an kostbaren persischen Gewändern. Unter den Verzierungen finden sich auch gegenständige Sphingen unter einer geflügelten Sonnenscheibe. Den oberen Abschluß bilden Zinnen. Auf *Abb. 158* der Rückseite sind 20 winzige Ringe, mit deren Hilfe man die Plättchen am Stoff befestigen konnte. Andere Plättchen zeigen eine Gottheit in ei-

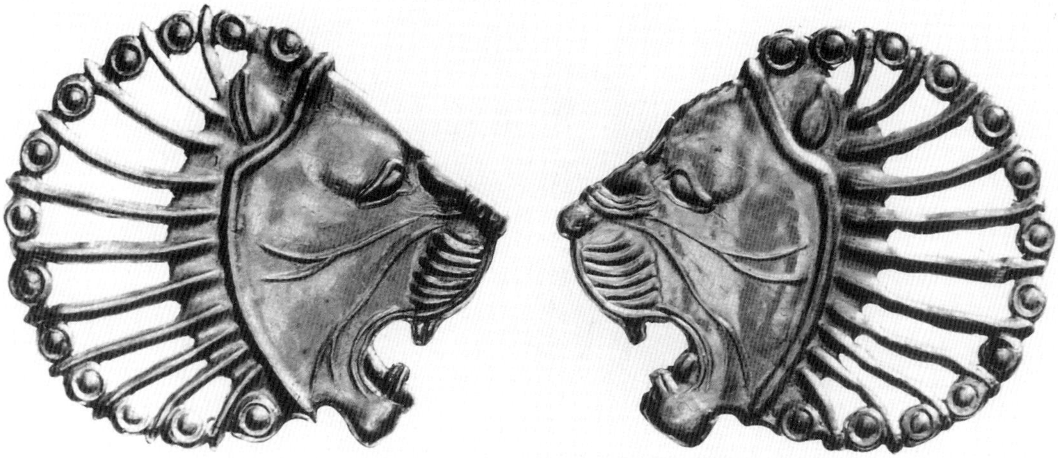

Abb. 157 Goldene Löwenkopfappliken (Originalgröße), die einst auf einen Mantel aufgenäht waren

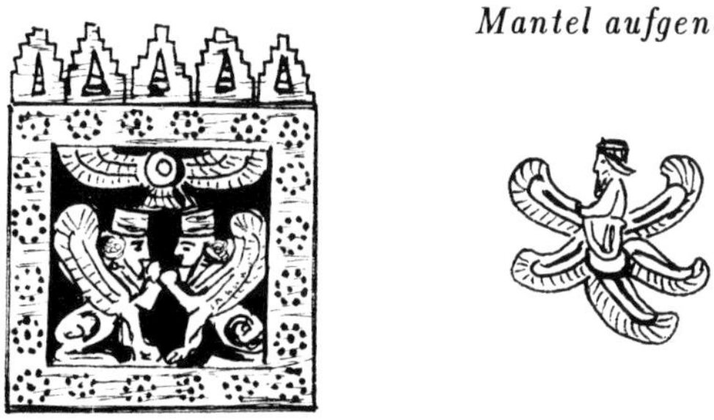

Abb. 158 Goldene Plättchen, die auf Stoff aufgenäht waren, aus Gräbern in Sardes

ner Mondsichel mit fünf Flügeln oder auch Palmetten–Lotosblüten, die auf Rosetten sitzen[138].

Als Kopfbedeckung trug man zur Reitertracht einen "Baschlik", der von den Griechen als "Tiara" bezeichnet wird. Dieser hatte bei den einzelnen Völkern des persischen Reiches etwas unterschiedliche Formen, wie man an den Apadāna–Reliefs sehen kann *(z.B. Abb. 50. 53. 54)*. Mit dieser Kopfbedeckung konnte man Kopf und Gesicht vor den Unbilden der Witterung, wie Sturm, Sandsturm oder Regen, schützen, indem man die langen Enden vor Mund und Nase zog. Diese Kopfbedeckung tragen auch die Magier beim Opfer, um nicht mit ihrem Atem das Feuer zu berühren, "indem sie vor das Feuer ihr Rutenbündel halten und um ihre Köpfe Tiaren aus Filz tragen, die über ihre Wangen herabreichen, weit genug, um auch ihre Lippen zu be-
Abb. 159 decken" (Strabo XV 3,15). Nach Strabo bestanden die Tiaren der Magier

[138] C. D. Curtis, Sardis XIII pl. I Nr. 1–3, Nr. 8, Nr. 12.

Abb. 159 Magier mit ihren Filzkappen, Detail von Abb. 193

Abb. 160 König Dareios auf dem Thron; Detail der apulischen Vase des sog. Dareios-Malers in Neapel

Abb. 161 Bronzefigürchen eines Persers

also aus Filz. Teilweise scheinen sie auch aus noch weicheren Stoffen hergestellt worden zu sein, da sie sich ganz eng an den Kopf anschmiegen. Nur der Großkönig war dagegen berechtigt, eine "aufrechte Tiara" zu tragen; Xenophon betont dieses immer wieder (Kyr. VIII 3,13; Anab. II 5,23), und Aristophanes (Vögel 486 f.) macht sich sogar darüber lustig, indem er den Hahn mit dem Großkönig vergleicht, wie er einherstolziert, "auf dem Kopf die Kyrbasia als einziger Vogel aufrecht tragend"[139]. Demnach muß die großkönigliche Tiara aus Leder gewesen sein, und zwar aus dem Bauchleder von Stieren, wie G. Seiterle zeigen konnte[140]. Der Hodensack der Stiere bildete die aufrecht nach oben stehende Rundung. Dieses Leder wurde sehr fest, so daß die Kopfbedeckung wie ein Helm wirkte. Vermutlich war die des Großkönigs auch mit aufgesetzten Goldteilen geschmückt, so daß sie Aristophanes mit dem Kamm des Hahnes vergleichen konnte. *Abb. 160*

Am Hofe des Großkönigs trug man zu der iranischen Reitertracht auch noch eine andere Kopfbedeckung. Es ist dieses ein kugeliger Hut, wie ihn beispielsweise der Hofmarschall auf dem Kopfe hat *(Abb. 17)*. An freipla-

[139] Hier Kyrbasia, was aber offensichtlich mit Tiara gleichzusetzen ist, s. Herodot V 49: "sie gehen in den Kampf mit Hosen an den Beinen und Kyrbasias auf ihrem Kopf".

[140] Antike Welt 16, 1985,3, 2 ff.

Abb. 161 stischen Figuren kann man erkennen, daß die Kappe tatsächlich kugelig ist. Diese Kopfbedeckung ist abgeleitet worden von der elamischer Könige und Prinzen und unter Dareios zu einer der hohen persischen Beamten und Adeligen geworden. Sie bestand wohl aus Fell; im Nacken war mit Hilfe einer kleinen Öse oder eines Knopfes ein Tierschwanz befestigt. Vermutlich wird man im Zuge der Prachtentfaltung bei Hofe auch diese Kappen noch mit goldenem Zierat besetzt haben. Auf den Reliefs war er nur in Bemalung wiedergegeben und ist uns daher verloren[141].

6. Schmuck

Zu all den reichen Gewändern gehörte als wesentlicher Bestandteil der Ausstattung eines vornehmen Persers noch etwas weiteres — Schmuck. So schenkt der Großkönig ganz selbstverständlich zusammen mit einem persischen Gewand ein goldenes Halsband und Armreifen sowie einen goldenen Dolch[142]. Einen Dolch tragen denn auch alle vornehmen Perser, die auf den Reliefs in Persepolis wiedergegeben sind, zu ihrem Faltengewand im Gürtel. Desgleichen können wir uns an Hand dieser Reliefs eine Vorstellung von der Ausstattung mit Schmuck machen *(Abb. 85)*. Die Herren dort tragen dicke Halsreifen, die entweder glatt oder in sich gedreht sind. Auf den Reliefs im Dareios-Palast waren die Ketten ursprünglich in Edelmetall angefügt *(Abb. 88.89)*. Platon (Politeia 8, 553 c) bringt denn auch den Vergleich, "wie der Großkönig Tiara, Halskette und Kurzschwert (Akinákes) anlegen".

Armreifen schmücken beide Handgelenke. Sie haben in der Regel eine charakteristische Form, die in der unteren Mitte eine Ausbuchtung nach innen zeigt. Die Enden sind als Tierköpfe ausgebildet. Eine Gußform zu einem derartigen Tierkopfende ist im Schatzhaus in Persepolis gefunden worden[143]. Ein sehr schönes Exemplar eines solchen Armreifens wird in Karlsruhe auf-
Taf. 26 bewahrt. Dort sind zwei Löwen dabei, Steinböcke zu verschlingen, deren Köpfe ihnen gerade noch aus dem Hals herausschauen. Auch ganze Tiere waren an den Enden solcher Armreifen ausgestaltet. Ein hervorragendes Beispiel gehört zum Oxusschatz in London. Dort zieren Greifen, die ur-
Taf. 27 sprünglich noch mit farbigen Edelsteinen eingelegt waren, das Armband. Ihre Hinterkörper schmiegen sich dem Rund des Reifens an. Die Armreifen

[141] Deutlich zeigt solchen Besatz eine Kappe aus grauem, emaillierten Kalkstein, die in Susa gefunden worden ist, MDP 7, 1905, 45 und Taf. 10.

[142] Xenophon, Anab. I 2,27. S.a. die Schilderung bei Aelian I 22 (oben Kap. V 5).

[143] Schmidt II 79 Fig. 16.

Abb. 162 Goldene Ohrringe und Kettenanhänger aus Pasargadae

sind keineswegs auf hochgestellte Persönlichkeiten unter den Persern beschränkt; selbst die Wachsoldaten, beispielsweise auf den Ziegelreliefs aus Susa *(Taf. 7)*, tragen goldene Exemplare, soweit das an den Darstellungen zu erkennen ist.

Weiterhin gehörten, wie man auf den Reliefs in Persepolis sehen kann, Ohrringe zur üblichen Ausstattung eines vornehmen Persers. Der König selbst trägt einen Ring mit drei goldenen Kugeln daran *(Abb. 45)*. Der Hofmarschall hat an einem runden Ring einen kugelförmigen Anhänger, von dem noch ein blattförmiger Tropfen herabhängt *(Abb. 17)*. Schlichte, runde Reifen sind am häufigsten bei den vornehmen Persern und bei Dienern auf den Reliefs anzutreffen *(Abb. 47.81.82.90)*. Es sind auch Ohrringe aus Gold erhalten. Ein besonders schönes Beispiel befindet sich in
Taf. 32 der Sammlung N. Schimmel in New York. In einem mittleren Rund ist die Gottheit in der Mondsichel mit den vier Flügeln und einem Schwanz abgebildet, die auch schon auf den Goldplättchen aus Sardes begegnete *(Abb. 158)*. Rings herum sind sieben Kreise angeordnet; in sechsen von ihnen ist jeweils ein kleiner Mann in der Mondsichel, unten in der Mitte eine Blüte dargestellt. Diese erinnert an das Muster des königlichen Gewandes *(Abb. 152)*. Der Ohrring war mit farbigen Einlagen versehen, von denen sich nur einige Türkisstückchen erhalten haben.

In einem Frauengrab der achämenidischen Zeit in Susa sind reiche Schmuckbeigaben gefunden worden[144]. Darunter sind Armreifen in der üblichen Form, die in Löwenköpfen enden. Ganz ähnliche Löwenköpfe hat auch eine quergeriefelte, schwere Goldkette an ihrem Zusammenschluß. Sowohl Armreifen wie auch Halskette hatten, wie man aus den Vertiefungen schließen kann, ursprünglich noch farbige Einlagen. Solche weisen auch die Ohrringe auf, die nur ornamentale Verzierungen haben, in ihrer Gesamtform aber dem aus der Sammlung Schimmel vergleichbar sind. Hinzu kommen Ketten, die aus vielen Perlen aufgezogen worden sind, und eine Menge kleiner Anhänger und goldenen Zierats, der einmal auf Stoff aufgenäht gewesen ist.

Aus vielen Perlen und aus Halbedelsteinen aufgezogene Ketten sind auch in dem Schatz in Pasargadae zutage gekommen[145]. Zu ihm gehören insgesamt 131 kleine Goldanhänger in Form von Bes-, Menschen-, Steinbock-
Abb. 162 und Löwenköpfen. Ganz exquisite Meisterwerke sind ein Paar Ohrringe, die in durchbrochenem Goldgeflecht gearbeitet worden sind *(Abb. 162 oben links)*; in ihrer Mitte haben sie drei Reihen von kleinen Anhängern und

[144]MDP VIII (1905) 44 Fig. 70. 71. 48–56 mit Abb. Pl. IV–VI.
[145]Stronach pl. 158–161.

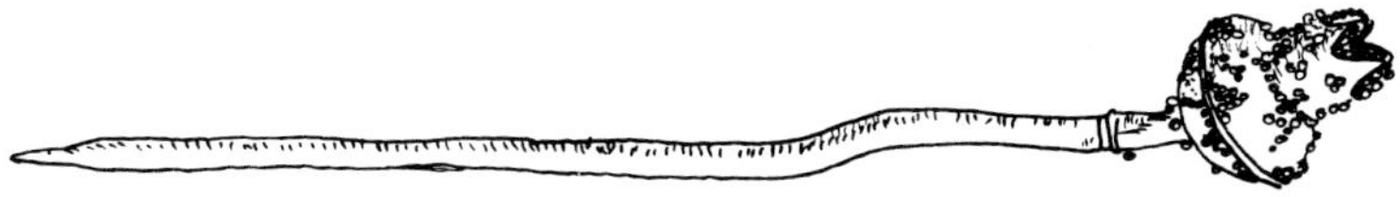

Abb. 163 Goldene Nadel, deren Kopf als Granatapfel ausgebildet ist; aus Pasargadae

unten herabhängend noch einen großen, in dessen Flechtwerk einst wohl farbige Einlagen angebracht waren[146].

Auf dem Bisotun–Relief stehen hinter dem König sein Bogenträger Vindafarnah und sein Lanzenträger Gaubarva. Beide tragen ein mit Rosetten geschmücktes Band im Haar *(Abb. 6)*. Ein vergleichbares Band aus Gold hat sich auch in Ziwiye gefunden[147]. Solche goldenen Rosettenbänder werden also schon die medischen Vorgänger des achämenidischen Hofstaates getragen haben. Auch die Haarreifen der Bediensteten des Großkönigs auf den Reliefs in Persepolis waren reich geschmückt[148].

Mit Fibeln haben auf den Apadāna–Reliefs beispielsweise die Kappadokier ihre Umhänge zusammengesteckt *(Abb. 68)*. Der halbrund gebogene Teil der Fibeln ist durch kugelige Verdickungen gegliedert und liegt auf dem Stoff auf, während die Nadel nach unten durchgesteckt wurde. Die Fibeln sind also unseren Sicherheitsnadeln vergleichbar, nur wurden sie aus kostbarem Edelmetall hergestellt, und ihr sichtbarer Teil ist reich verziert. Einfache Nadeln, mit denen man Stoffbahnen befestigen oder Gewandteile zusammenhalten konnte, sind mitunter zu kleinen Schmuckstücken ausgestaltet worden. So haben sie z.B. Köpfe aus Türkis, Serpentin oder farbigem Glas, aber auch aus Knochen, Bronze und Blei. Verschiedene solcher Stücke sind im Schatzhaus von Persepolis gefunden worden[149]. Besonders hübsch ausgebildet ist der Kopf einer Nadel aus dem Schatz in Pasargadae. Er hat *Abb. 163* die Form eines winzigen Granatapfels und ist mit Mustern in Goldgranulat versehen. Die Nadel selbst besteht aus Silber.

[146] Stronach Taf. 148, s.a. die folgenden Taf.

[147] R. Ghirshman, Iran. Proto–Iraner. Meder. Achämeniden (1964) 381 Nr. 531. Godard (s. oben Anm. 103) Fig. 90.

[148] Tilia II Fig. 10–11.

[149] Schmidt II 80. Taf. 46.

7. Toilettengegenstände

Wie wir gesehen haben, verachteten die persischen Männer durchaus nicht jede Art von Schmuck. Xenophon, der das Achämenidenreich ja aus eigener Anschauung kannte, berichtet in seinem Erziehungsroman, der Kyroupaideia, anschaulich von der ersten Begegnung des jungen Kyros mit seinem medischen Großvater Astyages (Kyr. I 3,2): "Er sah, daß er in vollem Schmuck war durch Untermalen der Augen und Schminken der Haut und durch eine Perücke, wie es bei den Medern Brauch war. Denn dies ist medische Sitte. Ebenso die purpurnen Leibröcke, die Obergewänder, die Halsketten, die Armbänder". Xenophon fährt zwar fort, daß die Perser dagegen sehr viel einfacher in ihrer Kleidung seien, doch scheint man sich zumindest bei Hofe bemüht zu haben, dem medischen Vorbild nachzueifern, und Xenophon selbst schildert an anderen Stellen oft genug die Prachtentfaltung des königlichen Hofstaates. Wie dem Schmuck waren offenbar die Perser auch den köstlich duftenden Salbölen nicht abgeneigt. Auf den Reliefs im Palast des Dareios und, diese nachahmend, auch auf denen der nachfolgenden Könige, sieht man mehrfach einen Diener, der ein Fläschchen mit dem Salböl zusammen mit dem Handtuch bereithält *(Abb. 90)*. Diese
Abb. 138 Fläschchen haben eine ganz charakteristische Form. Da sie ursprünglich wohl aus Ägypten kamen und in der Regel aus Alabaster hergestellt waren, nennt man sie Alábastron. Einige schöne, wohl in Ägypten gefertigte Beispiele sind im Schatzhaus von Persepolis gefunden worden[150].

Man kann also keinen Unterschied feststellen zwischen männlichem und weiblichem Zubehör. So werden die wohlgeschmückten Herren sich sicher auch gern in Spiegeln bewundert haben. Diese bestanden aus blankpolierten Metallscheiben, in den meisten Fällen wohl aus Bronze. Ein sehr schönes Exemplar eines solchen Spiegels befindet sich in der Sammlung
Taf. 33 N. Schimmel. Seine Rückseite ist mit zwei Löwen verziert, die sich Rücken an Rücken aufrichten und die Köpfe zur Mitte wenden. Elegant sind sie in das Rund eingefügt. Die Griffe der Spiegel bestanden aus Holz oder Elfenbein. Wir können sie uns ähnlich vorstellen wie beispielsweise die Griffe der Fliegenwedel, nur etwas kürzer. Fliegenwedel sind auf den Reliefs in Perse-
Abb. 164 polis mehrfach dargestellt. Vergleichbar den Möbelbeinen erscheinen sie wie

[150] Schmidt II pl. 51,3. 65,1–2.12.13.

Abb. 164 Thronender König mit Fliegenwedel, Detail vom Hundert-Säulen-Saal ▷

Abb. 165 Eine vornehme persische Dame macht Toilette; Abdruck eines Siegels im Louvre, Paris

Abb. 166 Achämenidischer Holzkamm; die dicken Zacken sind oben, die dünneren unten

gedrechselt. Der Wedel selbst, wohl aus Roßhaar bestehend, ist in einer Blüten- oder Vasenform befestigt. Das untere Ende des Griffes läuft, wie bei den Armreifen oder Küchengeräten, in einem Tierkopf aus[151].

Spiegelgriffe konnten auch als Figuren ausgebildet sein. Ein Beispiel aus Syrien[152] zeigt eine Negerin, die sich mit beiden Händen an die Brüste faßt. Dieses ist ein in Syrien weit verbreitetes Motiv, charakteristisch für die babylonische Kriegs- und Liebesgöttin Astarte. Doch erstaunlicherweise trägt diese Negerin ein typisch achämenidisches Faltengewand. Trotz der Beschädigungen kann man deutlich die große, nach unten hängende Rundung der Ärmel erkennen.

Abb. 165 Ein Zylindersiegel im Louvre zeigt eine Toilettenszene. Eine vornehme Dame sitzt auf einem Hocker mit Fußbank und betrachtet sich im Spiegel. Eine hinter ihr stehende Dienerin wedelt ihr mit einem Fächer frische Luft zu[153]. Zu ihr tritt eine weitere Dienerin mit schwer zu erkennenden Gegenständen; vielleicht handelt es sich um einen Schwamm und eine Perücke[154].

Die Kämme bestanden aus Holz oder Elfenbein. Auf der einen Seite
Abb. 166 waren immer dicke Zacken, auf der gegenüberliegenden fein gezahnte. Das

[151] s. z.B. Tilia II pl. 37 Fig. 48.

[152] Ashmolean Mus. Oxford 1920.1. W. Culican, IrAnt 11, 1975, pl. 20 B.

[153] vgl. den Fächer auf dem früheren Relief in Susa, Encyclopédie Photographique de l'Art II (1936) 45 C.

[154] Auch Xenophon spricht ja von Perücken, s. oben in diesem Kapitel.

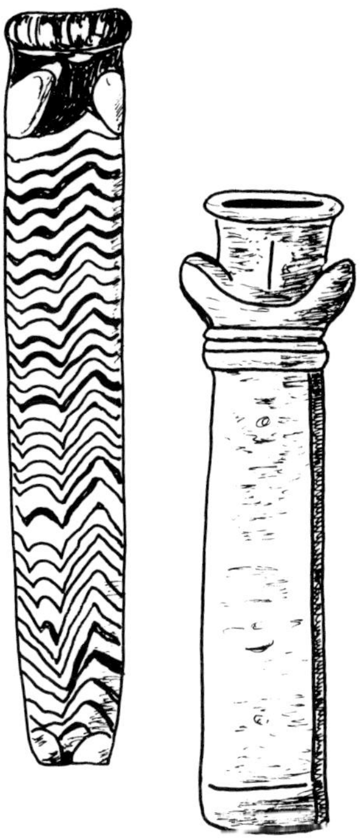

Abb. 167 Fläschchen für Augenschwärze, das linke aus Glas, das rechte aus Bronze

rechteckige Feld zwischen beiden wurde kunstreich ausgestaltet. Auf den Fragmenten von insgesamt acht Elfenbeinkämmen aus Susa sieht man bärtige Sphingen sitzen, geflügelte Stiere, Löwen und Pferde sind abgebildet[155], also das gewohnte achämenidische Bildprogramm. Auch findet sich dort ein Held, übrigens angetan mit Hosen in lebhaftem Karomuster und einem Obergewand, das von gezackter Borte eingefaßt wird, der gegen geflügelte Ungeheuer angeht. Ein zweiter, in gleicher Weise bekleidet und mit Kugelkappe, stößt einem solchen Untier gerade sein Kurzschwert (Akinákes) in den Rücken[156]. Eine ähnliche Szene schmückte auch einen Kamm, bei dem die Figuren aber appliziert waren[157]. Zudem waren auf seinem Rand winzige Goldrosetten eingelegt. Ein gut erhaltener Holzkamm im Louvre zeigt einen freiplastisch gearbeiteten Löwen im mittleren Feld *(Abb. 166)*.

Weit verbreitet im persischen Großreich sind Gefäße für Augenschwärze, die ja nach Xenophon auch die Männer benutzten. Meistens sind sie aus mehrfarbigem Glas, das in Schichten übereinander gelegt wurde. So wechseln beispielsweise dunkelblaue mit gelblichen Tönen; oder ein Gefäß ist

[155]Syria 49, 1972, pl. III.
[156]a.O. pl. V,2.
[157]a.O. Fig. 14.15.

hellbraun und weiß gefedert mit einem weißen Band als oberem und unterem Abschluß. Sie sind 7 bis 10 cm hoch[158]. Der Verschluß, der in einigen Fällen erhalten ist, war mit einem langen Stift verbunden, mit dem man die Farbe auftragen konnte[159]. Charakteristisch für die achämenidische Zeit *Abb. 167* sind die viereckigen Behälter, die sich nach unten zu leicht verjüngen. Oft haben sie noch vier Knöpfe auf der Schulter. Derartige Formen lassen sich nur im persischen Einflußbereich nachweisen.

Nicht nur aus Glas, sondern auch aus Bronze hat man diese kleinen Behälter für Augenschwärze hergestellt. Letztere sind mitunter besonders hübsch als Figürchen ausgebildet, häufig als Frauen. Sie tragen das typische achämenidische Faltengewand[160] *(Abb. 173)*. Sie sollen deshalb etwas ausführlicher im Zusammenhang mit den Darstellungen von Frauen betrachtet werden.

8. Ein Tag aus dem Leben eines Schatzhausarbeiters

Bagapāta wohnt mit seiner Frau Rtainā und ihren beiden Söhnen und dem kleinen Töchterchen im Orte Chvadaitshaya, der in der Ebene unterhalb der königlichen Zitadelle Persepolis liegt. Schon früh am Morgen bald nach Sonnenaufgang wacht Bagapāta auf, da er das lebhafte Treiben von der nahen Karawanenstation hört. Von dort aus brechen die Reisenden, Händler mit mehr oder weniger großen Kamelkarawanen, in alle Teile des riesigen persischen Reiches auf. Viele von ihnen nehmen ihren Weg die Hauptstraße entlang, die von Persepolis nach Susa führt, andere wollen nach Medien oder Kleinasien, wieder andere in den Osten, nach Arachosien oder gar Indien. Unruhig schreien die Esel und Maultiere, und die Kamele stampfen hin und her, angefeuert von den Rufen ihrer Treiber, die das Beladen der Tiere überwachen. Deutlich kann man das helle Läuten der kleineren Glocken der Esel, die an der Spitze der Kamelkarawanen gehen, von dem dunklen Ton der großen Kamelglocken unterscheiden.

158 P. Barag, Rod-Formed Kohl-Tubes of the Mid-First Millenium B.C., Journal of Glass Studies 17, 1975, 23 ff. Fig. 2-25.

159 Exemplar mit Stöpsel im Brit.Mus., Dep. of Greek and Roman Antiquities, 69.6-24.85.

160 W. Cullican, IrAnt 11, 1975, 100 ff.

Abb. 168 Die Werkstatt des Silberschmiedes Petosiris; Relief von seinem Grab in Hermopolis, Ägypten ▷

Bagapāta schlägt seine Ziegenhaardecke zurück und erhebt sich von seiner Stroh–Matratze. Kurz schüttelt er das mit Baumwolle gefüllte Kissen zurecht. Seine Frau und die Kinder schlafen noch. Schnell schlüpft er durch die Tür in den Innenhof des Hauses. Die Sonne scheint schon warm. Die großen Tonkrüge, die neben der Küche in den Boden eingelassen sind, hat seine Frau mit Hilfe der beiden Söhne am Abend vorher mit Wasser gefüllt. Glücklicherweise tritt nicht weit vom Haus ein unterirdischer Kanal an die Oberfläche. Mit der hohlen Hand schöpft Bagapāta etwas Wasser aus dem großen Gefäß und fährt sich damit durchs Gesicht. Dann füllt er einen kleinen Krug mit Wasser und verschwindet im Badezimmer in der Ecke des Hauses. Erfrischt macht Bagapāta einen kleinen Rundgang durch den Garten, gießt die Zwiebeln und den Knoblauch, läßt die Hühner aus dem Verschlag in der Ecke des Gartens ins Freie und stellt ihnen frisches Wasser zum Trinken hin. Die Geräusche aus dem Haus zeigen ihm, daß auch seine Familie aufgewacht ist. Rtainā hat inzwischen den Frühstücksbrei aus geschroteter Gerste mit getrockneten Feigen und Aprikosen zubereitet.

Nach dem Frühstück macht sich die Familie gemeinsam auf den Weg zum Schatzhaus. Sie haben Glück, daß sie alle an derselben Einrichtung tätig sind. Bagapāta ist Silberschmied, seine Frau Schneiderin. Der älteste Sohn ist mit seinen zwölf Jahren ein aufgewecktes Bürschchen. Deshalb ist er auserwählt worden, die persische Keilschrift zu erlernen, die der Großkönig in seinem ganzen Riesenreich verbreiten will. Zusammen mit elf anderen Knaben bemüht er sich jeden Tag, die ihnen vom obersten Schreiber vorgelegten Texte sauber in den Ton zu drücken. Die bereits Fortgeschritteneren dürfen sie in Wachstäfelchen eintiefen.
Der zweite Sohn, gerade neun Jahre alt, wird, wie sein Vater, zum Silberschmied ausgebildet. Mit seinen kleinen Fingern dreht er die dünnen Silberdrähte zusammen und fügt sie zu feinsten Mustern. Das Töchterchen ist erst neun Monate alt und wird daher in der Kinderstube des Schatzhauses bei den Ammen abgeliefert, bevor die Mutter in die Schneiderwerkstatt geht.

Ehe Bagapāta die Werkstatt der Silber- und Goldschmiede betritt, legt er sein linnenes, langes Gewand mit Ärmeln ab und hängt es im Umkleideraum an einen Haken. Nur mit einem Lendenschurz bekleidet, begibt er sich dann an seinen Arbeitsplatz. Diese Bekleidung ist zum einen praktischer für die Arbeit, zum anderen haben sie auch die Vorgesetzten der Schatzhausbetriebe angeordnet, um zu verhindern, daß vielleicht einer der Arbeiter verleitet wird, etwas von dem kostbaren Edelmetall oder den Edelsteinen in den Falten des Gewandes zu verbergen.

Das Silber und Gold, das für die Herstellung der Gefäße in der Werkstatt benötigt wird, hat der "Meister" dieser Abteilung vom "Beschaffungsbeamten", also dem leitenden Organisator des Schatzhauses, ausgehändigt bekommen. Das Gewicht ist auf einem Tontäfelchen vermerkt worden, und der "Meister" hat mit seinem Siegelabdruck den Empfang bestätigt. Er teilt nun seinerseits die entsprechenden Mengen an die Facharbeiter aus, und auch diese müssen ihm mit einem Siegelabdruck bescheinigen, daß sie einen gewissen Teil erhalten haben. Bagapāta will heute ein Rhyton aus Silber fertigstellen. Das bereits vorbereitete Silberblech hat er am Tag vorher zusammengefügt. Mit aller Sorgfalt treibt er nun zunächst das lange, hornförmige Oberteil. Für das komplizierte Vorderteil in Form eines Widders muß er dann verschiedene Spezialambosse und kleinere und größere Hämmer benutzen. Der aufsichtsführende Vorarbeiter geht von einem Sil- *Abb. 168* berschmied zum anderen, begutachtet deren Werke und gibt Hinweise. Bei den Lehrlingen, die gerade lernen, kleine flache Schälchen aus dem Silberblech zu treiben, packt er einen tüchtig bei den Ohren, da er bereits zum dritten Mal durch zu heftiges Drauflosklopfen das Silberblech hat reißen lassen.

Die Arbeiter des Schatzhauses sind, ebenso wie die Bediensteten bei Hofe, gut versorgt; denn in diesen Einrichtungen gibt es eine eigene Küche mit Köchen und Köchinnen, also eine Art "Kantine". Als Bagapāta den Speisesaal betritt, sieht er seine Frau bereits mit ihren Arbeitskolleginnen in einer Ecke zusammensitzen. Dort herrscht ein munteres Geplauder; Rtainā lacht und winkt ihm zu. Er holt sich seinen Gemüsetopf und setzt sich neben Vratayanta, der mit ihm zusammen in der Silberwerkstatt arbeitet. Die Söhne essen zusammen mit ihren Gefährten auf dem Hof vor der Küche. Sie haben die Eßleder, auf denen sie Brot und Obst ablegen können, auf dem Boden ausgebreitet und sitzen in Gruppen um sie herum.

Nach der Mittagspause macht sich Bagapāta an die besonders komplizierte Feinarbeit. Der trichterförmige Gefäßkörper wird mit Querriefeln versehen, die von der Innenseite nach außen gedrückt werden. Damit erhält er das typische Aussehen der großköniglichen Hofmanufaktur *(Taf. 22. Abb. 140)*. Jetzt heißt es, von der Außenseite her das getriebene Silberblech zu bearbeiten. Dafür füllt er das Gefäß mit einer festen, aber doch nachgiebigen Bitumenmasse. Mit feinsten Sticheln wird dann der Tierkörper des Vorderteils in all seinen Details herausgearbeitet. Bagapāta ist so vertieft in seine Arbeit, daß er erst aufschaut, als um ihn herum seine Arbeitskollegen ihre Werkzeuge zusammenräumen. Es geht auf das Ende des Arbeitstages zu. In einer Reihe stehen sie vor dem Tisch des Meisters der Werkstatt, um ihre fertigen Werke vorzuzeigen. Jedes einzelne wird dort noch einmal gewogen und dann auf den Namen seines Herstellers verbucht. Bagapāta nimmt sein Rhyton und stellt sich mit in die Reihe. Ganz hat er es nicht geschafft; die abschließenden Arbeiten, das Herausschmelzen der Bitumenmasse und das Polieren, wird er erst am nächsten Tag ausführen können. Vor ihm steht Vratayanta, er hat nach dreitägiger Arbeit endlich einen ganz komplizierten Weihrauchständer mit einem üppig verzierten Deckel fertiggestellt und freut sich darüber. Andere Kollegen folgen mit Mischgefäßen für Wein und mit Kellen. Nachdem die Arbeiten verzeichnet sind, begeben sich alle auf den Heimweg.

Als Bagapāta durch die Tür seines Hauses tritt, zieht ihm vom Hof her der Duft frischen Fladenbrotes entgegen. Seine Frau Rtainā und der jüngste Sohn hatten bereits drei Stunden früher Dienstschluß. Sie haben das Töchterchen abgeholt, und Rtainā hat sich an die nötigen Hausarbeiten gemacht. Von der Gerste ihrer monatlichen Rationen, die sie in einem gewebten Sack aufbewahren, mußte ein Teil für das abendliche Brot gemahlen werden. Mit der steinernen Handreibe *(Abb. 112)* ist dieses immer wieder eine mühsame Arbeit. Dazu gibt es frische Zwiebeln aus dem Garten und Käse und Joghurt, die Rtainā selbst aus der Milch ihrer zwei Ziegen zubereitet hat. Der jüngere Sohn bringt lachend vier Eier herbei, die er im Hühnerverschlag gefunden hat. Sie werden aber noch aufbewahrt.

"Ach", seufzt der ältere Sohn, als alle satt und müde sind, "ich freue mich schon auf morgen, da gibt es Vaters monatliche Fleischration". "Und in drei Wochen", fügt der kleine hinzu, "ist das große Fest vom Hofmarschall, da bekommen wir alle ein ordentliches Stück Fleisch". "Nun", meint die Mutter, "ehe ihr alle von euren großen Fleischportionen träumt, kommt noch schnell mit zum Kanal, damit wir die Wasservorräte wieder auffüllen!"

Schon beim Einschlafen hört Bagapāta die vertrauten Laute der Karawanenstation; ab und an fährt ein Esel oder Kamel aus seinen Träumen auf und schreit, und in regelmäßigen Abständen ertönen die Pfiffe des Nachtwächters.

VI. Frauen im Perserreich

1. Zur Stellung der Frau

Wenn wir den griechischen Schriftstellern Glauben schenken dürften, dann müßten die Perser sehr eifersüchtig gewesen sein und hätten ihre Frauen hinter Schloß und Riegel gehalten. So berichtet beispielsweise Plutarch (Themistokles 26): "Die meisten Barbaren, besonders die Perser, sind in der Eifersucht auf ihre Frauen von Natur aus leidenschaftlich und heftig. Nicht nur ihre Ehefrauen, sondern auch die für Geld gekauften und zu Kebsweibern gemachten Sklavinnen bewachen sie scharf, so daß sie von keinem fremdem Auge gesehen werden; sie leben im Hause hinter Schloß und Riegel; und auf Reisen fahren sie, rings durch Zeltwände eingeschlossen, auf den Wagen". So kann es indessen nicht ganz stimmen, wie uns die persischen Quellen zeigen.

Bei der Betrachtung der Lohnverhältnisse hatten wir gesehen, daß Männer und Frauen nebeneinander arbeiteten und offenbar völlig gleichgestellt waren. Dieses hatte zur Folge, daß die Frauen teilweise auch schwere Arbeiten auszuführen hatten. So werden große Gruppen von Landarbeiterinnen genannt. Arbeiterkolonnen von "Steinschleifern" bestehen immer zum überwiegenden Teil aus Frauen. Wir können allerdings nicht genau sagen, was diese Frauen wirklich zu tun hatten. Es mag sein, daß sie für die letzte Politur der Oberfläche bei fertiggestellten Reliefs und dergleichen zu sorgen hatten. Dafür waren vielleicht behutsame Frauenhände eher geeignet als Männerhände. Andererseits war noch im Jahre 1700 unter den Sklaven, die der Gesandte des österreichischen Kaisers in Konstantinopel freikaufte, eine "Steinmötzin" aus Belgrad[161]. Es scheint also über die Jahrhunderte hin Frauen gegeben zu haben, die Steine bearbeiteten. Wie dem auch gewesen sein mag, anstrengend war diese Tätigkeit sicher.

Am häufigsten waren die Frauen, die auf den Täfelchen aus Persepolis genannt werden, als Schneiderinnen beschäftigt. Dort begegnen sie mit vielfältigen Aufgaben, die von der Herstellung ganz einfacher Gewänder bis

[161] Fürstlich Oettingen-Wallerstein'sches Archiv zu Harburg, Personalakten des Grafen Wolfgang IV. zu Oettingen-Wallerstein Nr. 86.

hin zu der von Prunkgewändern reichte, die vermutlich nicht nur genäht, sondern auch kunstvoll bestickt wurden (s. Kap. V 5).

Die Frauen hatten offenbar dieselben Möglichkeiten, in besonderen Fertigkeiten ausgebildet zu werden, wie die Männer, und sie erhielten die gleiche Bezahlung. Dafür haben wir Beispiele insbesondere bei den Kunst- und Feinhandwerkern, aber auch bei vielen Hunderten von Frauen, deren Tätigkeit nicht näher beschrieben ist[162]. Für die Höhe der Löhne war lediglich die ausgeübte Tätigkeit entscheidend. Wir haben es also im persischen Großreich unter König Dareios mit einer Gleichberechtigung zu tun, um die im Europa des 20. Jahrhunderts noch immer gekämpft wird!

Gleichzeitig trug man aber auch der Tatsache Rechnung, daß Frauen neben ihrem Beruf noch andere Tätigkeiten im Rahmen ihrer Familie auszuführen hatten. So wurden sie, wie wir gesehen haben (Kap. III 4), bei der Geburt eines Kindes zeitweilig von ihren Dienstpflichten befreit. Während dieser Zeit erhielten sie einen Mindestlohn, mit dem sie ihren Lebensunterhalt bestreiten konnten, und zusätzlich "Wunschkost" in Form von Getreide und Wein, gleichsam als Belohnung dafür, daß sie dem König einen neuen Untertan geschenkt hatten. In diesem Zusammenhang treffen wir indessen auf einen Unterschied: Über Jungen freute sich der König offenbar noch mehr als über Mädchen. Denn es wird die doppelte Menge an "Wunschkost" für einen Jungen gezahlt, 20 Liter Getreide und 10 Liter Wein oder Bier. Soweit wir bisher sehen, ist dieses aber der einzige Unterschied in der Behandlung der Geschlechter, den wir mit Hilfe der Verwaltungstäfelchen fassen können.

Der "Mutterschaftsurlaub" dauerte anscheinend fünf Monate lang. Anschließend hatten die Frauen die Möglichkeit, eine kürzere Zeit am Tage zu arbeiten, damit sie auch ihren hausfraulichen Pflichten nachkommen konnten. Eine kürzere Dienstzeit drückte sich dann allerdings in der Bezahlung aus. Während der Arbeitszeit wurden die kleinen Kinder von "Ammen" versorgt.

Wie wir anhand der Täfelchen aus Persepolis sehen können, konnten Frauen auch in höhere Posten aufsteigen. So sind beispielsweise die Vorgesetzten in den großköniglichen Manufakturen immer Frauen. Sind dort, zumal in den Schneiderwerkstätten, auch überwiegend Frauen beschäftigt, so haben sie doch auch eine ganze Reihe von Männern unter sich. Und die leitenden Damen verdienen höhere Rationen als alle aufgeführten Männer.

[162]Beispielsweise werden auf einer Reihe von Belegen mit Arbeitern der Königin Rtabāma Männer und Frauen gleich bezahlt. S. dazu ausführlich H. Koch in Gedenkschrift O. Klíma (im Druck).

Nicht einmal bei den Weinzuteilungen machte man eine Ausnahme, so daß man sich fragen mag, wie denn wohl eine solche Vorgesetzte einen Liter schweren Schiraser Rotweines pro Tag verkraften konnte (Hinz II 179).

Auf der anderen Seite gibt es aber auf den Täfelchen auch eine Reihe von Berufen, in denen keine einzige Frau begegnet. So finden wir sie nicht in den leitenden Stellen der Intendanturen der einzelnen Verwaltungsbezirke oder bei den Rechnungsführern und -prüfern. Man gewinnt den Eindruck, daß die Frauen nicht mit Tätigkeiten betraut wurden, bei denen es nötig war, in einem kleineren oder größeren Gebiet umherzureisen, um die Kontrolle über die verschiedenen Verwaltungsinstanzen behalten zu können. Frauen wurden offenbar immer nur an einem festen Dienstort eingesetzt. Hier spielt anscheinend die Überzeugung eine Rolle, daß die Frauen bei ihrer Familie sein müssen. Der Familie und den Aufgaben der Frau in ihr wurde ja überhaupt von der Verwaltung große Beachtung geschenkt, wie wir gesehen haben.

Eine andere Stellung nehmen dagegen die Frauen der königlichen Familie ein. Auch sie waren aber nicht hinter Haremswänden verborgen, wie uns Plutarch versichert, sondern hatten im Gegenteil ein großes Maß an Freiheit. Sie hatten nicht nur beträchtlichen Landbesitz, sondern ihnen waren auch ganze Manufakturen mit all ihren Arbeitern unterstellt. Von diesen Einrichtungen gingen ihnen natürlich große Mengen an Einnahmen zu. So berichtet Herodot, daß die Abgaben der Stadt Anthylla in Ägypten dazu gedient hätten, die persische Königin mit Schuhen zu versorgen (II 98, s.a. I 192). Sehr anschaulich ist die Schilderung bei Platon: "Ich hörte einmal von einem glaubwürdigen Mann, (einem von denen, die zum König (= Perserkönig) hinaufgezogen waren), welcher sagte, er sei nahezu eine Tagereise lang durch ein großes fruchtbares Land gekommen, das die Einheimischen 'Gürtel der Gattin des Königs' nennen. Es gebe da ein anderes, das hinwiederum ihr 'Schleier' heiße. Und viele andere schöne, fruchtbare Gegenden seien für den Schmuck der Frau bestimmt; und die einzelnen Orte hätten ihre Namen nach den einzelnen Schmuckstücken"[163]. Den griechischen Schriftstellern war offenbar daran gelegen, die ungeheure Prunksucht der persischen Königinnen herauszustellen. Ein wahrer Kern mag aber doch in diesen Berichten stecken. Auf den Verwaltungstäfelchen aus Persepolis begegnen Burschen der Königinnen Rtastūnā und Apaukish, die einen "Schatz" aus Kermān herbeibringen. Hierbei könnte es sich um solche

[163]Alkibiades I 123. So sagt auch Xenophon, Anab. II 4,27 und I 4,9, daß Parysatis, die Frau Dareios' II. (423 - 405 v.Chr.), große Ländereien in Babylonien und Syrien besaß, die ihr als ihr "Gürtel" übergeben worden sein sollen.

Abgaben für den Unterhalt dieser beiden Damen aus ihren Besitzungen in der dortigen Provinz handeln. Ein anderes Mal reisen 40 Burschen der Apaukish mit einem gesiegelten Schreiben des Satrapen von Kermān im ersten Monat des Jahres 500 v.Chr. nach Susa. Auch sie mögen ihrer Gebieterin die jährlichen Abgaben überbracht haben.

Insgesamt sind vier Damen aus dem königlichen Hause namentlich auf den Täfelchen vertreten, Atossa, Artystone, Rtabāma und Apaukish. Atossa (altpersisch Hutauthā "die mit dem schönen Dickbein") ist als älteste Tochter von Kyros d. Gr. die Hauptgemahlin Dareios' d. Gr. und Mutter des Kronprinzen Xerxes. Sie begegnet indessen nur zweimal auf den Täfelchen. Es werden ihr als Steuerabgaben hinterlegte Beträge an Weizen und Gerste überwiesen[164]. Nähere Angaben fehlen leider, doch ist mit diesen Zuteilungen derselbe Steuereinnehmer betraut, der auch der Königin Artystone (altpersisch Rtastūnā "Säule der Rechten Ordnung") entsprechende Einnahmen an Korn zuweist. Artystone ist die jüngere Schwester der Atossa. Sie ist recht häufig auf den Verwaltungsbelegen anzutreffen. Wie ihrer Schwester so werden auch ihr Steuereinnahmen an Gerste, Weizen und Feigen zugedacht. Vermutlich erhielt sie noch andere Naturalien, doch sind uns darüber keine Belege erhalten. Diese Einnahmen gingen an die Paläste der Königin, die wohl noch mit einem großen Gut verbunden waren. Artystone hatte zumindest in den Orten Vrantush, Madana und Kuganakā einen Palast. Zufällig ist uns ein Täfelchen erhalten, das von einem Besuch des Königs in letztgenanntem Orte im Jahre 498 v.Chr. berichtet (PF 718). Von den Palästen in Madana und Kuganakā wissen wir, daß sie unter der Oberaufsicht des Inspektors Shalāmānu standen. Dem Namen nach scheint es ein Babylonier gewesen zu sein. An ihn richtet Artystone auch briefliche Anweisungen, wenn sie sich an anderen Orten aufhält, beispielsweise in Persepolis. Mehrere solcher Briefe haben sich erhalten, d. h. die Kopien von ihnen, die für das Verwaltungsarchiv in Persepolis bestimmt waren. Die Bürokratie machte also auch nicht vor einer Königin halt, sondern sie mußte ihre Abrechnungen in Ordnung haben und Ausgaben und Einnahmen jederzeit nachweisen können. In einem dieser Briefe ordnet sie an, daß ihr Verwalter Shalāmānu 1000 Liter Wein von ihrem Palast in Kuganakā an einen Rechnungsführer namens Gaushapāna ausgeben solle (PF 1837).

[164] PF 162 und 163. Es handelt sich bei den Schreibungen *ú-tam₅-sa-na* und *ú-du-sa-na* offenbar um Genitivformen "für Hutauthā", so daß hier tatsächlich die Königin selbst gemeint ist und nicht ihre Tochter, wie bisher angenommen wurde: I. Gershevitch in Festschrift Pagliaro II (1969) 244, und ihm folgend M. Mayrhofer, Onomastica Persepolitana (1973) Nr. 8.1684, und W. Hinz, Altiranisches Sprachgut der Nebenüberlieferungen (1975) 128.

Abb. 169 Reitende Frauen auf einem Relief aus dem Satrapensitz Daskyleion (Ergili)

Dieses wird kaum die Bezahlung für den Rechnungsführer gewesen sein, sondern er hat vermutlich bei seinen Abrechnungen in den Besitzungen der Königin Artystone festgestellt, daß diese Menge an Wein noch zusätzlich zur Entlohnung der Angestellten benötigt wurde. An den jeweiligen Ort mußte ihn ein weiterer Beamter, Rtima, überbringen. Rtima ist noch häufiger bei entsprechenden Aufgaben in Artystones Briefen erwähnt.

Die Königin reiste offenbar viel im Lande umher, sei es, um in ihren verschiedenen Besitzungen nach dem Rechten zu sehen, sei es, um den König in Persepolis oder Susa zu besuchen. Des öfteren ist sie unterwegs anzutreffen, wobei von der Verwaltung immer genau vermerkt wird, was alles von ihr und ihrem Gefolge verzehrt worden ist. Mehl, Wein, fertige Gerstenspeisen, Gerstenmalz, Weintrauben u. a. werden ausgegeben. Offensichtlich brauchte die Königin aber nicht in den öffentlichen Poststationen haltzumachen, sondern wurde mitsamt ihrem Gefolge immer in den königlichen Krongütern beherbergt. Beispielsweise ist sie im Jahre 498 v.Chr. in Begleitung ihres Sohnes

Rshāma in dreien von ihnen in elamischem Gebiet anzutreffen, und zwar in den Orten Utiti, Hunar und Menri (PF 733/34. 2035). Sie alle stehen unter der Oberaufsicht desselben Beamten, erstaunlicherweise wieder eines Babyloniers, Nabûmālik. Er gibt 4260 Liter Mehl, 21 Liter Gerstenspeisen und 543 Liter Bier zur Verköstigung der Königin und ihrer Begleitung aus. In elamischem Gebiet mußte sich demnach auch die Königin mit Bier begnügen. Der Empfang all dieser Naturalien wird von der Königin durch ihren Siegelaufdruck auf den Belegtäfelchen bestätigt. Leider erfahren wir nicht, wie viele Tage Artystone sich in den einzelnen Landgütern aufhielt, so daß sich die Größe ihres Gefolges nicht anhand der verbrauchten Lebensmittel berechnen läßt. Außerdem werden noch weitere Ausgaben nötig gewesen sein, z.B. um die Reit- und Lasttiere zu versorgen. Zwar berichtet Plutarch (s. oben), daß die persischen Frauen in verschlossenen Wagen gereist seien, doch hat es nach allem, was wir aus den achämenidischen Quellen erfahren, eher den Anschein, daß auch die königlichen Frauen selbst geritten sind. Eine solche Darstellung von reitenden Frauen findet sich auf einem Relief, das in der heutigen Türkei in der Nähe des ehemaligen persischen
Abb. 169 Satrapensitzes Daskyleion gefunden worden ist.

Besonders aufschlußreich sind zwei Belege aus Persepolis, die sich gegenseitig ergänzen. In dem einen weist Hofmarschall Farnaka den Hofherdenmeister Aryaina an, der Königin Artystone 100 Schafe zu übergeben. Zur gleichen Zeit richtet er ein Schreiben an den Hofkellermeister mit der Anordnung, der Königin 2000 Liter Wein auszuhändigen. In beiden Briefen heißt es: "Vom König wurde es befohlen". Hier handelt es sich somit um Sonderausgaben, die eigens von Dareios angeordnet worden sind. Es hat also den Anschein, daß Königin Artystone zu Beginn des Jahres 503 v.Chr. einen großen Empfang in Persepolis gegeben hat, zu dem sie etwa 2000 Gäste einlud (Hinz II 180 f.).

Noch weit größere Ausgaben wurden aber für die Königin Rtabāma ("Glanz der Rechten Ordnung") verbucht. Die griechischen Schriftsteller erwähnen sie nicht, doch scheint sie eine bedeutende Stellung eingenommen zu haben, und sie tritt am häufigsten in den Verwaltungstäfelchen auf. Vermutlich war sie die erste Frau des Dareios, die Tochter seines Lanzenträgers Gaubarva (Hinz II 180). Sie hatte er geheiratet, noch bevor er König geworden war. Rtabāma gehörten anscheinend große Ländereien in elamischem Gebiet. So schreibt sie beispielsweise einen Brief an ihre Rechnungsführer in Shulake, wo sie auch einen Palast besaß (PFa 27). Ihnen hatte sie schon vorher eine "Schrift auf Leder" gesandt, also offenbar ein in Reichsaramäisch abgefaßtes Schreiben auf Pergament, das sie in ihrem Brief

Abb. 170 Siegel der Königin Rtabāma

erwähnt. Gemäß der gesiegelten Urkunde sollen die Rechnungsführer nun die Abrechnung erstellen. Es wird also deutlich, daß die Königin persönlich sich um die richtige Buchführung kümmerte.

Ihre Besitzungen in der Elymais besuchte die Königin Rtabāma häufiger. Ganz beträchtliche Mengen an Lebensmitteln werden dabei von ihr und ihrem Gefolge verbraucht. Sind es beispielsweise in Dandari 650 und in Litu 750 Liter Wein, die vor ihr im Jahre 501 v.Chr. ausgeschenkt wurden, so bekommt sie im folgenden Jahr in Susa auf einen Schlag 2360 Liter Wein (PF 735–37). Sie muß sich entweder mit einem großen Gefolge dort längere Zeit aufgehalten haben, oder sie hat es ihrer Mitkönigin Artystone gleichgetan. So wie jene in Persepolis ein großes Gelage veranstaltet hatte, so mag sie einen Empfang in Susa gegeben haben, ja sogar einen noch größeren. Auch auf den weiteren Belegen, die Rtabāma nennen, handelt es sich immer um auffallend hohe Ausgaben. Beispielsweise erhält sie in Hidali, dem Grenzort zwischen elamischem und persischem Gebiet, 4620 Liter Gerste und Mehl, im Orte Kantava sogar 5660 (PF 738. 740). Ein Beleg berichtet von 255 Stück Kleinvieh, die in Gegenwart von Rtabāma in Persepolis verzehrt wurden (J–641). Alle diese Ausgaben hat die Königin mit ihrem Siegelabdruck bestätigt. Ihr Siegelbild zeigt übrigens einen Reiter, der mit Wurfspeeren zwei Wildesel jagt. Das ist nicht gerade ein sehr weibliches *Abb. 170* Motiv, und es beweist uns wieder einmal, daß die persischen Frauen durchaus ihren "Mann" zu stehen vermochten. So hatte Rtabāma nicht nur weite Ländereien unter sich, vor allem im Gebiet der Elymais, sondern sie war auch Besitzerin großer Manufakturen mit Hunderten von Arbeitern. Die Zahlen der einzelnen Gruppen schwanken zwischen 20 und 480 Arbeitern. Auffallend ist, daß mehrfach Lyker in den Diensten der Königin Rtabāma stehen. Es wird allerdings nicht näher erläutert, welche Tätigkeit diese Leute zu verrichten hatten. Die Manufakturen lagen hauptsächlich in der Gegend von Schiras, aber auch in vielen weiteren Orten der Umgebung. Die Oberaufsicht über die Betriebe der Königin und deren Arbeiter führte ein eigens dafür eingesetzter Verwalter, Rāsta mit Namen. Er wird auf vielen Belegen genannt. Die Versorgung der Leute wird zu großen Teilen wiederum von Steuerabgaben bestritten, wie wir es schon im Zusammenhang mit den Königinnen Atossa und Artystone gesehen haben. Nicht nur Korn, sondern auch Granatäpfel und Maulbeeren sind für die Arbeiter bestimmt.

Wie die Königin Rtabāma hatte noch eine weitere Königin Arbeitergruppen unter sich. Ihren Namen kennen wir nur aus den Verwaltungstäfelchen. Vermutlich lautete er Apaukish, aber das ist nicht ganz sicher. Sie beschäftigte beispielsweise ebenfalls verschiedene Gruppen von Arbeitern in Schiras. Teilweise sorgte für diese derselbe Verwalter wie für die Leute der Rtabāma, nämlich Rāsta. Ein anderer Beamter, Vishtāna, hatte gleichfalls Bedienstete der Königin Apaukish zu verpflegen. Auch diese Gruppen umfassen bis zu 475 Arbeitern, soweit wir es den erhaltenen Belegen entnehmen können.

Durch die Verwaltungstäfelchen aus Persepolis erhalten wir also ein ganz neues Bild von den achämenidischen Königinnen. Sie waren nicht im Harem eingeschlossene Luxusweibchen, die beispielsweise für ihre Schuhe den Tribut ganzer Städte verbrauchten, wie die griechischen Schriftsteller uns glauben machen wollen. Zwar waren es riesige Summen, die für sie und ihr Gefolge aufgewandt wurden, doch hatten sie dabei durchaus ihren Anteil an der Verwaltung zu tragen. Sie führten selbst die Oberaufsicht über ihre Landgüter und Manufakturen, gaben Anweisungen für die Versorgung der Arbeiter und überprüften die Abrechnungen. Hatten sie auch für die einzelnen Aufgaben ihre Verwaltungsbeamten, die ihnen sicher die anstehenden Fragen bereits aufbereitet vorlegten, so mußten sie doch mit ihrem Siegelabdruck für die Richtigkeit all dieser Einnahmen und Ausgaben geradestehen. Sie reisten daher auch viel im Lande umher, nicht nur im Gefolge des Königs, sondern selbständig, um sich von dem Zustand ihrer Landgüter und Manufakturen selbst zu überzeugen und die Verantwortlichen an Ort und Stelle zu kontrollieren.

Zu dem königlichen Harem gehörte also eine ganze Reihe von Frauen. Nach seinem Regierungsantritt übernahm Dareios, der Sitte gemäß, auch die Frauen seines Vorgängers Kambyses. Zum einen war es sicherlich ein taktisch kluger Schritt, sich beispielsweise mit den Töchtern des großen Kyros, Atossa und Artystone, ehelich zu verbinden; zum anderen diente eine solche Übernahme der königlichen Frauen aber auch der Sicherung ihres Standes. Was hier im Herrscherhause praktiziert wurde, mag vielleicht noch teilweise für die Adligen und hochgestellten Familien Vorbild gewesen sein. Doch die Menge der Bevölkerung wird eher in einer monogamen Ehe gelebt haben. Dieses scheint die verbreitete Sitte gewesen zu sein, wie wir durch die Urkunden aus anderen Teilen des Achämenidenreiches erfahren, z.B. aus Babylonien oder Ägypten. Mehrere Frauen wird sich ein Durchschnittsbürger auch kaum haben leisten können. Bei den öffentlich Angestellten und Arbeitern, denen wir zu Hunderten auf den Täfelchen begegnen, war in der Regel die ganze Familie mit in das Versorgungsnetz der Verwaltung eingeschlossen. Und dort ging man offensichtlich davon aus, daß zu einer Familie Vater, Mutter und Kinder gehörten.

Neben den Frauen, die in öffentlichen Diensten standen und daher auf den Verwaltungstäfelchen begegnen, und den königlichen Damen gab es noch Tausende weiterer Frauen, die gar nicht oder nur in Ausnahmefällen von der Verwaltung erfaßt wurden. Es waren dieses die Frauen der Handwerker und Bauern, aber auch selbständige Grundbesitzerinnen. Von ihnen erfahren wir höchstens, wenn sie ihren Anteil an der Getreideernte oder Abgaben von ihren Tierherden ablieferten. Aus anderen Gebieten des achämenidischen Großreichs, z.B. aus Babylonien oder aus Ägypten, haben sich Rechtsurkunden erhalten, die zeigen, daß die Frauen dort durchaus als freie Rechtspersonen angesehen wurden. Sie konnten Prozesse führen, sich scheiden lassen, ohne dabei all ihr Eigentum zu verlieren, oder auch frei über ihren Grundbesitz verfügen. Die Gesetze sind ein wenig unterschiedlich, je nachdem, ob es sich um Bewohner Mesopotamiens, um Ägypter oder Juden handelt, da die achämenidische Verwaltung offenbar bemüht war, die eigenen Traditionen der Völker weitgehend zu erhalten. Doch eines wird insgesamt deutlich, daß die Rechtslage der Frau in allen diesen Gebieten ähnlich war. Ist diese Stellung durch die Urkunden belegt und unter den Historikern anerkannt[165], so wollte man sie indessen für das Kernland des Perserreichs, für die persischen Frauen nicht gelten lassen. Eine genaue Untersuchung der Verwaltungstäfelchen aus Persepolis hat nun zeigen können, daß gerade die persischen Frauen unter der Herrschaft Dareios d. Gr. eine Stellung innehatten, wie sie für alle antiken Völker einmalig ist.

2. Frauen in der achämenidischen Kunst

Es ist schon lange aufgefallen, daß auf all den umfangreichen Relieffriesen in Persepolis sowie in Susa und Pasargadae keine Frauen dargestellt sind.

[165] z.B. Dandamaev – Lukonin 119 f., 124: "During Achaemenid times a woman in Babylonia (as well as in Elam and Egypt) enjoyed great independence and could have her own property, of which she was freely in charge".

Abb. 172 Köpfchen aus blauer Glaspaste aus Persepolis

Ein Bruchstück eines emaillierten Ziegels, das im "Perserbau" in Babylon gefunden worden ist, wurde vom Ausgräber als Teil eines Frauenantlitzes angesprochen, da es in weißer Farbe gestaltet ist[166]. Doch kann ein Ziegelfragment aus Susa zeigen, daß dort ein mit einem Armband geschmückter, weißer Arm eine Lanze hält. Damit dürfte eine Deutung als Frau ausgeschlossen sein. Man hat sogar gemeint, daß die Perser grundsätzlich keine Frauen abgebildet hätten. Doch sind wir natürlich von dem Zufall der Überlieferung abhängig. Zu den offiziellen Programmen, die die Größe des Reiches und die Macht seines Herrschers demonstrieren sollten, gehörten Frauen offenbar nicht[167].

[166] R. Koldewey, Das wiedererstehende Babylon (1913) 127; ders., Die Königsburgen von Babylon I Taf. 39a.

[167] Immerhin berichtet Herodot (VII 69), Dareios habe ein goldenes Bild seiner Lieblingsfrau Artystone anfertigen lassen.

◁ *Abb. 171 Kalksteinrelief aus Ägypten mit Dame in persischer Tracht*

Dafür findet man aber in der Kleinkunst eine ganze Fülle von Darstellungen, die uns doch ein recht gutes Bild von dem Aussehen der Damen des persischen Großreichs verschaffen. Sofort fällt auf, daß sie genauso gekleidet sind wie die Männer. Sie tragen das gleiche Faltengewand und die gleichen Kopfbedeckungen. Am häufigsten ist die Zinnenkrone vertreten. Da auch die Männer reich mit Schmuck behangen sind, ist hier ebenfalls kein Unterschied festzustellen. Und selbst Motive, wie sie auf den Reliefs in Persepolis immer wieder zu finden sind, wie etwa das Halten einer Blüte, werden bei den Frauendarstellungen wieder aufgenommen. Außerdem kann man sagen, daß die Mode im gesamten Großreich gleich war, alle Damen offensichtlich auf den Hof des Großkönigs in Persepolis blickten und sich bemühten, die reichen höfischen Gewänder nachzuahmen. Betrachten wir beispielsweise das Kalksteinrelief, das in Ägypten gefunden worden ist und
Abb. 171 jetzt im Brooklyn Museum aufbewahrt wird. Dort steht eine Dame, die in das achämenidische Faltengewand gekleidet ist. Deutlich sind die vorderen, vertikal verlaufenden Faltenzüge und der zwischen ihnen zusammengeschobene Teil mit den bogenförmigen Falten zu erkennen. Das Gewand ist besonders üppig zugeschnitten und hängt nach hinten auf den Boden. Weit fallen die Ärmel herab. Die Hände hat die Frau vor dem Körper übereinander gelegt. Ein dicker Armreif, wohl in Löwenköpfen endend, ziert das sichtbare, linke Handgelenk. Um den Hals trägt sie eine mehrreihige Perlenkette von der Art, wie sie auch in Pasargadae gefunden worden ist (s. Kap. V 6). Breite Ringe zieren die Ohren. Im Haar liegt ein Reif mit Rosetten, wie ihn beispielsweise die Waffenträger auf dem Relief von Bisotun tragen *(Abb. 6)*. Auch die Frisur ist nach der neuesten Mode der Herren in Persepolis ausgerichtet. Die Haare sind recht kurz geschnitten und liegen in einem dicken Lockenbausch um den Kopf, geradeso wie beim König. Indessen ist hier eindeutig eine Frau wiedergegeben, wie die üppigen Brüste zeigen.

Die gleiche Frisur trägt auch ein in Persepolis gefundenes Köpfchen aus einer blauen, glasartigen Masse, die wohl Lapislazuli imitieren sollte; Augen
Abb. 172 und Brauen waren in andersfarbigem Glasfluß eingelegt. Es könnte sich um die Darstellung einer Frau handeln; das gilt auch für ein Kalksteinköpfchen aus Masjid-i Solaiman sowie ein Terrakottaköpfchen aus Susa[168].

In Syrien richtete man sich ebenfalls nach der Mode des Zentrums. So sind die Damen auf den zahlreichen Terrakottatäfelchen, die man vielerorts in den Heiligtümern der Astarte weihte und die offenbar die Geberin darstellten, in achämenidischer Zeit auf einmal mit einem Kleid wiedergegeben,

[168] A. Spycket in: Ancient Persia: The Art of an Empire (1980) 44. Taf. 26 und Taf. 25 Fig. 8.

Abb. 173 Bronzefläschchen für Augenschwarze in Form einer Frau mit achämenidischem Faltengewand

das deutlich Anklänge an das Faltengewand zeigt[169]. Üblicherweise fassen sie nach dem uralten Astarte–Motiv mit beiden Händen an ihre Brüste. Darunter befinden sich aber auch Beispiele von Damen, die ganz direkt Bezug auf das achämenidische Hofgewand nehmen, sogar die Borten, die die einzelnen Stoffpartien trennen, andeuten und bei denen die Dargestellte eine Lotosblüte in der Hand hält[170]. Zudem trägt die Dame eine Kopfbedeckung, die an die des Königs auf den Audienzreliefs erinnert; hier ist sie mit einem Zackenmuster verziert[171].

Im Zusammenhang mit den Toilettenartikeln wurden schon die Bronzebehälter für Augenschminke erwähnt. Sie haben des öfteren die Form von Frauengestalten. Ein Beispiel aus der Sammlung Foroughi, einer Privatsammlung, ist besonders hübsch. Die Dame trägt das achämenidische Gewand, bei dem die weiten Ärmel deutlich hervorgehoben sind. Ein langer Zopf fällt im Rücken herab. Um den Hals hat sie eine breite Perlenkette. *Abb. 173*

[169] P.J. Riis, Berytus 9, 1948–49, 75 pl. 17.
[170] a.O. pl. 17,7.
[171] vgl. a. Kopfbedeckung a.O. pl. 17,8.

Abb. 174 Siegel einer vornehmen persischen Dame, die in ihrer Darstellung die Thronszene des Königs nachahmt (vgl. Abb. 44)

Der Stöpsel des Gefäßes ist nach oben verlängert, so daß man ihn besser fassen konnte. Er zeigt die übliche Gliederung der Möbelbeine und trägt oben darauf ein Vögelchen. Ganz ähnlich, wenn auch in der Ausführung gröber, ist ein Bronzegefäß im Ashmolean Museum in Oxford[172]. Der lang auf den Rücken fallende Zopf ist sauber geflochten, und die Falten des rückwärtigen Gewandes hängen, wie es sich gehört, bogenförmig durch. Mit Silber überzogen war der Behälter für Wimperntusche aus einem Frauengrab in Kish[173]. Auch hier ist das achämenidische Hofgewand deutlich wiedergegeben, und die Dargestellte trägt zudem die lockige Kurzhaarfrisur.

Mit demselben Gewand bekleidet sind die vornehmen Damen nebst ihren Dienerinnen, die in den Gobelinstoff eingewebt sind, der in Südrußland im Kurgan 5 von Pazyryk gefunden worden ist *(Abb. 154)*. Bei den Herrinnen ist das Gewand etwas stoffreicher gestaltet als bei den Dienerinnen, wie man

[172] 1941.794 — a.O. pl. 16 Fig. 3.

[173] Aus der Zeit Dareios I., Field Mus. of Natural History, Chicago; a.O. pl. 18 und 19.

Abb. 175 Siegel einer Dame im persischen Faltengewand

Abb. 176 Eine persische Frau bedient einen sitzenden Mann mit einem Weinset

an den seitlichen Borten und an dem Muster der Ärmel erkennen kann. Auf ihre zackenförmigen Kronen wurde schon oben hingewiesen. Die Damen tragen zudem darüber noch einen Schleier.

In dieser Weise bekleidete Damen sind auch oft auf den Siegelbildern anzutreffen. Ein besonders schönes Beispiel ist heute im Louvre. Hier war *Abb. 174* ganz offensichtlich die Audienzszene aus Persepolis Vorbild *(Abb. 44.49)*. Wie dort der König, so sitzt hier eine vornehme Dame auf einem thronartigen Stuhl mit hoher Rückenlehne. Die Füße stellt sie auf eine Fußbank, in der Hand hält sie eine Blüte. Sie ist gekleidet in das achämenidische Hofgewand, hat eine kronenartige Kopfbedeckung und darüber einen Schleier. Es wird sich nicht um eine Göttin handeln, wie allgemein angenommen wird[174], sondern um eine hochgestellte Dame, die Wert darauf legte, auf ihren Rang durch ein bewußtes Zitieren höfischer Motive hinzuweisen. Vor sie tritt eine Dienerin mit langem Zopf am Hinterkopf, die ihr ein Vögelchen hinhält. Wie bei dem Vögelchen an der Spitze des Augenschminkgefäßes *(Abb. 173)*, wird es sich hierbei um ein Spielzeug oder einen Schmuckgegenstand handeln. Möglicherweise ist auch ein lebendes Tier gemeint, das man sich zum Zeitvertreib hielt, ein "Kanarienvogel" einer vornehmen Dame. Das überdimensionierte Weihrauchgefäß ist wiederum bewußtes Zitat der großköniglichen Audienzszene, und wie dort der Diener mit einem Eimer-

[174] z.B. Spycket a.O. (s. oben Anm. 168) 44.

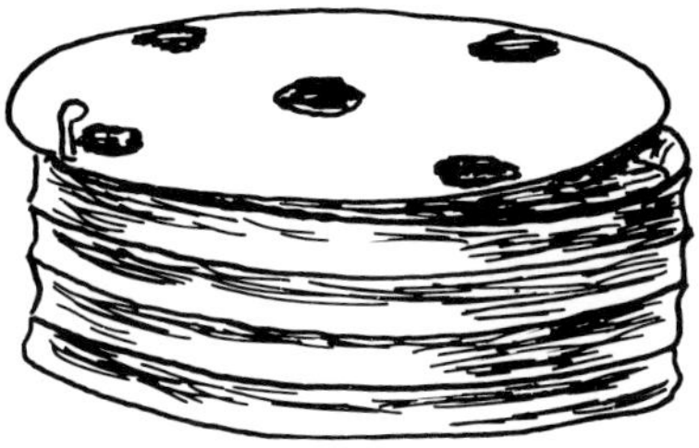

Abb. 178 Silberdöschen im British Museum in London; auf der Innenseite des Deckels ist ein persisches Paar abgebildet

chen mit Holzkohle bereitsteht, so kommt hier eine Magd mit demselben herbei. Wie die Dienerinnen auf dem Stoff aus Pazyryk trägt sie Faltengewand und Zinnenkrone.

Noch auf vielen Siegelbildern sind persische Frauen im Faltengewand zu sehen. Genannt seien hier ein Siegel in London, auf dem eine Perserin mit langem Zopf, an dessen Ende ein Schmuck aus mehreren Kugeln eingeflochten ist, und mit einer Blüte in der Hand dargestellt ist, und eines in Oxford, auf dem ein in ein iranisches Reiterkostüm mit Baschlik bekleideter Mann auf einem Hocker sitzt, während eine Frau, die wie auf der anderen Siegeldarstellung angezogen ist, ihm Weinkrug und Trinkschale reicht. Auf einem Siegel in Toronto bringt eine persische Frau ein ganzes Weinset, nämlich Krug, Schale und Kelle, herbei.

Abb. 175 *Abb. 176* *Abb. 177*

Auch auf den Kunstwerken des Oxusschatzes findet sich eine Fülle von Frauendarstellungen. Auf der Innenseite des Deckels eines Silberdöschens stehen eine in der üblichen Weise gekleidete Frau und ein Mann in iranischer Reitertracht mit Kandys. Eine ganze Reihe der Goldplättchen, die wohl als Weihegaben dienten, wie sie heute noch in orthodoxen und katholischen Wallfahrtskirchen üblich sind, zeigt Frauen mit einer Blüte in der Hand[175]. Auf zwei goldenen Siegelringen ist je eine sitzende Frau

Abb. 178

[175] Dalton pl. XV, 89.93.

◁ *Abb. 177 Persische Frau mit Weinset, bestehend aus Kanne, Kelle und Schälchen*

Abb. 179 Siegel mit insgesamt vier Seiten mit Bildern. Auf einer Seite steht ein Paar in persischer Kleidung, auf einer zweiten sitzt eine Dame und hält ihrem Töchterchen einen kleinen Vogel zum Spielen hin

eingegraben, die eine Blüte und ein Vögelchen hält[176]. Es war dieses also ein verbreitetes Motiv für vornehme Damen. Ganz deutlich zeigt ein Siegel, das
Abb. 179 sich heute in London befindet, daß es sich bei den häufig im Zusammenhang mit sitzenden Frauen vorkommenden Vögeln keinesfalls um Opfertiere für eine Gottheit handelt. Dort hält die Frau das Vögelchen nämlich ihrem kleinen Töchterchen zum Spielen hin.

Es läßt sich also feststellen, daß es eine Fülle von Frauen–Darstellungen der Achämenidenzeit gibt, und es ist weder in Kleidung einschließlich Kopfbedeckung noch in Frisur oder Schmuck ein Unterschied zu der Tracht der Männer festzustellen. Selbst Motive, die typisch für die Repräsentation des Königs sind, wie die bekannte Audienzszene, das zentrale Bild des großen Treppenprogramms am Apadāna, werden ganz ungezwungen von den selbstbewußten Damen des persischen Großreichs zitiert[177].

[176] Dalton pl. XVI Nr. 103.104.

[177] Das zeigt deutlich, daß W. Borchhardt mit seiner Dependenztheorie nicht recht haben kann, in: Kunst, Kultur und Geschichte der Achämenidenzeit und ihr Fortleben (AMI Ergbd. 10, 1983) bes. 209 ff.

VII. Das Heer

1. Die zehntausend "Unsterblichen"

Auf den Reliefs an der Ostseite des Apadāna, der ursprünglichen Hauptansichtsseite des großen Empfangssaales in Persepolis, stehen im Rücken des thronenden Königs mit Lanzen bewaffnete Leibwachen in drei Reihen übereinander. Sie nehmen etwa ein Drittel des nördlichen großen Bildfeldes ein. Diese Wächter — fast hundert an der Zahl — sind hier stellvertretend für die insgesamt 10.000 Perser wiedergegeben, die das "stehende Heer" des persischen Großkönigs bildeten. Den Beinamen "die Unsterblichen" hatte diese Truppe erhalten, da immer, wenn einer der Soldaten ausfiel, sofort ein anderer an seine Stelle trat[178]. Somit waren es stets volle Zehntausend. *Abb. 81*

Die hinter dem König stehende Leibwache trägt das lange achämenidische Faltengewand und die typischen persischen Schuhe mit dem dreifachen Verschluß. Um den Kopf haben sie ein gedrehtes Band gelegt. Wegen dieses Bandes hat man in ihnen Elamer sehen wollen. Doch die Elamer tragen immer ein am Hinterkopf sichtbar geknotetes Band. Daher spricht hier, insbesondere auch wegen der Schuhe, alles dafür, daß es sich bei diesen Leibwachen um Perser handelt[179]. Es ist sogar anzunehmen, daß die Eliteeinheit der "zehntausend Unsterblichen" überhaupt nur aus Persern zusammengesetzt war.

Diese Soldaten waren bewaffnet mit Lanzen, an deren unterem Ende ein kleiner Granatapfel saß. Deswegen wurden sie von den Griechen auch einfach "Apfelträger" genannt. Eingeteilt waren die Zehntausend in einzelne Abteilungen von jeweils 1000. Die oberste der zehn Abteilungen war dadurch herausgehoben, daß die Äpfel am Ende ihrer Lanzen golden waren, während die restlichen 9000 nur silberne trugen. Leiter der einzelnen Einheiten war immer ein "Tausendschaftsführer" (altpersisch *hazārapatish*), und diesen Titel trug auch der Kommandant der obersten Einheit, eben derjenigen mit den goldenen Äpfeln. Dieser "Tausendschaftsführer" war offenbar gleichzeitig der oberste Befehlshaber aller persischen Truppen überhaupt.

[178] So jedenfalls nach Herodot VII 83.

[179] Zu dem gleichen Ergebnis ist auch P. Calmeyer, AMI 21, 1988, 47 f., gekommen.

Wir haben hier eine ähnliche Erscheinung wie auch bei den anderen persischen Beamtentiteln. "Schatzmeister" konnte beispielsweise jeder leitende Angestellte eines Schatzhauses genannt werden. Denselben Titel trug aber auch der "Hofschatzmeister" in Persepolis, dem alle übrigen Schatzhäuser des persischen Kernlandes unterstellt waren. Der oberste "Tausendschaftsführer" (griechisch Chiliarch) war somit Befehlshaber des gesamten persischen Heeres und hatte damit eine gewaltige Machtbefugnis. Er wurde vom Großkönig sicher immer aus den Reihen seiner Verwandten oder seiner vertrautesten Freunde ausgewählt. Andererseits hat es sich im Laufe der Geschichte gezeigt, daß der kommandierende General seinerseits sich dem König immer verpflichtet gefühlt hat. So hat beispielsweise nach der Niederlage bei Salamis (480 v.Chr.) der damalige Befehlshaber der Truppen, Vidrna[180], König Xerxes auf dem Rückzug nach Kleinasien begleitet, obwohl er die persischen Landstreitkräfte in Griechenland zurücklassen mußte.

Wie die Eliteeinheit der zehntausend "Unsterblichen", so war das gesamte achämenidische Heer im Dezimalsystem untergliedert. Die Tausendschaften setzten sich aus Hundert- und Zehnerschaften zusammen. Sie alle hatten ihre eigenen Anführer, die wir unseren Unteroffizieren, Hauptleuten, Obersten und Generälen vergleichen können. Das gleiche System hat man übrigens auch auf die Arbeitergruppen angewandt.

Neben den zehntausend "Unsterblichen", die eine Fußtruppe waren, gab es die Tausendschaft der Kavallerie. Zu diesem feststehenden Heer kamen dann im Kriegsfall noch all die Soldaten, die vom König ein Lehen erhalten hatten und ihm als Gegenleistung dafür Heeresfolge leisten mußten, und die Truppen der Satrapen aus den verschiedenen Provinzen des persischen Großreichs. Besonders zuverlässig und schlagkräftig scheinen die Soldaten aus Paishyāchvādā, östlich der Persis in der Provinz Karmania gelegen, gewesen zu sein. Sie wurden des öfteren zu besonderen Einsätzen herbeigeholt, wie wir den Verwaltungstäfelchen entnehmen können.

[180]Herodot (VII 83) nennt ihn Hydarnes, Sohn des Hydarnes. Somit dürfte er der Sohn jenes Vidrna gewesen sein, der Dareios beim Beseitigen des Magiers Gaumāta geholfen hat und sich als erfolgreicher Feldherr bei den darauf folgenden Kämpfen ausgewiesen hat. Zum Dank ist er dann von Dareios zum Satrapen von Medien eingesetzt worden.

Abb. 180 Schildwache auf den ausgetauschten Reliefs im Zentrum der Apadāna-Treppen ▷

2. Soldaten und Waffen

Nach Angabe Strabo's dienten die persischen Soldaten von 20 bis 50 Jahren im Heer. "Sie bewaffnen sich mit einem rhombenförmigen Weidenrohrschild und haben außer Bögen Schwerter und Messer; auf ihren Köpfen tragen sie turmförmige Hüte, und ihre Brustpanzer sind von Eisenschuppen gemacht. Die Tracht der Befehlshaber besteht aus dreifachen Hosen und einem doppelten Obergewand (Chiton) mit Ärmeln, das bis zu den Knien reicht; dabei ist das Untergewand weiß und das obere vielfarbig. Im Sommer tragen sie einen purpurnen oder verschiedenfarbigen Umhang (Himation), im Winter nur einen verschiedenfarbigen, und ihre Kopfbedeckungen (Tiaren) sind denen der Magier ähnlich. Und sie tragen tiefe Doppelschuhe. Die meisten Leute tragen ein doppeltes Obergewand, das bis zur Mitte der Oberschenkel reicht, und ein Stück Leinenstoff um den Kopf, und jeder Mann hat einen Bogen und eine Schlinge" (XV 3,19). Wollen wir sehen, wie weit diese Beschreibung der persischen Soldaten sich auch anderweitig aufzeigen läßt.

Als Bekleidung diente also offensichtlich die übliche iranische Reitertracht mit Hosen, einem bis zur Höhe der Knie reichenden Obergewand mit Ärmeln und einem Mantel darüber. Diese waren mit verschiedenen, farbigen Mustern versehen. Als Kopfbedeckung trugen die Soldaten einen Baschlik, die Tiara, aus einem weichen Stück Stoff. Was mit den Doppelschuhen gemeint sein soll, können wir nicht sagen. Vielleicht meinte Strabo damit die in die Schuhe reichenden Strumpfhosen?

Im Kampf trug man zum Schutz noch einen Brustpanzer. Er bestand aus Leinen, auf das Eisenschuppen genäht waren. Etliche von solchen eisernen Schuppen sind beispielsweise im Schatzhaus von Persepolis gefunden worden, einige wenige auch aus Bronze oder mit Blattgold überzogen. Aus letzteren muß wohl der "Goldpanzer" bestanden haben, den der persische Feldherr Masistius bei Plataä getragen haben soll (Herodot IX 22–24). Nach Herodot hatten die Perser einen ägyptischen Küraß[181]. Den babylonischen Rechtsurkunden kann man entnehmen, wie die Ausrüstung eines Panzerreiters zur Zeit der Achämeniden aussah[182]: Ein Pferd mit Gurten und Zaumzeug, ein "Schweißtuch" (das man als Baschlik um den Kopf wickeln oder auch als Nackenschutztuch für das Pferd verwenden konnte), ein Panzer aus Eisen (s. oben), eine Kappe (die in der Regel zum Panzer gehörte und wohl aus Eisen war), ein Schild, 120 Pfeile und dazu 10 einer besonderen Sorte, die wir nicht näher bestimmen können (*šiltah gi-ir-ri*), eine Keule

[181] I 135. Bericht über die Bewaffnung der verschiedenen Völker des persischen Reiches: Herodot VII 61 ff.

[182] E. Ebeling, ZA 16, 1952, 203 ff.

Abb. 181 Silberner Schildbuckel mit Jagdszenen aus dem Oxus-Schatz

aus Eisen und 2 Lanzen aus Eisen. Dazu brauchte er noch eine Mine Silber als Wegzehrung. Dieses alles mußte der Panzerreiter im Falle eines Krieges selbst stellen, er erhielt dafür vom König ein Stück Land als Lehen.

Große Mengen an Lanzen- und Pfeilspitzen hat man im Schatzhaus von Persepolis gefunden[183]. Teilweise waren sie durch das Feuer zu ganzen Haufen zusammengeschmolzen. Schilde aus Rohrgeflecht, wie sie Strabo erwähnt, haben beispielsweise auch die Wachen auf den Reliefs der Türgewände des Dareiospalastes in Persepolis vor sich. Allerdings sind sie *Taf. 16*

[183]Schmidt II Taf. 76

Abb. 182a Goldener Schildbuckel im Metropolitan Museum, New York

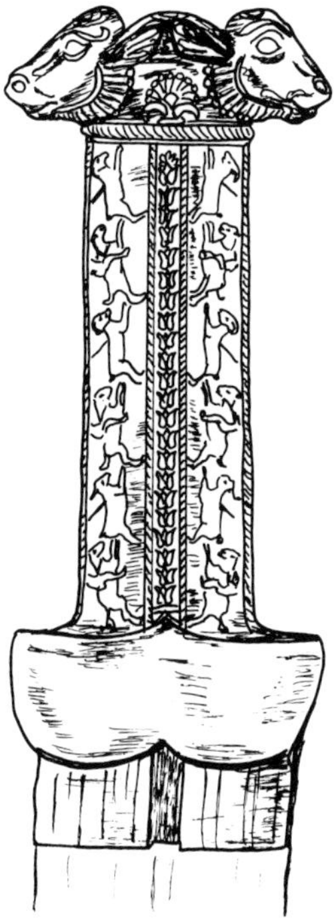

Abb. 182b Goldener Griff des Schwertes aus Chertomlyk

dort rechteckig. Derartige Schilde hat man in den Gräbern von Pazyryk gefunden[184]. Dort kann man sehen, daß sie sogar farbig gestaltet waren, mit Mustern in Rot, Blau und Gelb[185]. Montiert ist das Schildrohr auf Leder, das dem Ganzen Halt und dem Träger noch zusätzlichen Schutz gewährt.

Indessen begegnen auf den Reliefs von Persepolis auch noch andere Formen von Schilden. Beispielsweise sind die Wachen auf den Darstellungen, die Xerxes in der Mitte der Apadāna-Treppen hatte anbringen lassen, nachdem er die Audienzreliefs dort weggenommen hatte, mit ovalen Schilden
Abb. 180 bewaffnet[186]. Seitlich haben sie zwei gerundete Ausschnitte, ringsum ist ein Rand angegeben. Diese Schilde werden wohl aus Holz und Leder zusammengesetzt gewesen sein. In ihrer Mitte ist ein Schildbuckel aus Metall mit vier

[184]Rudenko I Abb. 144.

[185]Tilia II pl. D 2.

[186]Die Ausführungen von S. Bittner, Tracht und Bewaffnung des persischen Heeres zur Zeit der Achaimeniden (1985) 165, zur Handhabung dieser Schilde sind nicht zutreffend, wie man bereits an den Soldaten feststellen kann, die von ihrer rechten Seite wiedergegeben sind; dort blickt man auf die Innenseite der Schilde und kann sehen, wie sie gehalten werden.

Löchern. Ein besonders schönes Exemplar eines derartigen Schildbuckels hat sich im Oxus-Schatz gefunden. Es ist aus Silber und teilweise vergol- *Abb. 181* det. Den Mittelpunkt bildet ein Buckel, der in diesem Fall fünf Löcher hat. Um ihn herum läuft ein Relief, auf dem in iranische Reitertracht gekleidete Männer zu Pferde Hirsche, Steinböcke und einen Hasen jagen. Noch kostbarer ist der goldene Schildbuckel, der heute im Metropolitan Museum in New York aufbewahrt wird. Sein Umriß ist unregelmäßig. Statt der vier *Abb. 182a* oder fünf Löcher finden sich hier fünf runde Scheiben, von denen eine den Mittelpunkt der Komposition bildet. Um sie herum sind zwei sich aufrichtende Löwengreifen gesetzt, ihre Füße stehen auf der unteren Scheibe, die Vordertatzen treffen sich in der Mitte der oberen Scheibe, und die seitlichen werden von dem Schwanz je eines Tieres umfaßt. Ihre Köpfe sind nach außen gerichtet und bilden das Gegengewicht zu den runden, seitlichen Scheiben, so daß eine ausgewogene Komposition entsteht.

Die Kurzschwerter der Perser kann man an vielen Stellen auf den Reliefs in Persepolis sehen. Besonders schön ausgestaltet ist das königliche Schwert auf dem Audienzrelief der Nordtreppe des Apadāna, das dort vom Waffenträger des Königs getragen wird. Auf dem langen Fries der Scheide *Abb. 48* reihen sich Steinböcke aneinander, die durch die Haltung ihrer Beine netzartig miteinander verbunden sind. In dem Feld des oberen Abschlusses sind zwei Greifen zu sehen, die sich nach außen hin aufrichten, aber die Köpfe zurück und einander zuwenden. Der Bogen, an dem die Befestigung für die Schwertscheide sitzt, zeigt einen Palmettenfries. Der Griff des Schwertes selbst ist facettiert. Hier endet er in einem schlichten, ovalen Knauf. Solche Schwertscheiden und Griffe haben sich auch in Gräbern gefunden[187], in feinster Arbeit aus Goldblech getrieben. Der Knauf des Schwertes kann auch in typisch persischer Weise mit Tierköpfen ausgestaltet sein. Dieses zeigt beispielsweise das Schwert, das in Chertomlyk in Südrußland gefunden worden ist, bei dem zwei nach außen blickende Köpfe von Kälbern anein- *Abb. 182b* andergesetzt sind. Das goldene Prachtschwert in New York ist mit zwei Löwenköpfen geziert. Zudem legen sich dort über den oberen Abschluß der Schneide noch zwei Steinbockköpfe[188].

Den unteren Abschluß der Scheide, gleichzeitig Schutz für die Spitze des Schwertes, das sog. Ortband, bildet in der Regel ein stark stilisiertes, eingerolltes Tier. Mitunter ist nur noch der Kopf zu erkennen, während der

[187] z.B. aus dem Kuban in Kelermes, jetzt in der Ermitage in Leningrad: M. Rostovtzeff, Iranians and Greeks in South Russia (1922) pl. VIII 2

[188] Ghirshman Abb. 328. Schwertgriffe auch in Elfenbein und Knochen: R. Stucky, AntK 28, 1985, Taf. 8,15.16.

Abb. 183 Wachsoldat vom Tripylon in Persepolis

Abb. 184 Unterer Abschluß einer Schwertscheide (Ortband)

Körper in einzelne Ornamente aufgelöst wird. Von diesen Ortbändern gibt *Abb. 183*
es auf den Reliefs in Persepolis eine ganze Fülle von Exemplaren. Sie waren *Abb. 184*
entweder aus Metall oder aus Elfenbein hergestellt. Viele Beispiele dafür
haben sich erhalten[189].

Den Akinákes, das Kurzschwert, trug man an einem Ledergurt um die Taille. Damit er beim Gehen nicht an die Beine schlug, war er mit einem Lederriemen, der teilweise geflochten war und in einem Bommel endet *(Abb. 183)*, um den rechten Oberschenkel festgebunden.

Von den Messern, die Strabo erwähnt, haben sich meist nur die Griffe erhalten. Sie sind in Tierform gestaltet und zeigen Löwen, Rinder, Steinböcke[190]. Der langgestreckte Tierkörper bildet den Griff, der dann im Kopf ausläuft. Mitunter sind sogar Tierkampfgruppen dargestellt, bei denen ein Löwe ein entfliehendes gazellenartiges Tier mit beiden Vorderpranken packt[191].

Der königliche Waffenträger in Persepolis hält zudem noch des Herrschers Streitaxt. Sie ist besonders schön gestaltet in Form eines Gänsekopfes, der die Schneide ausspuckt[192]. *Abb. 185*

[189] R. Stucky, AA 1976, 13 ff.; ders., Antike Kunst 28, 1985, 7 ff. Taf. 8,17–22.
[190] R. Stucky, AntK 28, 1985, Taf. 10–12.
[191] Stucky a.O. Taf. 10,37 und 12,4.
[192] Walser I Abb. 44.53. Streitäxte sind auch in Kelermes gefunden worden, s. Rostovtzeff a.O. (oben Anm. 187) Taf. VIII 1; Ghirshman Abb. 364.

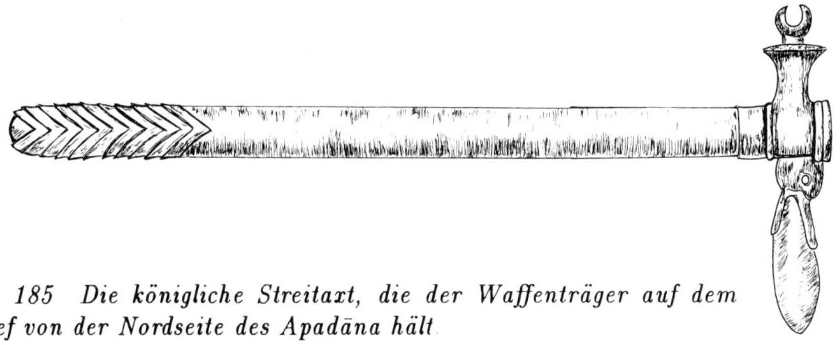

Abb. 185 Die königliche Streitaxt, die der Waffenträger auf dem Relief von der Nordseite des Apadāna hält

Weiterhin nennt Strabo den Bogen als wesentlichen Bestandteil der Ausrüstung eines persischen Soldaten. Dieser wurde zusammen mit den Pfeilen in einem typisch iranischen Bogenkasten aufbewahrt, dem Gorytos.
Abb. 183 Auch er ist vielfach auf den Reliefs von Persepolis zu sehen. Ihn haben sowohl Perser im höfischen Faltengewand als auch solche in iranischer Reitertracht an ihrer linken Seite am Ledergurt hängen[193]. Die Halterung befindet sich etwa in der Mitte des Kastens und ist durch fünf Scheiben, drei unten, zwei weiter oben, die vermutlich aus Metall bestanden, hübsch ausgestaltet *(Abb. 85)*. Nach hinten zu ist dann ein Deckel darübergestülpt, dessen Form noch das darunter steckende Bogenende erkennen läßt. Der elegante Schwung des Futterals endet in einem stark stilisierten Vogelkopf *(Abb. 47)*. Auch der Bogen selbst lief meistens in Entenköpfen aus, wie man z.B. bei den Bogen sehen kann, die die Elamer als Geschenk für den
Abb. 186 Großkönig herbeibringen. Der Waffenträger des Königs Dareios hat den Gorytos einfach geschultert und hält den Gurt mit der Hand fest. So kann man deutlich das Ende von diesem erkennen, mit dem der Kasten sonst am Gürtel befestigt wurde. Ein Riegel in Form von zwei Tierhufen verhinderte das Herausrutschen[194]. Diese kleinen Hufe kann man sehr schön an den Sogdern und Chorasmiern der Apadāna-Reliefs erkennen, die ihre Goryte am Gürtel hängen haben *(Abb. 65)*.

Andere Soldaten der königlichen Leibwache tragen einen einfachen Köcher für die Pfeile auf dem Rücken *(Abb. 183 rechts)*. Bei den farbigen Ziegelreliefs aus Susa kann man erkennen, daß diese Köcher braun mit
Taf. 7 einer feinen Musterzeichnung darauf waren. Von den elamischen Verwaltungstäfelchen, die man im Zeughaus von Susa gefunden hat, wissen wir, daß man solche Köcher aus Gazellenfell herstellte. Herodot (V 49)

[193]z.B. Walser I Abb. 59–62.

[194]Auf dem Relief der Nordseite gut erhalten: Walser I Abb. 52.

Abb. 186 Elamer bringen Dolche und Bögen, Detail der Gesandtschaft Abb. 51

betont, daß die Perser Bogen und kurze Speere trügen. Auf den Abbildungen kann man indes immer nur Lanzen erkennen, die ihre Träger bei weitem überragen.

Die wichtigsten Waffen der Perser im Kampf waren also der Bogen und die Lanze. Mit den Pfeilen konnte man die heranrückenden Feinde schon von weitem beschießen, die Lanzen wurden dann im Nahkampf eingesetzt. Doch beim Zusammentreffen mit den schwerbewaffneten Griechen, insbesondere bei den Kämpfen bei Marathon (490 v.Chr.) und dann bei der endgültigen Niederlage bei Plataä (480 v.Chr.), zeigte es sich, daß die persischen Soldaten sich nicht genügend schützen konnten. Mit ihren kurzen Schwertern (Akinákes) konnten sie nicht gegen die fast doppelt so langen und viel schwereren griechischen Schwerter ankommen. Deshalb nahmen die Perserkönige in der Folgezeit auch verstärkt die schwerbewaffneten griechischen Soldaten als Söldner in ihren Heeren auf.

Eine "Neuerfindung" der Perser in den bewegten Zeiten des fünften Jahrhunderts war der "Sichelwagen". Er war nicht nur nach allen Seiten hin mit vorragenden Lanzen und Schwertern bewehrt, sondern an seinen Radspeichen waren sichelförmige Messer befestigt, die teils nach oben, teils nach unten gekrümmt waren. Diese scharfen Messer zerstückelten alles, was den voranstürmenden Pferden in den Weg kam. Hauptsächlich dieser Erfindung haben die Perser ihre Siege bis zum Ende des vierten Jahrhunderts zu verdanken. Allerdings gegen Alexander d. Gr. halfen ihnen auch ihre Sichelwagen nicht mehr.

Im Rahmen des großköniglichen Programmes für die Reliefs sind Darstellungen von Kampf jeder Art grundsätzlich vermieden worden. Sie finden sich nur hin und wieder auf Siegelbildern, die offenbar unter griechischem Einfluß entstanden sind. Dort kann man dann in iranische Reitertracht gekleidete Personen hoch zu Pferde sehen, mit einem langen Speer bewaffnet, die entweder ebenso gekleidete verfolgen (Boardman Nr. 882) oder auf nackte (Boardman Nr. 881) oder mit einem Panzer bekleidete Griechen (Boardman Nr. 883) losgehen, die sich mit einem Rundschild zu decken suchen.

Von den Griechen erfahren wir auch, daß die persische Jugend vor allem im Bogenschießen, Lanzenwerfen, Reiten und Wahrheitsagen ausgebildet wurde (Strabo XV 3,18). Diese Ideale werden auch in der Grabinschrift des Dareios in Naqsh-e Rostam deutlich[195]: "Darin nämlich besteht meine Tüchtigkeit, daß mein Körper leistungsfähig ist. Als Kämpfer bin ich erprobt. Wann immer ich auf dem Kampfplatz mit meinem Verstand festzu-

[195] DNb § 8g.h; Übersetzung von W. Hinz, AiFF 57 ff.

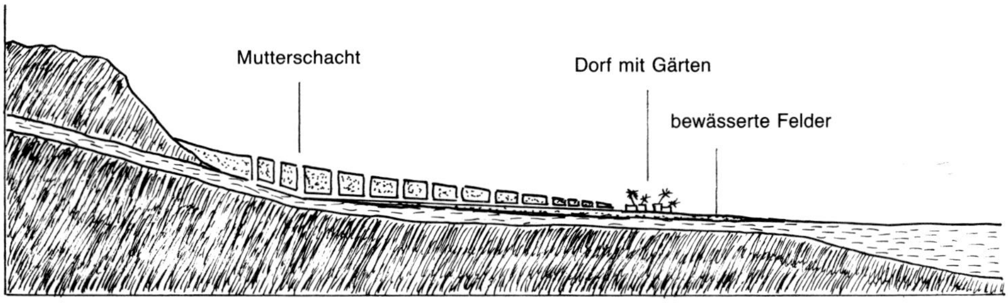

Abb. 187 Wassergewinnung durch einen unterirdischen Kanal (Qanāt)

stellen habe, ob ich einen Feind vor mir habe oder nicht, dann weiß ich mich kraft eben meines Verstandes und meiner Entschlußfähigkeit über lähmende Angst erhaben, auch wenn ich einen Feind vor mir habe, genau so, als hätte ich keinen vor mir. Kraftvoll bin ich mit Händen und Füßen. Als Reiter bin ich erprobt. Als Bogenschütze bin ich erprobt, zu Fuß und zu Roß. Als Lanzenkämpfer bin ich erprobt, zu Fuß und zu Roß."

VIII. Landwirtschaft

1. Ländliche Güter und Parádeisoi

"In welchen Gegenden immer (der Perserkönig) wohnt oder zu welchen er sich wendet, da trägt er Sorge, daß dort Gärten sind, die sog. Parádeisoi, von allen schönen und guten Dingen voll, welche die Erde hervorbringen mag, und in eben diesen hält er sich die meiste Zeit auf, solange die Jahreszeit es zuläßt", weiß Xenophon zu berichten (Oikonomikos 4,13). Das persische Wort *paridaidha-*, von dem das griechische *parádeisos* und unser "Paradies" kommen, bedeutet eigentlich "das Eingehegte, Umzäunte". Große Parks und Wildgehege hatten auch schon die assyrischen und elamischen Herrscher, aber berühmt wurden vor allem die der achämenidischen Könige, und in ihrer Nachfolge übernahmen sie auch die seleukidischen Herrscher und sogar die Römer.

Zum einen enthielten diese Parádeisoi großartige Gartenanlagen, wie sie schon Kyros d. Gr. um seinen Palast *(Abb. 31)* und sein Grab in Pasargadae hatte anlegen lassen. Solche Gärten werden auch mit zu der Planung des Dareios auf der Terrasse von Persepolis gehört haben. Südlich von seinem Palast und überhaupt im südlichen Teil der Terrasse können wir uns große Grünflächen mit Blumen und Bäumen vorstellen, die der Ankommende auf dem Weg zum Schatzhaus oder zum Apadāna durchschritt *(Abb. 34)*. Solche Gartenanlagen waren sicher auch Bestandteil des ausgedehnten Baukomplexes von Palast und Harem des Xerxes. Denn nur so erklärt sich der Plan mit einem großen Freiraum inmitten der ihn an drei Seiten umgebenden Gebäude *(Abb. 92, zwischen 16 und 20 und westlich von beiden)*.

Doch auch an vielen Stellen im Lande gab es Parádeisoi, und zwar nicht nur für das Vergnügen des Herrschers, sondern auch als Nutzplantagen mit Obstbäumen und Weingärten. Sie begegnen überall auf den elamischen Verwaltungstäfelchen aus Persepolis. Besonders reich an solchen vom König eingerichteten Obstplantagen war der Verwaltungsbezirk IV, der südwestlich von Persepolis liegt. Eine Parádeisos-Anlage in unmittelbarer Nähe von Persepolis hatte den vielsagenden Namen "All-Glück". Für diese Obstpflanzungen in den persischen Landen waren insbesondere die

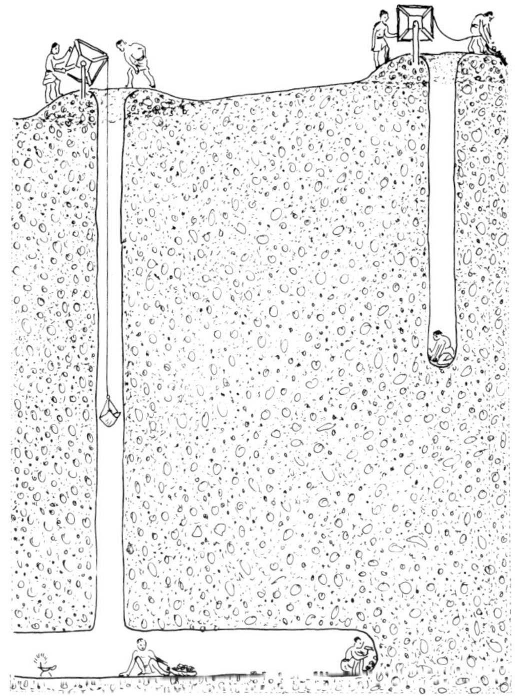

Abb. 188 Anlage eines Qanāts. Die herausgeholte Erde wird rund um das ausgehobene Loch angehäuft

Hofintendanten und Leiter der Intendanturen der einzelnen Verwaltungsbezirke zuständig. Xenophon berichtet, der König habe sich ständig mit eigenen Augen überzeugt und auch durch eigens dafür eingesetzte Beamte die Arbeiten in den Obstplantagen überprüfen lassen (Oikonomikos 4,8).

Von entscheidender Wichtigkeit für diese Anlagen war die Bewässerung. Gern legte man sie direkt an einem Fluß an und nutzte diesen auch für verzweigte Bewässerungssysteme. So floß beispielsweise durch den Parádeisos von Kyros d. J. in Kelainai in Kleinasien der Fluß Mäander[196]. Hinweise auf künstliche Bäche hat man auch im Palastgarten in Pasargadae gefunden *(Abb. 31)*[197]. Überhaupt waren die Perser Meister im Anlegen von Bewässerungskanälen, und zwar vor allem unterirdischen. Man zapfte das vorhandene Grundwasser an und leitete es unter Ausnützung des natürlichen Landschaftsgefälles in unterirdischen Stollen bis auf die Felder. Noch *Abb. 187* bis zum heutigen Tage werden weite Teile Irans durch solche unterirdischen Wassergänge versorgt, die die Perser mit dem arabischen Wort Qanāt bezeichnen. Die beim Graben der Schächte herausgehobene Erde wird rings

[196]Xenophon, Anabasis I 2,7; auch im Parádeisos des Satrapen Pharnabazos in Daskyleion gab es einen fischreichen Fluß: Xenophon, Hellenika IV 3,14.
[197]Stronach 107 ff.

Abb. 188 um die Öffnungen der senkrechten Lüftungsschächte aufgeschüttet, so daß eine Reihe von "Maulwurfshügeln" den Verlauf eines solchen Qanāts kennzeichnet. Diese unterirdischen Kanäle sind in der Regel 10 bis 15 km lang, können aber auch eine Länge von 40 km erreichen. Mit dieser Erfindung war es den Persern möglich, sogar Gebiete, die an der Oberfläche völlig trocken wirken, mit dem 100 oder gar mehr Meter tief in der Erde verlaufenden Wasser zu versorgen.

Auch achämenidische Staudämme hat man an vielen Stellen des Landes entdeckt[198]. In den elamischen Gebieten dienten sie vor allem der Bewässerung. Doch brachten bereits die Elamer mit Hilfe von Aquädukten Trink- und Brauchwasser auf die Zitadelle von Susa. Zwei 3 bis 4,5 m breite Stollen leiteten das Wasser in dem sog. Dareios-Kanal herbei, ein Fußweg an ihrer Seite erleichterte die Reinhaltung. In seinem weiteren Verlauf von der Schushtar-Insel in südöstlicher Richtung muß der Dareios-Kanal einen Höhenunterschied von 15 m überwinden. Drei eingebaute Sperren verringerten vermutlich die Wassergeschwindigkeit.

Die achämenidischen Staudämme im Gebiet von Persepolis und Pasargadae sind vor allem an den Stellen errichtet worden, wo der Pulvarfluß und seine Zubringerflüsse sich durch ein enges Gebirgstal zwängen mußten. Sie sollten also in erster Linie als Schutz vor Hochwasser dienen. Durch diese technischen Einrichtungen war es den Persern möglich, sich sowohl vor Wasserkatastrophen als auch vor Wassermangel zu schützen.

Ein zweiter wesentlicher Bestandteil der Parádeisoi waren die großköniglichen Wildgehege. Auf den Reliefs vom Apadāna in Persepolis bringen die Elamer eine Löwin mit ihren Jungen für den Jagdpark des Königs herbei *(Abb. 52)*. Noch zu Strabos Zeiten sollen in Elam wilde Löwen gelebt haben. Diese Tiere galten schon zu allen Zeiten und auch unter den Assyrern als die dem König angemessensten Gegner. Außerdem gab es aber noch jede Menge von anderen Wildtieren, die auch für die königliche Tafel bestimmt sein konnten. Auf Siegelbildern sieht man Perser beispielsweise
Abb. 189 wilde Eber[199], Wildesel (Boardman Nr. 886), Hirsche[200] und Steinböcke (Boardman Nr. 927) jagen. In der Regel werden die Jäger von einem Hund begleitet. Jagd auf Hasen, Hirsche und Steinböcke zeigt auch der Schildbuckel im Oxusschatz *(Abb. 181)*. Wildgeflügel jeder Art gehörte in den

[198] F. Hartung - Gh. R. Kuros, Historische Talsperren in Iran in: G. Garbrecht, Historische Talsperren (1987) 221-274. W. Kleiss, AMI 15, 1982, 361 f.; AMI 20, 1987, 99 ff.; AMI 21, 1988, 63 ff.

[199] Boardman Nr. 885.905.924.925.926; Jäger zu Fuß: H. Frankfort, Cylinder Seals (1939) pl. 37 f (Boston 36- 207). 37 k (Vorderasiat. Abt. d. Staatl. Mus. Berlin 3316).

[200] Boardman Nr. 888. Frankfort a.O. pl. 37 i (De Clercq 368)

Abb. 189 Siegel mit Darstellung einer Eberjagd

königlichen Park. Besonders häufig begegnen auf den Verwaltungstäfelchen Pfauen, die zu ihrer Fütterung Zusatzrationen an Getreide erhielten. Diese prachtvollen Vögel hielt man indessen nicht nur wegen ihres schönen Aussehens, sondern sie wurden auch verspeist. Eine Bronzeschale zeigt eine Jagd auf Strauße, und zwar von Kamelen aus. Diese begegnen auch sonst mitunter als Reittiere bei der Jagd, so z.B. bei einer Löwenjagd[201]. Ob dazu der König auch einige der Kamele, die ihm die Abordnungen auf den Apadānareliefs bringen, gebraucht haben mag? *Abb. 132*

Zu den Parádeisoi gehörten also sowohl Gartenanlagen bei den königlichen Palästen als auch große Wildparke, in denen gejagt werden konnte. In den meisten Fällen waren es allerdings ausgedehnte Obstplantagen, die für die Versorgung der Bevölkerung dienten. Sie brachten die Fürsorge des Königs für seine Untertanen zum Ausdruck, der es sich angelegen sein ließ, selbst die Kultivierung des Landes zu überwachen. Beispielsweise betont Xenophon (Oikonomikos 4,20 ff.), daß Kyros d. J. die Bäume "mit eigener Hand gepflanzt" habe. So zeigen die Bilder der Königssiegel, die der König auch seinen obersten Beamten als Dienstsiegel aushändigte, im-

[201] Frankfort a.O. pl. 37 m (De Clercq 370bis)

Abb. 190 Siegel, das König Dareios bei der Löwenjagd zeigt. Die dreisprachige Inschrift nennt seinen Namen

Abb. 190 mer eine Palme[202], das berühmte Dareiossiegel in London sogar zwei. Die Palme war das Sinnbild für besondere Fruchtbarkeit, mit ihr konnte man alle Bedürfnisse des Lebens bestreiten: aus ihren Früchten konnte man Brot backen, mit ihnen Wein und Essig, Honig und sonstiges Essen zubereiten; aus ihren Blättern fertigte man alle Arten von Gewebe; die Kupferschmiede nahmen die Kerne statt Holzkohle; eingeweicht in Wasser, dienten die Kerne als Ochsenfutter und zur Mast für Schafe. Nach Strabo gab es ein persisches Lied, in dem 160 Arten der Verwendung der Palme aufgezählt wurden (XVI 1,14). In Babylonien, im Gebiet von Susa und an der persischen Küste wuchsen die Palmen in großen Mengen (Strabo XVI 1,5).

In den heißen Gegenden mit weiten Steppen- und sogar Wüstengebieten waren Gärten mit ihren grünen Bäumen und den plätschernden Bächen darin Ausdruck eines angenehmen Lebens, und so wundert es nicht, daß die Perser die Parádeisoi ganz besonders geliebt haben. Noch in den viel späteren orientalischen Märchen fallen immer wieder die ausführlichen Schilderungen von fruchtreichen und blühenden Gärten auf.

[202]Schmidt II pl. 3–5.

2. Pachtverträge

Obwohl die großköniglichen Landgüter und Obstplantagen sehr ausgedehnt gewesen sein müssen, werden sie nur einen Teil der benötigten Lebensmittel für die Bevölkerung produziert haben. Hinzu kam sicher eine große Menge von unabhängigen Bauern und auch Großgrundbesitzern. Sie hatten ihre Abgaben zu entrichten, offenbar den zehnten Teil ihrer Erträge. Über die weiteren Einnahmen konnten sie dann frei entscheiden. Doch neben diesen wohlhabenderen Bauern gab es noch eine beträchtliche Anzahl an Kleinbauern, die nur mühsam ihren Lebensunterhalt fristen konnten. Teilweise verfügten sie nicht einmal über eigenes Land, das sie bestellen konnten. Für diese gab es eine besondere Art, ihrem Broterwerb nachzugehen, und zwar in Form von Pachtverträgen. Ein solcher Kleinbauer erhielt von der Verwaltung einen bestimmten Vorrat an Saatgut und hatte als Gegenleistung eine genau festgelegte Menge wieder abzuliefern. Noch bis zum heutigen Tage ist es in Persien üblich, daß man einem Pächter das Saatgut, den zu beackernden Boden, Zugtiere und Wasser für die Bewässerung zur Verfügung stellt. Als fünfte Komponente muß er seine Arbeitskraft einbringen, und entsprechend dieser Aufteilung wird dann auch der Gewinn verteilt. Diese Sitte geht also sicherlich auf Regelungen zurück, die bereits zur Achämenidenzeit eingeführt worden sind. Auch auf den Täfelchen aus Persepolis, die uns Kenntnis von derartigen Pachterträgen geben, wird neben dem Saatgut aufgeführt, ob es sich um Privatland oder Land des Königs handelt, ob das Land bewässert wurde oder nicht; und auch Zugtiere scheint man dem Pächter zur Verfügung gestellt zu haben. Doch gibt es einen wesentlichen Unterschied: Der Ernteertrag wird nicht einfach in fünf Teile auf- und, entsprechend der Beteiligung, zugeteilt. Statt dessen steht immer von vornherein genau fest, wieviel man hinterher insgesamt abzuliefern hat, bei Gerste auf bewässertem Land beispielsweise das Zehnfache des erhaltenen Saatgutes, bei Sesam, Reis und Leinsamen sogar das Dreißigfache. Mußte der Anbau ohne die Möglichkeit der Bewässerung erfolgen, so war der zu erwartende Ertrag wesentlich geringer; wir hören von Gersteanbau auf Trockenland, bei dem das 3-, 3 1/2- oder 5-fache abgeliefert wurde. Vermutlich konnte der Pächter das behalten, was er als Überschuß erwirtschaftet hatte. Diese Regelung ist zum einen recht hart, denn selbst bei einer guten Ernte konnte man zu damaligen Zeiten kaum sehr viel mehr als die zehnfache Gerstenmenge auf bewässertem Land hereinbekommen. Zum anderen hat es aber für den Pächter den Vorteil, daß sich besondere Mühe um den Anbau auch für ihn persönlich auszahlte. Es war also in seinem Interesse, den Boden gut umzupflügen und von Steinen und Unkraut zu be-

Abb. 191 Abdruck eines Siegels mit pflügendem Bauern

freien und auch die Bewässerungsgräben immer sauber und funktionstüchtig zu erhalten. Der Bauer, der mit Buckelrindern emsig den Boden umpflügt,
Abb. 191 ist auch ein in der Siegelkunst beliebtes Motiv. Es ist kaum anzunehmen, daß ein solcher Bauer oder Pächter selbst ein Siegel mit dieser Darstellung besaß, vielmehr ein Großgrundbesitzer, dessen Wohlstand sich eben auf der eifrigen Arbeit derartiger Bauern begründete.

Trotz aller Bemühungen war es den einzelnen Pächtern nicht immer möglich, ihr Soll zu erfüllen. Dann werden in den Abrechnungen Minusbeträge vermerkt. So wurden beispielsweise im Orte Prmya im Jahre 502 v.Chr. 2230 Liter Gerste hinterlegt, aber 400 wurden als nicht erhalten vermerkt (PF 1955). Diese Fehlbeträge konnten nach besonders günstigen Jahren zurückerstattet werden. So liefert der Pächter Chvamnaka, der ebenfalls im Jahre 502 v.Chr. 50 Liter Reis als Saatgut erhalten hatte (PF 531), in demselben Jahr 1530 als Ernteertrag wieder ab (PF 651), also 30 Liter mehr, als er für den erhaltenen Betrag eigentlich mußte. Damit hat er vermutlich einen Rückstand ausgeglichen. Offensichtlich wurde diese

Möglichkeit von der Verwaltung durchaus mit einkalkuliert. In einigen Abrechnungen finden wir dann eine gesonderte Spalte: "zusätzlich erhalten". Dieses gibt uns gleichzeitig einen Hinweis, daß es sich — wenn sich diese Angaben häufen — um besonders ertragreiche Jahre gehandelt haben wird. Mit dieser großzügigen Regelung zeigt sich die achämenidische Hofverwaltung wesentlich toleranter als die in Babylonien zu derselben Zeit. Dort hatte das berühmte Bankhaus Murashu weitgehend die Verpachtung des königlichen Landes, ebenso die der Bewässerungskanäle und der Ochsen, übernommen[203]. Doch waren diese Bankleute nicht so duldsam wie die Hofverwaltung in Persepolis. Sie erlegten säumigen Zahlern hohe Strafen auf. Dieses wirkte sich besonders verheerend bei den Besitzern kleiner Lehensgüter aus. Konnten sie nicht zahlen, so ging ein Teil ihres Besitzes in die Hand des Bankhauses über. Auf diese Art und Weise verloren viele kleine Bauern ihr Gut, während das Bankhaus reichen Zuwachs an Ländereien und Besitzungen zu verzeichnen hatte.

Überwacht wurde die Ausgabe des Saatgutes und die Einnahme des festgesetzten Erntebetrages von Steuerbeamten (*ba-zí-qa-ra* und *ma-ti-ra*, s.a. Kap. III 5). Außerdem wird auf den Abrechnungen vermerkt, ob es sich um Privatland oder Land des Königs handelt und wer die Zugtiere zur Verfügung gestellt hat. Die Pachtverträge waren also eine weitere Einnahmequelle für die Verwaltung, mit deren Erträgen sie dann wiederum die vielen Tausende an Beamten und Arbeitern entlohnen konnte.

3. Die Ernährung

Wie wir im Zusammenhang mit den Löhnen gesehen haben (Kap. III 4), war Gerste das Grundnahrungsmittel für die Bevölkerung. Die Gerste ließ sich in verschiedener Weise zubereiten. Man konnte sie beispielsweise schroten und zusammen mit Obst oder Milch zu Brei verarbeiten, oder man konnte sie mahlen und zu Fladenbrot oder Kuchen backen. Zu dem königlichen Personal gehörte eine ganze Reihe von Brot- und Kuchenbäckern. Bisweilen begegnen wir ihnen auch auf Reisen. Der König pflegte wohl einige von ihnen vorauszuschicken, wenn er seine Hofhaltung beispielsweise von Persepolis nach Susa oder umgekehrt verlegte. Bei seiner Ankunft am neuen Aufenthaltsort waren dann Brot und Kuchen bereits frisch gebacken.

Strabo (XV 3,18) berichtet, daß das tägliche Essen für die Perser aus Brot, Gerstenkuchen, Kardamom (den man wie Senf zubereitete), Salzkör-

[203] Dandamaev – Lukonin 142 f.

nern, geröstetem oder gekochtem Fleisch bestanden habe, dazu hätten sie Wasser getrunken. Nun, Fleisch wird der normale Bürger sicher nicht jeden Tag gegessen haben. Aber immerhin war die Tatsache, daß Fleisch mit zu den Dingen gehörte, die von der Verwaltung als Lohn ausgezahlt wurden, doch sehr beeindruckend für die Nachbarvölker der Perser. Konnte sich doch ein Grieche in der klassischen Zeit vielleicht nur zweimal pro Jahr Fleisch leisten. Die Fleischrationen wurden zum überwiegenden Teil von Ziegenfleisch bestritten, seltener von Hammelfleisch. Von Rindern, die mitunter auch noch speziell gemästet wurden, erfahren wir nur im Zusammenhang für die Vorbereitungen zur Bewirtung des Königs. Zusätzlich ist häufig von Geflügel der verschiedensten Arten die Rede, von Hühnern und Küken, Enten, Gänsen und Pfauen. Sie wurden in großen Herden gehalten, die dann wohl vor allem bei Hofe verbraucht wurden. Doch läßt es sich auch denken, daß die Köchinnen in den Schatzhäusern hin und wieder Geflügel für die Angestellten auf den Tisch brachten. Kleinere Mengen an Geflügel und Kleinvieh, die man selbst aufziehen mußte, scheinen mit zu den Rationen gehört zu haben.

Die Gerste konnte teilweise ergänzt oder ersetzt werden durch Kornschrot. Hierunter mag auch die einfache Getreideform des Dinkels gefallen sein. Für vornehmere Herrschaften gab es außerdem Weizen. Da der Anbau von Weizen indessen viel problematischer war als der von Gerste, war Weizen nur in geringeren Mengen vorhanden. Er wurde hauptsächlich in den wasserreichen Niederungen der elamischen Gebiete angebaut. Diese waren für ihre Fruchtbarkeit berühmt. Strabo berichtet sogar, daß dort sowohl Gerste als auch Weizen einen hundertfachen, ja teilweise sogar einen zweihundertfachen Ertrag gebracht hätten (XV 3,11). Dieses stimmt nun sicher nicht, wie sich leicht an Hand der Verwaltungstäfelchen belegen läßt. Viel mehr als einen gut zehnfachen Ertrag wird man auch im Gebiet von Susa nicht erzielt haben. Doch konnte man dort in größerem Maßstab Reis anbauen. Mit Reis war es immerhin möglich, gut das 30fache zu ernten. Dasselbe gilt für Sesam und Leinsamen. Aus Sesam wurde vornehmlich Öl zubereitet. Oliven waren ursprünglich nur in Syrien und Palästina beheimatet, und das von ihnen gewonnene Öl wurde wesentlich teurer gehandelt. Leinsamen erhielten die Männer als Zusatzrationen. Wie weit aus Leinsaat auch Öl gewonnen wurde, ist nicht überliefert. Das verbreitetste Getränk — neben dem Wasser natürlich — war der Wein. Er wurde aus Datteln, aber offenbar auch schon aus Weintrauben gewonnen. Denn es werden auch Rosinen erwähnt. Den Griechen erschien es als besonders verwerflich, daß die Perser den Wein ungemischt zu sich nahmen. Wein gehörte in großen

Mengen zu den Rationen, die an Arbeiter und Beamte, an stillende Mütter, an Reisende und hochgestellte Persönlichkeiten ausgegeben wurden. Da konnte es schon einmal vorkommen, daß ein Engpaß in der Versorgung eintrat. In einem solchen Falle, der durch ein Verwaltungstäfelchen belegt ist, ordnete der zuständige Beamte einfach an, daß man statt dessen den Arbeitern vergorenen Rhabarber zuteilen solle.

In einigen Texten ist auch davon die Rede, daß "Sauerwein" ausgegeben worden sei. Dieser aus sauren Weinsorten gewonnene Wein oder sogar Weinessig ergab, mit Wasser verdünnt, ein durchaus erfrischendes Getränk. So gehörte beispielsweise noch bei den Römern Weinessig zur Tagesration einer marschierenden Truppe[204]. Andererseits eignete sich der saure Wein — gegebenenfalls zusammen mit einer Salzlake — auch vorzüglich zum Konservieren von Nahrungsmitteln.

In den elamischen Gebieten wurde das Bier bevorzugt. Dort scheint es nur sehr selten Wein gegeben zu haben, so daß beispielsweise selbst die Königinnen, wenn sie sich in elamischen Orten aufhielten, mit Bier versorgt wurden. Auffälligerweise schätzte man das Bier aber dem Weine ganz gleich ein. Die Höhe der Rationen ist nämlich immer dieselbe, gleich, ob Wein oder Bier ausgegeben wurde. So spricht denn auch Xenophon[205] von einem "Gersten-Wein": "Hier gab es auch Weizen, Gerste und Bohnen und Gerstenwein in großen Schüsseln. Oben auf diesem Getränk schwammen Gerstenkörner und in ihm waren Strohhalme, einige größer und andere kleiner, ohne Verbindung; und wenn man durstig war, so mußte man diese Strohhalme in den Mund nehmen und saugen. Es war ein außerordentlich starkes Getränk, wenn man es nicht mit Wasser mischte, und ein außerordentlich gutes, wenn man es gewohnt war". Das Bier der Elamer dürfte einen wesentlich höheren Alkoholgehalt gehabt haben als unser heutiges, da man zur Gärung eine Wildhefe benutzte. Ob Bier, ob Wein, die Perser waren offenbar an starke Getränke gewöhnt.

Früchte wurden in großen Mengen angebaut, vor allem in dem Verwaltungsbezirk IV, der südwestlich von Persepolis liegt. Maulbeeren, Pflaumen, Äpfel, Quitten und Birnen werden erwähnt. Für die Vorratshaltung waren besonders die Früchte geeignet, die man auch trocknen konnte, wie Feigen und Datteln. Kultiviert wurden sowohl gewöhnliche wie auch Maulbeerfeigen. Diese Früchte sind stark sättigend und haben außerdem einen hohen Zuckergehalt. Da Honig sehr kostbar war und man damals noch nicht über die Zuckerrohranbaugebiete Mittelamerikas verfügte, waren Fei-

[204] P. und D. Brothwell, Manna und Hirse (1969) 228.

[205] Anab. IV 5, 26 ff., im Zusammenhang mit Armenien.

gen und Datteln für die Bevölkerung sehr wichtig und dienten gleichsam mit als Grundnahrungsmittel. Hinzu kommen noch Nüsse, Mandeln und Pistazien, die nicht nur wohlschmeckend sind, sondern zudem einen hohen Anteil an Fetten, Proteinen, Spurenelementen und Mineralien haben. Als "persische Nuß" bezeichneten die Römer eine Walnußart, die im Altertum indessen auch über die Grenzen des persischen Reiches hinaus weit verbreitet war[206].

Bei einer ganzen Reihe von Früchten, die auf den Verwaltungstäfelchen genannt werden, können wir bisher nicht genau sagen, was mit ihnen wohl gemeint sein mag. Sicher muß es bei den Persern auch Granatäpfel gegeben haben, da sie in der Kunst vielfach dargestellt und beispielsweise auch als *Abb. 163* kleine Schmuckstücke nachgebildet worden sind. Die Mispel war sogar im persischen Raum beheimatet[207] und wurde von den Assyrern übernommen. Kirschen sind wohl erstmals in Mesopotamien kultiviert worden und von dort auch nach Persien gekommen. Aprikosen sind dagegen von China her eingeführt und über Persien weiter nach Kleinasien verbreitet worden. Den gleichen Weg hat wohl auch der Pfirsich genommen, der dann als "persische Frucht" zu den Griechen und Römern gelangte. Ja sogar unser Wort "Pfirsich" ist durch Lautverschiebung aus "Persica" entstanden. Von Indien her drang die Zitrone nach Westen vor. Die Griechen sind ihr zuerst im persischen Gebiet begegnet und haben ihr daher den Namen "medischer" oder "persischer Apfel" gegeben[208].

Einige der Grundnahrungsmittel scheinen auf den Täfelchen gar nicht belegt zu sein. Doch ist anzunehmen, daß auch die Perser Hülsenfrüchte angebaut haben. Wie bei den Hethitern und Assyrern dürfte es in Persien Bohnen, Erbsen, Kichererbsen und Linsen gegeben haben. Herodot berichtet beispielsweise von den Skythenvölkern: "Sie säen Getreide und essen die Frucht, dazu Zwiebeln, Knoblauch, Linsen und Hirse" (IV 17). Zwiebeln, und damit auch Lauch, und Knoblauch gehörten wohl im gesamten persischen Großreich mit zu den Grundnahrungsmitteln. Wie im Norden die Skythen, so lebten auch die Babylonier und die Ägypter im Süden von diesen Gemüsen. Schon die Arbeiter, die beim Bau der Pyramiden mitwirkten, bekamen Rettich, Zwiebeln und Knoblauch (Herodot II 125). Als grüne Salatpflanzen zog man Lattich in Ägypten ebenso wie bei Assyrern und Babyloniern. Auch Gurken, Kürbisse und Melonen dürften den Persern, ebenso wie ihren Nachbarn, zur Nahrung gedient haben.

[206] Brothwell a.O. 213 f.
[207] Brothwell a.O. 189.
[208] Brothwell a.O. 198 f.

Die frischen Gemüse und Kräuter finden in den Verwaltungstäfelchen keine Erwähnung. Sie werden von den Arbeitern und Angestellten in ihren kleinen häuslichen Gärten angebaut worden sein. Desgleichen war die Herstellung von Milchprodukten wohl Aufgabe der Hausfrau. Nur vereinzelt werden Milch oder Käse mit unter den Ausgaben verzeichnet, und dabei geht es immer um die Versorgung des Königs auf Reisen. Ansonsten wird jede Familie wohl mindestens eine Ziege gehalten haben, von deren Milch auch Butter, Joghurt und Käse zubereitet werden konnte. Auf den Täfelchen werden mehrfach Ausgaben an lebenden Zicklein verbucht. Diese waren ein Teil der Rationen und wurden dann in den Familien aufgezogen.

So kann man mit Hilfe der Verwaltungstäfelchen, ergänzt durch archäologische Funde und außerpersische Schriftquellen, ein recht anschauliches Bild von den Lebensmitteln erhalten, die den Einwohnern des persischen Reiches zur Verfügung standen. Vielleicht bringen die bisher noch nicht bearbeiteten Tontäfelchen weitere Aufklärung über die Bedeutung mancher Obst- oder Getreidesorten, deren Bezeichnungen wir bisher noch nicht übersetzen können.

IX. Religion

"Nach dem Willen Ahuramazdās bin ich König" sagt Dareios in seiner ersten Inschrift am Felsen von Bisotun, und dieses wiederholt er auch in allen folgenden Inschriften. "Der große Gott ist Ahuramazdā" und "Ahuramazdā hat mir die Herrschaft übertragen", so und ähnlich kann man es immer wieder in den großköniglichen Inschriften lesen. Deutlich sichtbar hat Dareios diesen Gedanken beispielsweise auf seinem ersten großen Relief in Bisotun gemacht. Dort schwebt in der Mitte über den gefangenen "Lügenkönigen" das Symbol des Gottes Ahuramazdā in einer geflügelten Sonnenscheibe. Der König erhebt anbetend seine rechte Hand zu ihm, und der Gott überreicht *Abb. 5.7* ihm den "Ring der Herrschaft". Ahuramazdā, der "weise Herr", war also offensichtlich der größte und bedeutendste Gott für König Dareios. Er ist auch der Gott, von dem der Prophet Zarathustra in seinen Gesängen, den Gathas, kündet. Sie sind der einzige Bestandteil des Awesta, der heiligen Bücher der Zarathustrier, der noch auf den Propheten selbst zurückzuführen ist. Wann Zarathustra gelebt hat, ist bis heute heftig umstritten. Wahrscheinlich wurde er etwa 630 v.Chr. geboren und wirkte vor allem zu Beginn des 6. Jahrhunderts[209]. Die Texte sind zunächst nur mündlich überliefert worden; vermutlich erst seit dem 4. Jh. n.Chr. hat man begonnen, sie auch schriftlich festzulegen. In dieser langen Zeit hat die Religion eine Entwicklung durchlaufen, und manches mag sich seit den Tagen des Propheten verändert haben. Deshalb herrscht auch heutzutage noch immer Uneinigkeit darüber, wie die frühe Form der von Zarathustra verkündeten Religion ausgesehen hat, ja sogar, ob die Achämeniden überhaupt schon Anhänger dieser Religion waren. Zwar spricht die hervorgehobene Stellung, die der Gott Ahuramazdā bei Dareios einnimmt, dafür; doch mögen manche dies allein nicht als hinreichendes Argument gelten lassen, da es einen Gott Ahuramazdā auch schon in der altindischen Religion gab, dort allerdings als einen unter vielen gleich- oder gar höhergestellten. Durch eine genaue Untersuchung der Verwaltungstäfelchen, die in Persepolis gefunden worden sind, vermag man indessen, auch in einigen Fragen der Religion der Achämeniden klarer zu sehen.

[209] Hinz I 65 ff. Andere Wissenschaftler setzen ihn sehr viel früher an, etwa um 1000 v.Chr.

Auf den Täfelchen werden viele verschiedene Götter genannt, die Opferzuteilungen erhalten, und eine ganze Reihe von Priestern tritt auf. Zunächst ist das Bild äußerst verwirrend. Geht man jedoch allen im einzelnen nach und klärt auch das Umfeld, in dem sie zu finden sind, so wird manches deutlich[210].

1. Die Staatsreligion

a) Das "Kultopfer"

Unter den Verwaltungstexten findet sich eine ganze Reihe, die Zuteilungen für die verschiedensten Opfer verbucht. In den allermeisten Fällen sind diese Opfer für *d.lan* bestimmt. Nähere Erläuterungen zu diesem Begriff fehlen. Für die Verwaltungsbeamten und auch für die Bewohner des Achämenidenreichs war es offensichtlich völlig klar, an wen sich ein derartiges Opfer richtete. Heutige Leser dieser Texte müssen indessen schon einiges an detektivischer Leistung erbringen, um hinter die Bedeutung dieses Begriffes zu kommen. Auffällig ist, daß immer das Dingir–Zeichen, also das Gotteskennzeichen, vor dem Wort *lan* steht. Ein Wort *lan* gibt es schon in alten elamischen Inschriften. Dort bedeutet es etwa "göttliche Gegenwart", übertragen dann "göttlicher Kult", bzw. ganz konkret "Kultopfer". Ein solches "Kultopfer" ist offenbar auch auf den Verwaltungstäfelchen der achämenidischen Zeit gemeint. Dort wird das "Kultopfer" häufig allein als Bestimmungszweck der Opfergaben genannt. In anderen Fällen sollen die Gaben aber auch an mehrere Götter verteilt werden. Sie werden dann namentlich genannt, und in der Aufzählung, als einer von ihnen, erscheint das "Kultopfer". Es zeigt sich also, daß damit eine ganz bestimmte Gottheit angesprochen wurde, doch ist nie vermerkt, um welche es sich dabei handelt. Häufig ist bei den Zuteilungen auch einfach hinzugesetzt: "Opferspende für *d.lan*". Das ist wiederum ein Hinweis darauf, daß sich eine bestimmte Gottheit als Empfänger hinter diesem Ausdruck verbirgt. Doch welche?

Das *lan*-Opfer ist das einzige, für das von der Verwaltung ganz regelmäßige Zuteilungen ausgegeben werden, Monat für Monat. Am häufigsten findet sich eine Menge von 30 Liter Gerste oder Mehl und 10 Liter Wein pro Monat. Das ergibt einen täglichen Opferbetrag von 1 Liter Mehl und

[210] Eine ausführliche Untersuchung der religiösen Fragen findet sich in: H. Koch, Die religiösen Verhältnisse der Dareioszeit (GOF III. Reihe: Iranica, Bd. 4, 1977) = abgekürzt: Koch, Rel.; dies., ZA 77,2, 1987, 239–278.

1/3 Liter Wein. Teilweise werden auch Früchte zugeteilt, möglicherweise anstelle des Weines. Diese Opferzuwendungen werden — genau wie die Löhne der Arbeiter — einfach als "Rationen" (gal) bezeichnet. In einigen Fällen werden sie auch "Rationen des Königs" genannt. Dieses gibt uns einen Hinweis, daß offenbar der König selbst diese regelmäßigen Opferzuteilungen veranlaßt hatte, und zwar nur bei diesem ganz speziellen Opfer. Wenn der König also selbst sich um dieses Opfer bemühte, so können wir vermuten, daß sich das *lan*-Opfer an Ahuramazdā richtete. Denn er ist ja der einzige Gott, der von König Dareios in all seinen Inschriften ganz deutlich hervorgehoben wird. Und auch noch weitere Gründe sprechen für diese Annahme.

Sehen wir uns beispielsweise einmal an, wo überall das *lan*-Opfer vollzogen wurde. Betrachten wir die einzelnen Verwaltungsbezirke *(Abb. 23)*, so ist das *lan*-Opfer im Bezirk I und II, also im Gebiet um Persepolis und Schiras, bis auf je eine Ausnahme die alleinige Opferart, die hier genannt wird. Auch in Bezirk III, der südöstlich von Persepolis liegt, ist es weit verbreitet. Dort werden nur in drei Orten zusätzlich noch elamische Gottheiten und eine babylonische verehrt. Desgleichen wird in dem gesamten Bezirk IV, südwestlich von Persepolis, das *lan*-Opfer gefeiert. Dieses ist ein wirtschaftlich sehr bedeutendes Gebiet, aus dem wir viele Belege erhalten haben. Hier werden neben dem *lan*-Opfer auch noch verschiedene andere Gottheiten mit Opfern bedacht, vor allem iranische, selten elamische. Doch kann man sagen, daß die Verehrung dieser weiteren Gottheiten jeweils auf ein kleines Gebiet beschränkt ist. In keinem Fall kommt eine von ihnen in ihrer Bedeutung an das *lan*-Opfer heran. In dem nordwestlich von Persepolis gelegenen Bezirk V ist das *lan*-Opfer vor allem im östlichen Teil, der näher an der Hauptstadt Persepolis liegt, weit verbreitet. Nach Westen hin kommen zunehmend andere Gottheiten hinzu, und im elamischen Grenzgebiet ist das *lan*-Opfer teilweise gar nicht nachzuweisen. Dort waren aber statt dessen große Opferfeste üblich, die einmal im Jahr gefeiert wurden. Diese Sitte läßt sich nur in diesem Bereich nachweisen und beruhte offenbar auf örtlichen Traditionen. Unter den Göttern, für die ein solches Opferfest gefeiert wird, kommt auch Ahuramazdā vor. Dieses sind die einzigen Belege, die den Namen des Gottes direkt nennen. Im elamischen Gebiet, dem Bezirk VI, ist dann das *lan*-Opfer nur noch in zwei Orten im elamisch–persischen Grenzbereich anzutreffen, sonst überhaupt nicht. Auch diese Tatsache zeigt deutlich, daß sich hinter dem *lan*-Opfer kein allgemeiner Opferbegriff verbarg, sondern daß eine bestimmte Gottheit damit angesprochen wurde. Und dieses konnte keinesfalls eine elamische Gottheit sein.

b) Die Priester

Eine weitere Hilfe bei der Bestimmung des "Kultopfers" können die Titel der Priester sein. Im Zusammenhang mit den Opferzuteilungen durch die Verwaltung kommen drei verschiedene Bezeichnungen vor: Priester, Magier und Feuerschürer. Das elamische Wort *šá-tin* kann man einfach mit "Priester" übersetzen. Es ist dieses ein allgemeiner Titel, der für alle Arten von Priestern angewandt werden kann. In der Regel vollziehen die so bezeichneten Priester Opfer für elamische oder babylonische Götter. Es scheint also keinen speziellen Titel für mit diesen Kulten befaßte Männer gegeben zu haben. Sie können daneben aber durchaus auch iranische Gottheiten mit Opfern bedenken; und in Ausnahmefällen kommt es sogar vor, daß ein solcher "Priester" Zuteilungen für das *lan*-Opfer, also das offizielle "Kultopfer" in Empfang nimmt.

Am häufigsten sind auf den Täfelchen die "Magier" vertreten. Sie sind es, die man seit Jahrhunderten im Abendland für die typischen Vertreter der persischen Religion hält. Drei von ihnen kamen ja bekanntlich aus dem Morgenland herbei, um das Christuskind anzubeten und ihm Geschenke zu überbringen. Auf der anderen Seite verbinden sich in unserer Vorstellung mitunter aber auch recht düstere Praktiken mit diesen Herren, die sich in unseren Wörtern "Magie" und "magisch" widerspiegeln. Ursprünglich waren die Magier medische Priester, die den alten iranischen Göttern dienten. Herodot hält sie gar für einen medischen Stamm, bei dem sich die Priesterwürde vom Vater auf den Sohn vererbte.
Die Magier, die auf den Verwaltungstäfelchen begegnen, sind auch dort für iranische Gottheiten zuständig. Niemals opfern sie einer elamischen oder babylonischen Gottheit. Doch sind sie durchaus im Zusammenhang mit dem *lan*-Opfer anzutreffen. Mitunter haben sie noch weitere Titel. So werden sie beispielsweise "Kultopfer–Zelebrierer" genannt, wenn sie auch das *lan*-Opfer durchführen. Daß sie diesen Titel noch zusätzlich erhielten, mag zeigen, daß dieses Opfer ursprünglich nicht zu ihren Aufgaben gehörte. Und in diese Richtung weist auch die Tatsache, daß man sie mitunter mit dem Titel "Feuerschürer" versah.

Denn die "Feuerschürer" sind nun ganz deutlich mit dem zarathustrischen Glauben zu verbinden, bei dem einen wesentlichen Bestandteil ja die Pflege des Feuers darstellt. "Feuerschürer", die nur diesen Titel tragen, sind nach Aussage der Täfelchen allein für das *lan*-Opfer zuständig und für keinen einzigen anderen Gott. Hier haben wir also einen weiteren Beweis dafür, daß mit dem offiziellen "Kultopfer" das Opfer für Ahuramazdā gemeint war. Auch die Tatsache, daß man ein und denselben Mann als "Magier" und als

"Feuerschürer" bezeichnete, deutet darauf hin, daß diese beiden Titel von Hause aus zwei verschiedene Kultbereiche repräsentierten. Doch scheint sich zur Zeit des Dareios die vom Propheten Zarathustra verkündete Religion weitgehend durchgesetzt zu haben. Nach allem, was wir den Belegen entnehmen können, war das Opfer für Ahuramazdā zum offiziellen Kultopfer erhoben worden. Der Zarathustrismus war damit Staatsreligion. Da blieb den Magiern aus religionspolitischen Überlegungen wohl nichts weiter übrig, als sich der neuen Lage anzupassen, wenn sie ihren Einfluß nicht ganz verlieren wollten. Zudem erlaubte ihnen die tolerante Religionspolitik der Achämeniden ohne weiteres, auch ihre althergebrachten iranischen Götter zu verehren. Und nicht nur das, sondern von der Verwaltung wurden sogar Opferzuteilungen für diese Götter ausgegeben.

So kommt es, daß man im Laufe der Zeit die Magier sogar für die typischen Vertreter der persischen Religion und damit des Zarathustrismus ansah. Strabo setzte sie völlig gleich mit den "Feuerschürern", indem er die Magier "Pyrethoi" nennt (XV 3,15). Er berichtet über Kappadokien und gibt an, daß es dort viele Tempel der persischen Götter gebe. Dabei sagt er über die Magier: "Sie haben auch Pyrethaia, beachtenswerte, eingezäunte Bezirke; und in ihrer Mitte ist ein Altar, auf dem eine große Menge an Asche liegt und auf dem die Magier das Feuer ständig brennend erhalten. Dort treten sie täglich ein und stimmen für etwa eine Stunde einen Gesang an, während sie ihre Rutenbündel vor das Feuer halten und um ihren Kopf hohe Tiaren aus Filz tragen, die weit genug über die Wangen herabreichen, um ihre Lippen zu bedecken". Darstellungen von Magiern mit ihrem Rutenbündel, dem Barsom, finden sich häufiger. Ein Beispiel ist ein Goldplättchen aus dem Oxus-Schatz, das sich heute im Britischen *Abb. 192* Museum in London befindet. Dort ist der Magier in einfacher Drücktechnik in seinen Umrissen gezeichnet. Auf einem Relief, das man im persischen Satrapensitz von Daskyleion in Kleinasien gefunden hat, stehen zwei Ma- *Abb. 193.159* gier nebeneinander und halten ihre Barsombündel vor das Feuer. Man kann genau erkennen, daß sie ihre Baschliks vor den Mund gezogen haben, um das Feuer nicht mit ihrem Atem zu verunreinigen. Der hohe Feueraltar vor ihnen ist in seinem oberen Teil leider beschädigt. Doch kann man einen gut erhaltenen Feueraltar beispielsweise auf dem Grab des Dareios sehen *(Abb. 196)*. Aus Stein gemeißelte Sockel von solchen Altären sind bei Pasargadae *Abb. 194* bewahrt geblieben. Auf dem Relief aus Daskyleion ragen ein Rinder- und ein Widderkopf über einen Bretterverschlag. Sie sollen wohl auf Opfertiere hindeuten. Dieses zeigt uns, daß das Relief erst eine ganze Weile nach der Regierungszeit des Dareios entstanden sein kann. Denn unter seiner Herr-

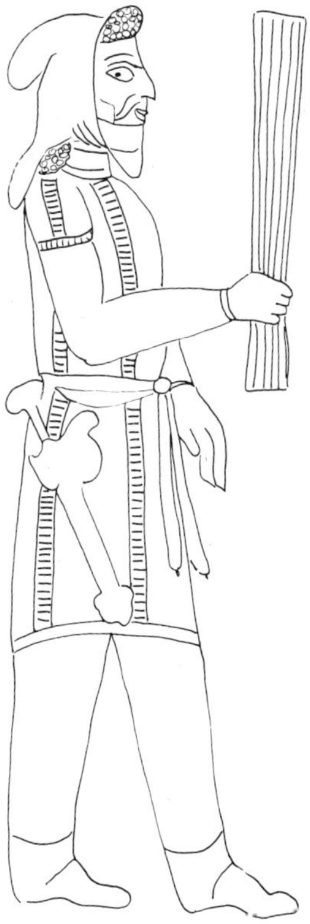

Abb. 192 Darstellung eines Magiers auf einem Goldplättchen aus dem Oxus-Schatz (15 cm hoch)

Abb. 193 Relief mit Magiern beim Opfer; aus dem Satrapensitz Daskyleion (Ergili)

schaft war der zarathustrische Glaube noch so rein erhalten, daß Tieropfer jeder Art streng verpönt waren[211].

2. Iranische Götter

Stellt man eine Liste der Götter zusammen, die von der achämenidischen Verwaltung Opfergaben zugestanden bekamen, so ist man auf den ersten Blick beeindruckt, wie viele der alten iranischen Götter dort noch zu finden sind.

[211] s. dazu auch weiter unten in diesem Kapitel.

Abb. 194 Sockel von Feueraltären bei Pasargadae

Am häufigsten tritt eine Göttergruppe auf, die als "Alle Götter" (altpersisch *Visai Bagā*) bezeichnet wird. Als unvoreingenommener Betrachter könnte man meinen, daß hiermit in der Tat einfach "alle Götter" zusammengefaßt werden. Derartige Erscheinungen kennt man ja auch aus anderen Kulturbereichen. Stellte ein Grieche beispielsweise einen Altar für "alle Götter" auf, so konnte er sicher sein, daß nunmehr keiner der Götter vergessen war und sich somit auch keiner von ihnen wegen Vernachlässigung rächen werde. Doch die persische Bezeichnung meint offensichtlich eine ganz bestimmte Gruppe. Diese ist schon aus der altindischen Dichtung, dem Rigveda, bekannt. Dort ist ihr eine ganze Anzahl von Hymnen gewidmet. In der altindischen Form ist ihr Name noch *Vishve Devā*, was übersetzt ebenfalls "Alle Götter" bedeutet. Doch in der Lehre Zarathustras wurden die alten indischen Götter, die *Devās*, verdammt. In der Vorstellung des Volkes scheint diese Göttergruppe indessen weiter ihre Bedeutung gehabt zu haben. So hat man die Bezeichnung einfach ins Persische übersetzt, und in neuem Gewande, nun als *Visai Bagā*, konnten sie weiterhin verehrt werden[212]. Treten sie auch von allen iranischen Gottheiten am häufigsten auf, so ist ihre

[212]Ausführlich zu ihnen Koch, Rel. 87 ff.

Verehrung doch auf einen recht kleinen Bezirk beschränkt. Sie kommen nämlich nur in einem Bereich des Verwaltungsbezirkes IV, der südwestlich von Persepolis liegt *(Abb. 23)*, vor, und zwar nur in acht Orten.

In demselben Gebiet werden auch noch einige weitere altiranische Gottheiten verehrt. In dreien der Orte werden dem Medergott Zurvan Opfer dargebracht. Im späteren Awesta tritt er als Gott der unendlichen Zeit auf und wird zum Vater von Ahuramazdā und seinem Gegenspieler Ahriman erklärt.

In jeweils nur zwei Orten dieser Gegend erhalten Hvarira, der "Genius des Sonnenaufgangs", und Naryasanga, der awestische Götterbote, Opfer. Es wird also deutlich, daß es sich hierbei nur um lokale Traditionen handelt, die für das gesamte Gebiet der Persis keinerlei Aussagekraft besitzen.

In demselben Bezirk treffen wir noch auf eine weitere Eigenheit, die sich auch nur hier nachweisen läßt. Es werden den Bergen und Flüssen Opfer dargebracht. Wenn nur Berge erwähnt würden, könnte man noch an Verehrungsstätten denken, die sich auf diesen Bergen befanden. So berichtet ja auch Herodot (I 131), daß Ahuramazdā auf Bergen verehrt worden sei. In diesem Zusammenhang sagt er: "Ich weiß, daß die Perser folgende Bräuche haben: Götterbilder, Tempel und Altäre zu errichten, ist bei ihnen nicht Sitte; sondern sie werfen es denen, die es tun, als Torheit vor; wie mir scheint, weil sie glauben, daß die Götter nicht menschenartig sind, wie es griechische Vorstellung ist. Vielmehr haben sie den Brauch, auf die Gipfel der Berge zu steigen und dem Zeus Opfer darzubringen. Dabei nennen sie das ganze Himmelsgewölbe Zeus. Sie opfern der Sonne, dem Monde, der Erde, dem Feuer, dem Wasser und den Winden." Dieser Schilderung ist nicht ohne weiteres in allen Details Glauben zu schenken[213], denn beispielsweise die Altäre haben wir ja schon oben betrachtet. Und gerade im Zusammenhang mit den Opfern für die Flüsse wird deutlich, daß man sowohl Berge als auch Flüsse als eigene Gottheiten betrachtete. Sie haben immer das Gotteszeichen vor ihrem Namen stehen. Von der Hochachtung vor Flüssen weiß auch Strabo zu berichten (XV 3, 16): "Denn die Perser urinieren weder in einen Fluß noch waschen sie sich in ihm; sie baden nicht einmal darin oder werfen irgend etwas Totes hinein oder irgend etwas anderes, das man für unrein hält". Diese Wertschätzung der Flüsse kommt teilweise direkt in ihren Namen zur Geltung, wenn z.B. der eine der

[213]Es handelt sich vielmehr um Vorstellungen, die man allgemein über Barbarenvölker verbreitete; ähnliches berichtet auch Tacitus über die Germanen (Germania Kap. 9): "Übrigens glauben sie, daß es der Größe der Himmlischen nicht angemessen ist, die Götter in Mauern einzuschließen". S. auch Comm. Lucani 1, 451, über die Kelten.

"Wohlriechende" oder ein anderer der "Erquicker" heißt. Ein Berg wird "Friedenbringer der Arier" genannt. Die Namen der verehrten Berge und Flüsse klingen alle iranisch. Offenbar lebte in diesem Gebiet, das besonders flußreich gewesen sein muß und wohl sehr hohe, hervorragende Berge besaß, eine altiranische Sitte der Verehrung von Bergen und Flüssen fort, die sich andernorts nicht mehr belegen läßt.

Die bisher betrachteten altiranischen Gottheiten wurden also lediglich in einem eng begrenzten Gebiet von Verwaltungsbezirk IV mit Opfern bedacht. Eine solche lokale Tradition läßt sich auch in dem nördlich anschließenden Bezirk V aufzeigen. Dort werden in je zwei Orten, die im Grenzbereich zum elamischen Gebiet liegen, zwei weitere iranische Götter verehrt. Es sind dieses die Schicksalsgöttin Mizhdushi, die den Menschen zu Wohlstand verhelfen soll, und der Gott Brtakāmya, der "Wunscherfüller". Auch sie sind sonst im weiten Gebiet der Persis oder Elams nicht wieder anzutreffen.

3. Elamische und babylonische Götter

In gleicher Weise wie bei den altiranischen Gottheiten lassen sich die Orte, in denen elamische und babylonische Götter verehrt werden, räumlich klar begrenzen. Vor allem sind sie natürlich in rein elamischem Gebiet, in der Elymais, zu finden. Darüber hinaus treten sie nur ganz vereinzelt auf. Das ist erstaunlich, wenn man bedenkt, daß die Persis ja altes elamisches Siedlungsgebiet ist. Und sicher gab es auch zur Zeit des Großkönigs Dareios noch sehr viele Elamer, die nicht nur in der Verwaltung, sondern darüber hinaus verstreut im ganzen Lande bei den Grundbesitzern und adligen Familien angestellt waren. Doch scheinen sich dort nur selten Gemeinden von Elamern zusammengefunden zu haben, die ihren althergebrachten Göttern Opfer darbringen wollten.

Auffällig ist, daß offenbar der oberste Gott der Elamer, Humban, dem babylonischen Wettergott Adad gleichrangig zur Seite gestellt wurde. Häufig werden die beiden zusammen als Opferempfänger genannt. Ja, es hat sogar den Anschein, daß diese beiden gemeint waren, wenn es bei der Opferzuteilung einfach heißt "für die Götter". Neben ihnen kommt lediglich noch dem Gott Napirisha, dem "Großen Gott", einige Bedeutung zu. Ursprünglich war dieser Name nur eine Tabu-Bezeichnung für Humban, doch dann muß allmählich bei den Elamern die Vorstellung entstanden sein, daß es sich um einen weiteren Gott handelt. Auch er hatte offenbar nur lokale Bedeutung. Darüber hinaus werden nur ganz vereinzelt weitere elamische

Gottheiten genannt, die uns sonst aber nicht bekannt sind. Es scheint sich vor allem um Gottheiten zu handeln, die für die Fruchtbarkeit und den Wasserreichtum zuständig waren. Ihre Verehrungsstätten lagen daher gern bei Vorratslagern.

Insgesamt ist das Auftreten sowohl Humbans und Adads wie schon gar das der anderen Gottheiten sehr gering. Eine weit größere Bedeutung hatte bei den Elamern ein ganz bestimmtes Opfer, das *kushukum*. Wie das *lan*-Opfer bei den Persern, so war das *kushukum*-Opfer typisch für die Elamer. Es war so bekannt, daß es leider keiner der Verwaltungsangestellten für nötig hielt, noch nähere Erläuterungen dazuzusetzen. Somit müssen wir auch hier wieder versuchen, durch Indizien herauszufinden, für wen es wohl bestimmt gewesen sein mag. Bereits in altelamischer Zeit feierte man in Susa ein großes Opferfest für "die Herrin der Hochstadt", und dieses Opfer hieß *gushum*. Es mag in achämenidischer Zeit wohl in dem *kushukum* fortgelebt haben. Somit können wir annehmen, daß es für eine elamische Göttin bestimmt war. Das wichtigste an diesem Fest war aber — in altelamischer ebenso wie in achämenidischer Zeit —, daß es ein Schlachtopfer war. Und hier treffen wir nun auf einen seltsamen Tatbestand: Niemals sind von der Verwaltung Tiere für Opferzwecke ausgegeben worden! Da nun aber gerade das Tieropfer so wichtig für das *kushukum* war, so wußten die elamischen Priester sich anderweitig zu helfen. Sie sparten einfach so lange die ihnen zugeteilte Gerste auf, bis sie davon ein Stück Kleinvieh erwerben konnten. 100 Liter Gerste waren der Gegenwert für eine Ziege oder einen Hammel. Diese Tauschgeschäfte wurden von der Verwaltung ohne weiteres verbucht, doch in keinem einzigen Fall wurde ein Tier direkt zu Opferzwecken zugeteilt. Dieses zeigt ganz deutlich, daß blutige Opfer nicht offiziell geduldet wurden. So tolerant der König sonst gegenüber den altiranischen, elamischen und anderen Göttern war, die ja alle ihre Opferzuteilungen erhielten, hier ging es offensichtlich ums Prinzip. Und das ist wiederum ein entscheidendes Argument dafür, daß unter Dareios der von Zarathustra verkündete Glaube die höchste Bedeutung hatte, und zwar noch in seiner ursprünglichen und reinen Form, die Tieropfer verpönte. Aus diesem Grunde begegnet auch auf keinem der Verwaltungstäfelchen der Gott Mithra, der Stiertöter. Der alte indogermanische Gott wird im Volke nie ganz vergessen worden sein, wie schon die vielen Personennamen zeigen können, in denen er vorkommt. Doch konnte er sich erst langsam in spätachämenidischer Zeit wieder durchsetzen, als die strengen zarathustrischen Glaubensregeln sich allmählich lockerten und man auch wieder zu Tieropfern überging *(Abb. 193)*. Namentlich erwähnt wird

Mithra zum ersten Mal wieder in den Inschriften von König Artaxerxes II. (405–359 v.Chr.).

Aus den Verwaltungstäfelchen läßt sich also deutlich ersehen, daß es eine Staatsreligion gab, die vor allem in dem regelmäßig durchgeführten *lan*-Opfer, dem "Kultopfer", ihren Ausdruck fand. Dieses Opfer war allem Anschein nach für Ahuramazdā bestimmt, den Gott, der auch in den Inschriften des Königs Dareios immer wieder hervorgehoben wird. Weitere Götter, sowohl iranische als auch elamische und babylonische, erhalten von der Verwaltung durchaus öffentliche Opferzuteilungen in Form von Gerste oder Mehl, Wein oder Bier, mitunter auch Früchten; ihre Verehrung ist aber auf bestimmte, lokal eng begrenzte Gebiete beschränkt.

4. Begräbnissitten

Wie zahlreiche Funde zeigen, haben die Perser der Achämenidenzeit die Toten in Gräbern bestattet. Das wird als wesentlicher Grund gegen die Annahme angesehen, die Achämeniden seien Zarathustra–Anhänger gewesen. Aber die zahlreichen Hinweise auf den Keilschrifttäfelchen aus Persepolis beweisen doch recht deutlich, daß die von Zarathustra gestiftete Religion große Bedeutung hatte und vom König bevorzugt wurde. Also war es ursprünglich auch bei den Zarathustriern üblich, die Toten zu bestatten. Die Aussetzung der Leichen in den "Türmen des Schweigens", die von den Zarathustra–Anhängern bis heute geübt wird, ist erst später unter dem Einfluß der Magier eingeführt worden. So berichtet auch Strabo im 1. Jahrhundert n.Chr. von den persischen Begräbnissitten: "Sie bestreichen die Körper der Toten mit Wachs, bevor sie sie begraben, doch begraben sie nicht die Magier, sondern lassen ihre Körper von den Vögeln fressen" (XV 3,20).

Aus der Achämenidenzeit haben sich viele Grabstellen im ganzen Reich gefunden, und sie alle zeigen ähnliche Sitten[214]. Es war in weiten Teilen des persischen Großreichs üblich, die Toten unter den Fußböden der Häuser beizusetzen. Dieser Brauch war beispielsweise im Zweistromland, in Syrien und Palästina verbreitet. Die bescheidenen Häuser hatten nur Lehmfußboden, in den man entlang einer Wand einfach eine Kuhle aushob, um einen Toten zu beerdigen. In besser ausgestatteten Häusern nahm man die Bodenplatten auf und tiefte dann eine Grube ein. Bei den schlichtesten Beisetzungen

[214] s. z.B. L. Woolley, Ur Excavations Vol. IX (1962) 52 ff.; O. Reuther, Die Innenstadt von Babylon (Merkes) (1968) bes. 245 ff.

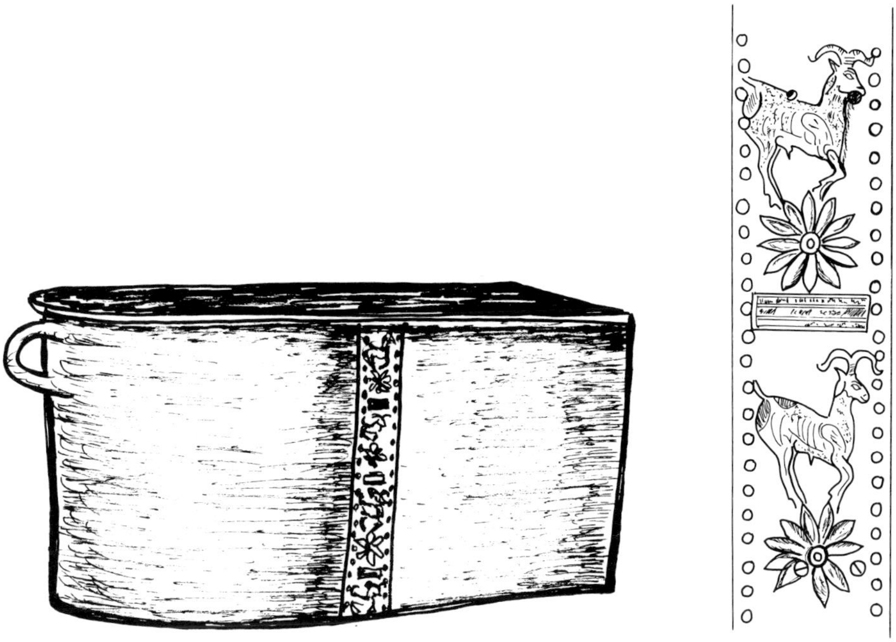

Abb. 195 Bronzesarg, der mit einem Band mit Steinböcken und Rosetten geschmückt ist; gefunden in Ur

wurde der Tote wohl, lediglich in Tücher gehüllt, in den Boden gelegt. Eine aufwendigere Möglichkeit war, ihn in große Vorratsgefäße aus Ton, wie man sie im Haushalt gebrauchte, zu stecken. Möglicherweise hat man dazu auch angeschlagene oder teilweise zerbrochene Gefäße verwandt. Für verstorbene kleine Kinder benutzte man Schüsseln oder tönerne Gefäße.

War man besser gestellt, so konnte man sich auch einen eigens angefertigten Sarg leisten. Er bestand in der Regel aus Ton und hatte einen hölzernen Deckel. Typisch für die Perserzeit sind solche Sarkophage, die am Fußende eckig, am Kopfende rund gestaltet sind[215]. Ganz vornehm waren Kupfersärge. Sie zeigen dieselbe Form wie die tönernen Exemplare. Zwei recht gut erhaltene Beispiele sind in Ur gefunden worden, die man anhand *Abb. 195* ihrer Beigaben in achämenidische Zeit datieren kann[216]. In den einen von ihnen war noch ein Holzsarkophag der gleichen Form eingefügt, und er hatte auch einen Holzdeckel. Über den anderen hatte man eine Wölbung aus Ziegelsteinen errichtet. Besonders schön verziert sind die Bronzebänder, die

[215]Woolley a.O. 53 ff.
[216]Wolley a.O. pl. 16–18.24

in der Mitte der Langseiten von oben nach unten laufen. In sie sind Rosettenmuster und Steinböcke eingetieft. Ganz ähnlich sieht auch der Kupfersarkophag aus, in dem der Schatz von Ziwiye gefunden worden ist[217]. Der Kupfersarkophag, der in Susa zutage kam[218], hat eher die Form einer ovalen Wanne, deren oberer Rand ausschwingt. Unten ist sie aber nicht abgerundet.

In der Nähe von Persepolis entdeckte man einen gesonderten Friedhof[219]. Die Särge bestehen aus Ton und sind hier auch am Fußende gerundet, allerdings schmaler als am Kopfende. Sie hatten leicht gewölbte Deckel, ebenfalls aus Ton. Nach Meinung des Ausgräbers wurde dieser Friedhof in spätachämenidischer und parthischer Zeit benutzt.

Die Gräber sind schon früh von Grabräubern heimgesucht worden, so daß in den meisten Fällen kaum mehr etwas von den Beigaben erhalten ist. Nur selten hat man das Glück, ein unversehrtes Grab zu entdecken, wie beispielsweise das erwähnte in Susa. Da dort eine reiche Dame bestattet war, fand man viel Schmuck, Hals- und Armreifen, Perlenketten, Ohrringe und dergleichen[220]. In einfachen Gräbern scheint man den Toten immerhin ihre Gewandfibeln, Fingerringe und auch Siegel gelassen zu haben.

Die Gräber der Achämenidenkönige waren natürlich vornehmlich Ziel der Räuber. Angeblich hat Alexander bei seinem ersten Besuch in Pasargadae noch den Inhalt des Grabes von Kyros d. Gr. gesehen: "eine goldene Kline, einen Tisch mit Bechern, einen goldenen Sarg, und zahlreiche Kleider und Ornamente, mit kostbaren Steinen eingelegt" (Strabo XV 3,7). Man könnte sich vorstellen, daß Kyros einen ähnlichen Sarg hatte, wie er in Ziwiye gefunden worden ist; vielleicht war dieser sogar vergoldet. Dareios schuf dann als neuen Typ das Felsgrab mit seiner Säulenfassade und der
Taf. 34 Reliefausstattung, das von all seinen Nachfolgern kopiert wurde. Von dem
b. 196.200 Inhalt der Gräber hat man natürlich überhaupt nichts mehr gefunden. Doch können wir uns vorstellen, daß dort ursprünglich neben reichem Schmuck auch kostbare Silber- und Goldgefäße mit beigesetzt waren, wie sie auf den Reliefs des Apadāna dargestellt sind. Die Beispiele solcher Gefäße sowie anderer Gegenstände aus wertvollen Materialien, die sich heute verstreut in vielen Museen und Sammlungen befinden, werden aus den Gräbern vornehmer Perser und der zu ihrem Großreich gehörenden Fürsten stammen; die

[217] A. Godard, Le trésor de Ziwiyè (1950) 17 Fig. 9.
[218] J. de Morgan, MDP 8 (1905) 29 ff., 37 Fig. 67.
[219] "Spring Cemetry", Schmidt II 117 ff.
[220] s. dazu auch im Zusammenhang mit dem Schmuck, Kap. V 6.

Abb. 196 Das Grab des Königs Dareios in Naqsh-e Rostam. (Unten später hinzugefügte sasanidische Reliefs.)

genauen Fundumstände sind aber leider bei keinem der Stücke bekannt, da sie bei Raubgrabungen zutage kamen.

5. Das Grab des Königs Dareios

Etwa 6 km nördlich von Persepolis gibt es eine hoch aufragende Felsmasse, die zum Süden hin steil abfällt. An dieser großen Fläche findet sich eine *Taf. 34* Fülle von Reliefs. Heute heißt der Ort Naqsh-e Rostam, "Tafel des Rostam". Rostam ist einer der Helden, die in dem persischen Nationalepos vorkommen, dem Shahnāme "Buch der Könige", das gegen 1000 n.Chr. von Firdousi gedichtet worden ist. Rostam fiel besonders durch seine übermenschliche Stärke auf. An ihn mögen sich die Betrachter beim Anblick der sasanidischen Reliefs des 3. und 4. Jahrhunderts n.Chr. erinnert gefühlt haben, die an mehreren Stellen der Felsen angebracht sind und unter anderem Reiterkämpfe abbilden (z.B. am Fuße des Dareiosgrabes, s. *Abb. 196*). Bereits gegen die Mitte des 2. Jahrtausends v.Chr. hatten Elamer an diese Felswand ein Relief mit Götterbildern gemeißelt[221]. Eben diese Felswand erschien auch König Dareios geeignet, hier sein Grab schaffen zu lassen. Seine Nachfolger von Xerxes (486–465 v.Chr.) bis Dareios II. (423–405 v.Chr.) taten es ihm gleich, indem sie ihre Gräber rechts und links vom Grab des Dareios anbringen ließen. Dabei kopierten sie genauestens die von ihm entworfene Vorlage. Vermutlich Artaxerxes II. (405–359 v.Chr.) übertrug dann die Kopie auf den Felsen östlich der Terrasse von Persepolis, der von diesem Zeitpunkt an Begräbnisstätte der letzten Achämeniden wurde. Bis zum Ende dieser Dynastie wurde das Vorbild des Dareios immer wieder kopiert. Ihr letzter Vertreter, Dareios III. (335–330 v.Chr.), konnte sein Grab nicht mehr vollenden.

Mit der Anlage seiner letzten Ruhestätte hat Dareios etwas völlig Neues geschaffen. Fraglich ist schon, woher er eigentlich Vorbilder für ein derartiges Grab in den Felsen hätte nehmen können. Denn eine Gruppe von Felsgräbern in Nordwestiran und im irakischen Kurdistān, die man früher

[221] U. Seidl, Die elamischen Felsreliefs von Kūrāngūn und Naqš-e Rustam (Iranische Denkmäler, Lieferung 12, Reihe II: Iranische Felsreliefs H, 1986) 14 ff.

Abb. 197 Fassade des Dareios-Grabes in Naqsh-e Rostam ▷
Abb. 198 Die Kammern im Innern des Dareios-Grabes ▷

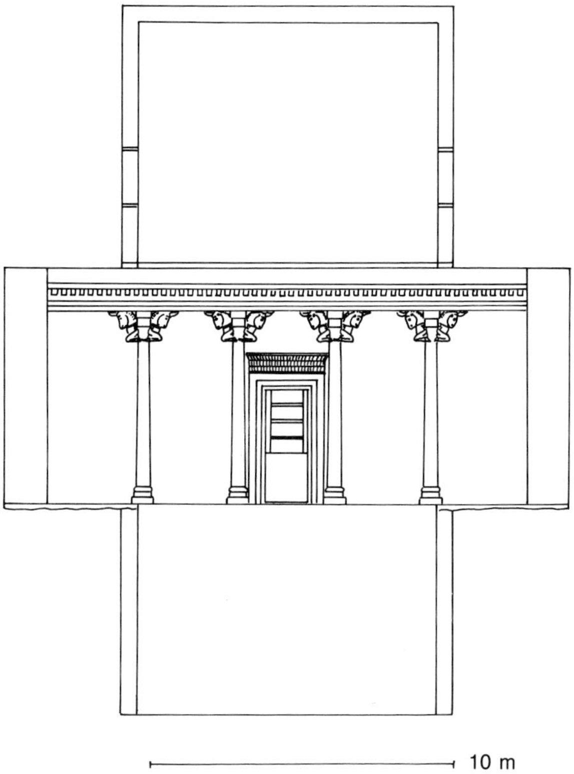
10 m

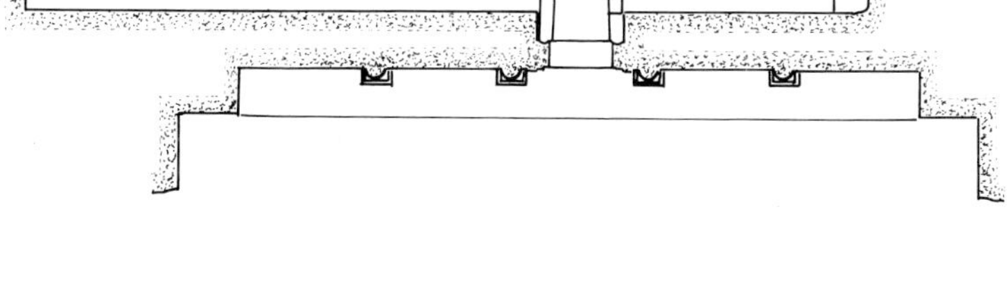

als "medisch" bezeichnet und als Vorläufer der achämenidischen Königsgräber angesehen hat, ist im Gegenteil eher von diesen beeinflußt[222]. Ist also schon die äußere Form des Dareios–Grabes ganz neu, so ist es erst recht die Gestaltung im einzelnen.

Die Fassade bildet eine große Kreuzform mit einer Gesamthöhe von na-
Abb. 196.197 hezu 23 m. Der Mittelteil besteht aus einer in Fels gehauenen Front eines Gebäudes, in dessen Mitte eine große Tür in die eigentlichen Grabkammern führt. Oberer und unterer Kreuzarm sind 10,90 m breit und in einer Flucht gearbeitet. Beide sind in den Felsen eingetieft, so daß ein seitlicher Vorsprung entsteht. Der untere Kreuzarm ist einfach geglättet. Ob hier zunächst Inschriften vorgesehen waren oder ob die glatte Fläche lediglich Grabräubern den Einstieg erschweren sollte, können wir nicht sagen. Der entsprechende obere Kreuzarm ist mit Reliefs angefüllt, die wir gleich noch näher betrachten werden.

Abb. 197 Beginnen wir jedoch zunächst mit dem mittleren Teil, der Hausfassade. Vier Säulen mit Stierkapitellen tragen ein gerade durchlaufendes Gebälk. Der Architrav ist dreifach gegliedert, darüber folgt ein Zahnschnitt und dann ein offenbar flaches Dach. An den Seiten springen Mauerzungen (Anten) vor. In der Mitte der Anlage führt eine Tür ins Innere. Tritt man durch diese Tür, so gelangt man in einen Korridor, der parallel zur Fassade
Abb. 198 verläuft. Von ihm gehen im rechten Winkel drei Kammern ab. Eine Kammer liegt genau gegenüber der Eingangstür, die beiden anderen links von ihr. Warum hier im Inneren die Anlage so unsymmetrisch angeordnet worden ist, kann man in der rechten Ecke des Korridors erkennen. Dort sind die Steinmetzen beim Herausmeißeln des Ganges offenbar auf eine Fehlstelle im Felsen gestoßen, die es nicht ratsam erscheinen ließ, hier weiter zu arbeiten. Vermutlich waren die Grabkammern ursprünglich symmetrisch geplant. In jedem der drei Räume sind drei Sarkophage hintereinander aus dem anstehenden Felsen gearbeitet. Von den flachen Dachdeckeln haben sich nur Bruchstücke erhalten. Wer hier zusammen mit dem König Dareios bestattet werden sollte, ist heute kaum zu sagen. Vier seiner Frauen sind uns aus dem Material der Verwaltungstäfelchen bekannt (s. Kap. VI 1), Atossa, Artystone, Rtabāma und Apaukish. Davon kannten wir die beiden letzten vorher gar nicht mit Namen. Herodot nennt noch drei weitere (III 88). Doch sind wir nicht sicher, daß damit wirklich alle Damen des königlichen Hauses erfaßt sind. Auch mögen die Gräber für weitere Verwandte, vielleicht für früh verstorbene Kinder, bestimmt gewesen sein. Außerdem wäre denkbar, daß man die Sarkophage für mehrere Bestattungen nacheinander benutzte.

[222] s. z.B. H. von Gall, AA 1966, 19 ff.

So wird man hinsichtlich der Belegung kaum zu einem Ergebnis kommen. Es ist kein Grab besonders hervorgehoben, das man daher als das für den König bestimmte erkennen könnte.

Die gesamte Breite der Grabfassade beträgt 18,57 m. Das entspricht der des Palastes des Dareios in Persepolis, die genau 18,60 m breit ist. Vergleicht man die Maße von Palast und Grabfassade weiterhin, so sind die Anten am Palast fast gleich hoch wie die am Grabe (7,52 und 7,63 m). Die Abstände zwischen den Säulen betragen bei beiden genau 3,15 m. Das kann kein Zufall sein. Zwar sind bei der Grabfassade keine Fenster angegeben, wie sie beim Palast vorhanden sind, doch ist die Öffnung der Grabestür wieder fast gleich mit der der Haupttür, die von der Vorhalle in das Innere des Palastes führt (1,40 zu 1,385 m). Es war also offenbar die Absicht des Königs Dareios, an der Felswand von Naqsh-e Rostam die Fassade seines Palastes zu zitieren. Dieses hilft uns, das Aussehen des Palastes in Persepolis zu rekonstruieren. Dort sind ja beispielsweise die Säulen gänzlich verschwunden *(Abb. 87)*. Doch können wir nun sagen, daß sie so ausgesehen haben werden wie die am Grabe in Naqsh-e Rostam. Sie hatten also eine doppelte, abgestufte, *Abb. 196.197* eckige Steinbasis und gegenständige Stiere als Kapitelle. Auch zeigen die Balkenköpfe über den Rücken der Stiere die Dachkonstruktion (s. Kap. IV 3 a).

Doch noch wichtiger als diese technischen Details ist die Aussage des Königs Dareios, die er offenbar mit diesem Relief machen will. Der Palast in Persepolis sollte sein Amtssitz sein. Von dort aus wollte er die Geschicke seines riesigen Reiches lenken. Der Bau kann somit als Sinnbild stehen für all die Taten und Maßnahmen des Königs. Die Front dieses Gebäudes überträgt er auf die Fassade seines Grabes. Damit erinnert er alle nachfolgenden Generationen an sein Wirken, das von diesem Hause ausging.

Über der Hausfassade, im oberen Teil des Reliefs bringt der König ähnliche Gedanken zum Ausdruck. Diese Darstellung soll zeigen, wie er seine Herrschaft auffaßte. Dareios steht auf einem Podest, dessen Rahmen von Löwengreifen gebildet wird (*Taf. 35*, vom Xerxes-Grab). Sie erinnern an die Kapitelle der Hauptansichtsseite des Apadāna in Persepolis. Als Stützfiguren dieses Podestes dienen Vertreter aller Länder, die zum achämenidischen Großreich gehören, insgesamt 30. Sie alle wirken zusammen, um die Herrschaft ihres Königs zu sichern. Dieses Motiv, das für diese Anlage entworfen worden ist, erinnert in der Programmatik seiner Aussage unmittelbar an die Reliefs des Apadāna in Persepolis, auf denen die Völker des Reiches herbeikommen, um dem König ihre Gaben zu bringen. Es gibt uns auch einen Anhaltspunkt, daß Apadāna, Dareios-Palast und Grabanlage etwa zur gleichen Zeit geplant worden sein müssen. Denn es ist nicht denkbar, daß der Palast in Persepolis nach Vorlage der Grabesfassade gebaut sein sollte. Vielmehr wird sie auf dieses Gebäude bezogen sein, das also zumindest im Plan vorgelegen haben muß.

Der König wird auf dem Grabrelief gestützt von den Völkern des Reiches; hinter ihm stehen seine engsten Vertrauten und zuverlässigen Begleiter, der Lanzenträger Gaubarva und der Bogenträger Aspathines. Doch über dem Ganzen schwebt die Gestalt des Gottes Ahuramazdā. Zu ihm wendet sich
Abb. 199 der König, indem er anbetend die Rechte erhebt. Und der Gott überreicht ihm, wie schon auf dem Relief von Bisotun, den Ring der Herrschaft. Als irdisches Zeichen der Verehrung des Gottes Ahuramazdā brennt auf einem Altar ein großes Feuer.

In der Anlage seines Grabes und in seinen Reliefs bringt König Dareios somit seine Auffassung der Herrschaft zum Ausdruck. Diese ist ihm verliehen worden von dem obersten Gott Ahuramazdā, dem er daher Dank weiß und den er verehrt. Das heißt aber andererseits, daß jemand, der sich gegen den König auflehnt, gegen den Willen Ahuramazdās verstößt und vom rechten Pfad abweicht. Dieses sagt er auch ganz deutlich in der Inschrift, die hinter seinem Bild in den Felsen gemeißelt ist (DNa). Nach der einleitenden Anrufung Ahuramazdās und der Aufzählung aller Länder, die zu seinem Reich gehörten, betont er noch einmal:

> "Es kündet Dareios der König: Als Ahuramazdā sah, daß diese Erde in Aufruhr war, daraufhin übertrug er sie mir, mich machte er zum König. Ich bin König. Nach dem Willen Ahuramazdās setzte ich sie (die in Aufruhr geratene Erde) an ihren Platz. Was ich ihnen (den Bewohnern) sagte, das taten sie, wie es mein Wunsch war. Wenn du nun denken solltest, "Wie zahlreich waren jene Länder, die König Dareios hielt?", so blicke auf das Bild, wer den Thron trägt. Dann wirst du wissen, dann wird dir bekannt: Die Lanze des persischen Mannes ist weit vorgedrungen! Dann wird dir bekannt: Der persische Mann hat auch fernab von Persien den Feind besiegt!
> Es kündet Dareios der König: Das, was ich getan habe, habe ich alles nach dem Willen Ahuramazdās getan. Ahuramazdā lieh mir Beistand, bis ich das Werk vollbracht habe. Mich möge Ahuramazdā beschützen vor Übel und mein Königshaus und dieses Land! Dieses erflehe ich von Ahuramazdā, dieses möge Auramazdā geben! O Mensch, was der Befehl Ahuramazdās ist, das möge dir nicht übel erscheinen. Verlasse nicht den rechten Pfad! Sei nicht widersetzlich!"

Abb. 199 König Dareios auf seinem Grab in Naqsh-e Rostam. In seinem Rücken kann man noch Reste der stark verwitterten Inschrift erkennen

Es muß also dem Wunsche des höchsten Gottes gemäß Anliegen eines jeden rechtschaffenen Untertanen sein, seinen König zu stützen. Dieser nimmt seinerseits die Aufgabe ernst. Er besiegt nicht nur aufständische Feinde, die vom rechten Weg abgewichen sind, sondern er will den Frieden und die Sicherheit im Lande auch erhalten. Daher widmet er sich mit Eifer seinen Amtsgeschäften. Dafür steht sinnbildlich das Gebäude, in dem er vorrangig diese Arbeiten zu erledigen pflegte, der Regierungspalast in Persepolis. Zusammen mit dem Apadāna stellte er das Zentrum des Reiches dar.

In einer zweiten Inschrift, die auf den freien Flächen zwischen den Säulen des Gebäudes angebracht worden ist (DNb), spricht Dareios vor allem von sich selbst. Deshalb soll auf sie gesondert in der Schlußbetrachtung (Kap. XI) eingegangen werden, die die Person des Königs Dareios in den Mittelpunkt der Überlegungen stellt.

Das Grab des Dareios in Naqsh-e Rostam ist somit nicht nur ein einzigartiges Kunstwerk, eine völlig neue Grabform, die hier zum ersten Mal begegnet, sondern es ist gleichzeitig eine Dokumentation der Herrschaft dieses Königs. Nicht nur die nachfolgenden Achämenidenkönige fanden die Gestaltung so überzeugend, daß sie sie immer wieder kopiert haben, sondern es hat weithin gewirkt. Bei den griechischen Schriftstellern wurden noch in späteren Jahrhunderten Teile der Grabinschrift zitiert (z.B. Strabo XV 3,8). Die ursprüngliche Wirkung des Reliefs als Kunstwerk wurde erhöht durch eine farbige Fassung, von der sich nur geringe Spuren erhalten haben. Sie zeigen, daß die Keilschriftzeichen mit blauer Farbe nachgezogen waren und daß offenbar alle Figuren und auch die Architekturteile des Gebäudes farbig gestaltet waren. Wir müssen uns also die Grabfassade des Königs Dareios ebenso bunt vorstellen wie alle Gebäude und Reliefs in Persepolis.

XI. Schlußbetrachtung

Der Begründer des persischen Reiches, Kyros d. Gr., war eine der hervorragenden Gestalten der Weltgeschichte. Er schuf nicht nur die Grundlagen für das erste Großreich, das die Perser über mehr als zwei Jahrhunderte hin zu einer Weltmacht machte, sondern leistete auch Ungewöhnliches auf kulturellem Gebiet. Durch seinen Anstoß kamen die ionischen Bildhauer nach Pasargadae und errichteten in seiner neuen Residenz bis dahin im Osten ungesehene Bauwerke *(Taf. 5.6. Abb. 26.29.30)*. Das Rad der Geschichte brachte er in Bewegung, indem er beispielsweise die Juden aus ihrem Exil in Babylon nach Palästina heimkehren ließ. Dieses alles ist uns durch Geschichtsschreiber oder archäologische Funde bekannt; doch läßt sich die Person des Kyros nur durch sekundäre Quellen erahnen, denn er selbst hat uns nichts Schriftliches hinterlassen. Dasselbe gilt für seinen Sohn Kambyses, der zudem nur recht kurze Zeit die Herrschaft innehatte.

Ein ganz anderes Bild können wir von seinem Nachfolger Dareios erhalten. Er hat in seinen großen Inschriften, mit denen er seinem Volke erstmals auch eine eigene Schrift stiftete, nicht nur von seinen Taten berichtet, sondern auch deutlich seine Grundprinzipien zum Ausdruck gebracht:

> "Nach dem Willen Ahuramazdās bin ich so geartet, daß ich das Recht liebe, das Unrecht hasse. Ich will nicht haben, daß der Schwache des Starken wegen Unrecht leide; aber ich will auch nicht haben, daß der Starke des Schwachen wegen Unrecht erleide. Was recht ist, daran habe ich Gefallen. Einem Lügenknecht bin ich nicht freund. Ich bin nicht jähzornig. Auch wenn es in mir kämpft, bezwinge ich meinen Zorn. Ich beherrsche meinen eigenen Sinn fest"[223],

so sagt er in seiner Grabinschrift. Dieses sind recht ungewöhnliche Aussagen für einen König des 6. Jahrhunderts v.Chr. Daß er die Fürsorge für den Schwachen ernst nahm, sehen wir beispielsweise bei einer genauen Betrachtung der Verwaltungstäfelchen aus Persepolis. Aus ihnen geht hervor, daß bis zum kleinsten Kind hin alle in das Versorgungssystem mit eingeschlossen waren. Genau abgestuft nach Alter und vollbrachter Leistung, erhielten die Arbeiter ihre Entlohnung. Mütter bekamen Urlaub nach der Geburt eines

[223] Hinz, AiFF 57

Kindes und während dieser Zeit einen Mindestlohn sowie dazu Sondergaben für das Neugeborene. Alle Arbeiter, die auf den niedrigen Lohnstufen standen, erhielten regelmäßig Sonderrationen, damit ihr Leben erleichtert wurde. Besonders angestrengten oder auch erkrankten Bediensteten wurden zusätzliche Nahrungsmittel zugestanden. Männer und Frauen erhielten gleichen Lohn, doch gab es für die Frauen die Möglichkeit, kürzere Zeit am Tage zu arbeiten, um noch den Aufgaben in ihrer Familie nachkommen zu können.

Eine solche soziale Einstellung, wie sie aus den Texten der achämenidischen Verwaltung spricht, hätte man im 6. Jahrhundert v.Chr. nicht erwartet. Sie ist wohl nur auf einen besonders befähigten Menschen mit einem für damalige Verhältnisse ungewöhnlichen Weitblick zurückzuführen, eben auf Dareios d. Gr. persönlich. "Ich liebe das Recht", sagt der König, und das mußten selbst die Königinnen am eigenen Leibe erfahren. Auch sie hatten, genau wie jeder Angestellte und Beamte des großköniglichen Staatshaushaltes, genauestens Buch zu führen über all ihre Einnahmen und Ausgaben und für ihre Richtigkeit auch geradezustehen. Sogar der König quittierte seine Ausgaben, die er beispielsweise während einer Reise für sich und seine Begleitung an Lebensmitteln hatte.

Fürsorge für den Einzelnen und Schwachen und absolute Gerechtigkeit für alle, das waren die Grundprinzipien des Königs. Wer gegen seine Gesetze verstieß, wurde hart bestraft. Wer dagegen ihm treulich zuarbeitete, der wurde auch reich belohnt. Am schönsten hat Dareios diesen seinen Gedanken Ausdruck verliehen im letzen Kapitel seiner Grabinschrift am Felsen von Naqsh-e Rostam. Dort spricht er seinen Untertanen direkt an und ermahnt ihn:

> "Du Untertan! Mache du nach Kräften kund, wes Art du bist, wie auch, welches deine Fertigkeiten sind, welches dein Benehmen ist. Halte nicht das für das Beste, was man dir ins Ohr flüstert; auf das höre vielmehr, was einer offen redet! Du Untertan, halte nicht das für vortrefflich, was der Mächtige tut; was der Schwache leistet, das beachte vielmehr!"[224]

Jeder, auch der Schwächste konnte und sollte also an dem gemeinsamen Werk mitwirken. Jeder sollte mit seinen Fertigkeiten hervortreten und sie einsetzen. Dem Zusammenwirken aller Bewohner des Weltreichs hat Dareios auch immer wieder bildlich Ausdruck verliehen. So stehen die Vertreter aller Länder als Stützfiguren unter seinem großen Thronpodest auf

[224] W. Hinz, in A Green Leaf. Papers in Honour of Prof. P. Asmussen (Acta Iranica, 2ème Série, Vol. XII, 1988) 478.

dem Grabrelief, und so kommen alle Völker mit den Gaben ihrer Länder auf den Apadāna-Reliefs zu ihm. Und dieses Zusammenwirken der Kräfte aller Länder des Reiches wird an vielen Stellen deutlich. Die Erfahrungen der Elamer und Babylonier machte sich die achämenidische Verwaltung zunutze. Die ererbten Verfahrensweisen wurden übernommen, umgebildet und, mit neuen Gedanken und Feinheiten versehen, zu dem ausgeklügelten Verwaltungssystem, das die Voraussetzung für das Bestehen des Riesenreiches überhaupt war. Nicht nur dem Achämenidenreich hat diese Verwaltung unschätzbare Dienste geleistet, sondern sie wurde auch noch von den Arabern übernommen. Durch diese lernten sie die staufischen Könige in Sizilien kennen und brachten sie in das Abendland. So ist letztendlich unsere heutige Bürokratie noch auf dieses System der Achämeniden zurückzuführen. *Taf. 35* *Abb. 50–79*

Wie bei der Verwaltung, so übernahmen die Perser auch die Gesetze der einzelnen Länder, die zu dem Großreich gehörten. Sie wurden neu bearbeitet und dann als Gesetze des Königs den Ländern zurückgegeben. Dabei nahm man aber immer Rücksicht auf die Eigenheiten der einzelnen Länder und ihre traditionelle Rechtsprechung und berücksichtigte diese in der Gesetzgebung. So sah das königliche Gesetz in jedem der vielen Länder etwas anders aus[225].

Die tolerante Haltung des Königs gegenüber den ihm untergebenen Völkern wird ganz besonders im Hinblick auf die verschiedenen Religionen deutlich. Obwohl der König selbst fest in seinem Glauben an Ahuramazdā verankert war und aus diesem Glauben heraus auch seine unerschütterlichen Prinzipien entwickelte, so ließ er doch die Bewohner des Reiches ihre althergebrachten Götter verehren. So wurden beispielsweise die Juden bei ihrem Tempelbau in Jerusalem unterstützt. Die angestammten Rechte der griechischen Götter wurden geschützt, und vor allem dem Orakelgott Apollon brachte der König Ehrerbietung entgegen. Ja selbst während der kriegerischen Auseinandersetzungen mit Griechenland, waren die Perser bemüht, die griechischen Götter zu schonen. Als man z.B. auf der Rückfahrt von der Strafexpedition des Jahres 490 v.Chr., die sich vor allem gegen die Insel Naxos, Eretria auf Euböa und Athen richtete, bei einem Phönizier ein vergoldetes Apollonbildnis entdeckte, das dieser als Beute hatte mitgehen lassen, wurde es sofort dem Heiligtum wieder zurückgesandt.

In der Persis selbst war die Verehrung Ahuramazdās weit verbreitet und galt offensichtlich als "Staatskult". Hierfür waren gesonderte Priester eingesetzt, die aber gleichzeitig noch wichtige Aufgaben in der Verwaltung auszuführen hatten. Doch neben den regelmäßig veranstalteten Opfern für

[225] s. die ausführliche Betrachtung bei Dandamaev – Lukonin 116 ff.

Ahuramazdā erhielten sowohl alteingesessene iranische wie auch elamische und babylonische Gottheiten ganz offiziell Opferzuteilungen. Hierbei gibt es jedoch Grenzen. So bekamen weder der Gott Mithra noch die Göttin Anahita Opfergaben, und es wurden niemals Tiere für Opfer ausgegeben. Hat der König die Verehrung bestimmter Gottheiten auch nicht verboten, so wollte er aber offenbar nicht die größten Gegner des zarathustrischen Glaubens oder die von Zarathustra heftig abgelehnte Art des Tieropfers noch öffentlich unterstützen. Ansonsten aber konnten alle Bewohner frei nach ihren Glaubensvorstellungen leben. Dieses beeindruckt uns besonders, wenn wir sehen, wie noch im 20. Jahrhundert wegen verschiedenartiger Glaubensrichtungen die schlimmsten Kriege geführt werden.

Das Zusammenwirken aller Länder wird auch in der achämenidischen Kunst deutlich. Die Einflüsse kamen nicht nur aus den alten Kunstzentren, wie Ägypten, Mesopotamien, Phönikien oder Kleinasien, sondern auch aus dem innerasiatischen Raum, beispielsweise von den Skythenvölkern. Die schönsten Kunstgegenstände und teilweise auch die Künstler selbst wurden in das Zentrum des Reiches gebracht, und dort entstand aus den verschiedensten Elementen eine Kunst ganz eigener Prägung. Unter dem unmittelbaren Einfluß des Großkönigs und seines prächtigen Hofes wurde eine typisch achämenidische Kunst geschaffen, die dann ihrerseits wieder auf die verschiedenen Kunstprovinzen des Reiches ausstrahlte.

Die Völker brachten also im weitesten Sinne alle ihre Gaben zum Großkönig, zum Zentrum der Macht. Dort wurden sie aufgenommen, gewertet und auch weiter bearbeitet. Von dort aus wirkten sie dann wieder zurück auf die Geber.

Nicht nur die großköniglichen Inschriften, mit denen der Herrscher in die Öffentlichkeit tritt, sondern gerade die vielen Tausende von kurzen Verwaltungstexten haben es ermöglicht, daß wir einen tieferen Einblick in das Leben im achämenidischen Großreich tun können. Die knappen Notizen zeigen ein unverfälschtes Bild, da ihre Verfasser niemals ahnen konnten, wie wichtig sie uns einmal bei unserer Erforschung der Geschichte sein würden. Und es ist mitunter recht mühsam, die einzelnen Aussagen zueinander in Beziehung zu bringen. Doch die Mühe lohnt sich. Entsteht doch vor unseren Augen ein ganz neues Bild eines Reiches, in dem viele unserer heutigen Vorstellungen von einem "Sozialstaat" bereits ihre Verwirklichung fanden. Geprägt wird das Bild von einem Herrscher, der seinen Untertanen ermahnt: "Halte nicht das für vortrefflich, was der Mächtige tut; was der Schwache leistet, das beachte vielmehr!"

Nachwort

In den vorliegenden Band ist eine Fülle von Einzeluntersuchungen zur Geschichte, Kulturgeschichte und Archäologie der Achämenidenzeit eingeflossen. Insbesondere durch das zahlreiche Material der vordem nur in Ansätzen herangezogenen elamischen Verwaltungstäfelchen aus Persepolis hat sich unser Bild von den alten Persern wesentlich verändert. Diese interessanten und bisher ungeahnten Aspekte zugänglich zu machen, ist das Anliegen dieses Buches. Als Vorbild stand mir dabei die zweibändige Ausgabe "Darius und die Perser" (1976 und 1979) von meinem Lehrer Walther Hinz vor Augen. Seine lebendigen Schilderungen sind in vielem nicht zu übertreffen. Daher sind die Bereiche, die W. Hinz ausführlich behandelt und für die es nur wenige Neufunde gibt, z.B. zur Geschichte der Achämeniden oder zum Wirken des Propheten Zarathustra, hier bewußt kurz gehalten. Statt dessen wurde Gewicht gelegt auf alle Gebiete, in denen erst in den allerletzten Jahren durch ein intensives Studium der Keilschrifttäfelchen und auch der archäologischen Hinterlassenschaften der Achämeniden neue Ergebnisse gewonnen werden konnte. Es handelt sich somit um eine Ergänzung und Weiterführung der von W. Hinz vorgelegten Studien. Ohne seine grundlegenden Vorarbeiten, ohne all seine hervorragenden Photographien, die er selbstlos zur Verfügung stellte, aber auch ohne sein ständiges Interesse und seine Ermunterungen wäre dieser Band wohl nicht geschrieben worden. Es sei ihm dafür ganz herzlich gedankt!

Für vielfachen Rat und Unterstützung, Photographien und Abbildungserlaubnis möchte ich E. Berger, P. Calmeyer, O.-H. Frey, A. Kozloff, H. Luschey, M. Maaß, H. v. Steuben sowie der Abegg-Stiftung, Riggisberg, dem Cincinnati Art Museum, Cleveland Art Museum, Badischen Landesmuseum Karlsruhe, British Museum, London, Brooklyn Museum und Metropolitan Museum, New York, Ashmolean Museum, Oxford, und Musée du Louvre, Paris, danken.

Wilhelm Koch steuerte nicht nur den größten Teil der Übersetzungen griechischer und lateinischer Zitate bei, sondern las auch gründlich das Manuskript und gab wertvolle Hinweise, wofür ich ihm sehr dankbar bin. Leider konnte er das Erscheinen dieses Buches nicht mehr erleben.

Der Verlag Ph. v. Zabern, unter besonderer Betreuung von F. Rutzen und U. Reyes, übernahm den Druck mit reicher Bebilderung. Dank der tatkräftigen Unterstützung von L. Heusinger, M. Hilpert, W. Sommerfeld und R. Stegmann konnte ich die Druckvorlage in LaTeX erstellen.

Marburg Heidemarie Koch

Abkürzungsverzeichnis

Boardman	J. Boardman, Greek Gems and Finger Rings. Early Bronze Age to Late Classical (1970)
Cameron	G. G. Cameron, Persepolis Treasury Tablets (OIP 65, 1948)
Dalton	O. M. Dalton, The Treasure of the Oxus (1926)
Dandamaev – Lukonin	M. A. Dandamaev – V. G. Lukonin, The culture and social institutions of ancient Iran (1989)
ElW	W. Hinz – H. Koch, Elamisches Wörterbuch in 2 Teilen (AMI Ergbd. 17, 1987)
Ghirshman	R. Ghirshman, Iran. Proto–Iranier. Meder. Achämeniden (1964)
Hallock	R. T. Hallock, Persepolis Fortication Tablets (OIP 92, 1969)
Hinz, AiFF	W. Hinz, Altiranische Funde und Forschungen (1969)
Hinz I	W. Hinz, Darius und die Perser I (1976)
Hinz II	W. Hinz, Darius und die Perser II (1979)
Kent	R. G. Kent, Old Persian. Grammar, Texts, Lexicon (1950)
Koch, Rel.	H. Koch, Die religiösen Verhältnisse der Dareioszeit (GOF III. Reihe: Iranica, Bd. 4, 1977)
Koch, VW	H. Koch, Verwaltung und Wirtschaft im persischen Kernland zur Zeit der Achämeniden (TAVO Beih. B 89, 1990)
MDP	Mémoires de la Délégation en Perse, derzeit Mémoires de la Délégation Archéologique en Iran

PF	Sigel der Täfelchen, die in Hallock publiziert sind
PFa	Sigel der Täfelchen, die von R. T. Hallock in DAFI 8, 1978, 109 ff., publiziert sind
Rudenko I	S. I. Rudenko, Frozen Tombs of Siberia, the Pazyryk Burials of Iron Age Horsemen (1970)
Rudenko II	S. I. Rudenko, Drevnejšie v mire chydožestvennye kovry i tkani iz oledenelych kurganov gornogo altaja (1968)
Stronach	D. Stronach, Pasargadae (1978)
Tilia I	A. B. Tilia, Studies and Restorations at Persepolis and other sites of Fārs (IsMEO, Reports and Memoirs Vol. 16, 1972)
Tilia II	A. B. Tilia, Studies and Restorations at Persepolis and other sites of Fārs (IsMEO, Reports and Memoirs Vol. 18, 1978)
Walser I	G. Walser, Persepolis (1980)
Walser II	G. Walser, Die Völkerschaften auf den Reliefs von Persepolis (1966)

Erklärung einiger Fachausdrücke

Achämeniden	Name des alt–persischen Königsgeschlechtes, benannt nach seinem Stammvater Achämenes; seine bedeutendsten Könige sind: Kyros d. Gr. (559–530 v.Chr.), Dareios d. Gr. (522–486 v.Chr.), Xerxes (486–465 v.Chr.), Artaxerxes I. (465–424 v.Chr.), Dareios II. (423–405 v.Chr.), Artaxerxes II. (405–359 v.Chr.), Artaxerxes III. (358–337 v.Chr.), Dareios III. (335–330 v.Chr.)
Ahuramazdā	nach der Lehre des Propheten Zarathustra oberster iranischer Gott
Akinákes	persisches Kurzschwert
Alabastron	Salbgefäß in länglich, ovaler Form; oft aus Alabaster hergestellt
Ante	vorgezogene, seitliche Mauer an Gebäuden
Anzan	Name der zweiten Hauptstadt (neben Susa) und des dazugehörigen Gebietes im Hochland des elamischen Königreichs
Apadāna	Empfangssaal der persischen Könige
Barsom	Rutenbündel der Magier
Baschlik	Kopfbedeckung der iranischen Reitervölker; aus Stoff, Filz oder Leder bestehend, hüllt den ganzen Kopf ein; s.a. Tiara
Bes	kleine, dicke und häßliche ägyptische Gottheit, die Übel abwehren sollte
Bisotun	Örtlichkeit an der Straße von Medien nach Babylonien, an der Dareios sein Siegesrelief anbringen ließ
Bitumen	Asphaltmasse

Elam	Vorderasiatisches Königreich, östlicher Nachbar Mesopotamiens, mit den Hauptstädten Susa und Anzan
Fārs	Kernland des persischen Königreichs (alt–persisch Pārsa)
Glutäen	Körperteil, auf dem man sitzt
Gorytos	Iranischer Bogenkasten
Hauma	Rauschtrank der Magier
Kandys	griech. Bezeichnung für einen typisch persischen Mantel, dessen Ärmel nicht benutzt werden
Kanneluren	Hohlkehlen zur Gliederung der Säulen, meistens vertikal verlaufend
Naqsh-e Rostam	Felswand in der Nähe von Persepolis, Begräbnisstätte der Achämenidenkönige
Omphalos	griechisch "Nabel", bezeichnet auch die kugelige Erhöhung in der Mitte von Schalen
Ortband	unterer Abschluß der Schwertscheide, schützt die Schwertspitze
Oxus–Schatz	Schatz, der 1877 am Ufer des Oxus (heute Amu–Darya, siehe Abb. 2) gefunden wurde, der größte Teil seit 1897 im Britischen Museum in London (andere Teile nicht mehr nachweisbar)
Pasargadae	erste Hauptstadt der Achämeniden unter Kyros d. Gr.
Persepolis	Hauptstadt des achämenidischen Königreiches seit Dareios d. Gr.
Petasos	flache Kopfbedeckung der Ionier
Portikus	Vorhalle, meistens von Säulen gestützt
Qanāt	arabische Bezeichnung, die heute für die unterirdischen Kanäle in Persien gebraucht wird
Thymiaterion	Weihrauchgefäß

Tiara	griechische Bezeichnung für eine iranische Kopfbedeckung, s. unter Baschlik
Tripylon	Tor mit drei Ausgängen
Ziwiye	Ort südöstlich des Urmia–Sees (s. Abb. 1), bei dem reiche Grabfunde gemacht wurden

Abbildungsnachweis

Sofern nicht anders angegeben, stammen die Zeichnungen alle von der Verfasserin.

Abb. 1. 2. 3. 187. 188: nach Hinz I.

Abb. 4. 17. 26. 28. 30. 33. 44–47. 52. 59. 63. 67. 70. 72. 74. 81–85. 88–90. 94. 119. 143/44. 150. 155. 164. 180. 183. 186. 194. 196. 199. Taf. 1. 5. 6. 8. 13. 15. 19. 34. 35: Photo W. Hinz.

Abb. 5. Taf. 4. 9–12. 14. 17. 18: Photo L. Trümpelmann.

Abb. 6. Taf. 2. 3: Photo H. Luschey.

Abb. 7–10: Zeichnungen nach R. Borger, Die Chronologie des Darius–Denkmals am Behistun-Felsen (Nachrichten der Akad. d. Wiss. in Göttingen, Phil.–hist. Klasse, 1982, Nr. 3) Abb. 2.

Abb. 11: Lithographie von C. Kiesel nach einem Gemälde von Fr. Winkelmann, Historisches Museum Hannover.

Abb. 13: Biblisches Institut der Universität Freiburg/Schweiz.

Abb. 14 (AO 24011). 132 (AO 20115). 165 (N 8375). 174 (AO 22359). 191 (AO 2282): Paris, Louvre.

Abb. 15: Zeichnung nach Anatolian Civilisations II Nr. B.155.

Abb. 16: nach R. T. Hallock in: Seals and Sealing in the Ancient Near East, ed. McG. Gibson – R. D. Biggs (1977) Abb. 35b.

Abb. 35. 38. 48. 50. 53–58. 60–62. 64–66. 68. 69. 71. 73. 75– 79. 86. 100–104: Zeichnungen nach Schmidt I.

Abb. 18. 19. 20. 22. 40. 111–115. 138/39: Zeichnungen nach Schmidt II.

Abb. 197. 198: Zeichnungen nach Schmidt III.

Abb. 21: nach Land des Baal, Abb. 32.

Abb. 24: Zeichnung G. Neuber.

Abb. 27. 31. 116. 123. 137. 162/63: Zeichnungen nach Stronach.

Abb. 29. 32. 39. 92. 93. 98: Zeichnungen F. Krefter, nach L. Trümpelmann, Ein Weltwunder der Antike. Persepolis (1988).

Abb. 36: E. Flandin - P. Coste, Voyage en Perse ... pendant les années 1840 et 1841. Perse ancienne II pl. 93.

Abb. 37. 87. 96. 97. 99. 125. 131. 140. 172: Photo M. Rostamy, Teheran.

Abb. 41. 49. 148. 152. Taf. 24: Zeichnungen G. Tilia.

Abb. 42: Zeichnung nach MDP 30, 1947, 79 Fig. 48.

Abb. 43 (124661 Neg. A.133). 129 (PS: 236259 Inv. Nr. 123918). 130 (132350 Neg. D-1606). 175 (434 Neg.-Nr. B-2071). 179 (436 Neg.-Nr. LXX B (70)). 181 (123925 PS:128302). 189 (E 3128). 190 (89132 PS:143779). Taf. 27 (Ekta PS:207493 Inv.-Nr. 124017): London, Brit. Museum, reproduced by Courtesy of the Trustees of the British Museum.

Abb. 95: Photo E. Böhm, Mainz.

Abb. 105: Photo E. Langlotz, Archäol. Inst. Bonn.

Abb. 106: Photo B. Grunewald, DAI Berlin.

Abb. 107. 121: Photo P. Calmeyer, DAI Berlin.

Abb. 109. 110. 141: Zeichnungen nach O. Reuther, Die Innenstadt von Babylon

(Merkes) (Neudruck d. Ausgabe von 1926, 1968) Abb. 62a. 74. 107.
Abb. 117: Zeichnung nach E. Herzfeld, AMI 7, 1935, Taf. 4 (damals im Besitz des Grafen v. Moltke).
Abb. 118: nach Treasures of the Holy Land. Ancient Art from the Israel Museum (Metr. Mus. 1986) 187 Nr. 95.
Abb. 120. 182a: Zeichnungen nach The Metropolitan Museum of Art, Bulletin Summer 1984, Nr. 68. Spring 1984, Nr. 31.
Abb. 122: Zeichnung nach E. Stern, Levant 12, 1980, 95 Fig. 6,2, Taf. XIV c.
Abb. 126–128 Sofia, Nationalmuseum.
Abb. 133: Photo, Basel, Antikenmuseum.
Abb. 134. 184. Taf. 21. 22. 29. 30. 32. 33: Slg. N. Schimmel, New York.
Abb. 135: Photo, Cincinnati, Art Museum, Inv.-Nr. 1958.519.
Abb. 136: Zeichnung nach I. Marasov, Ritonite v drevna Trakija (1978) Abb. 136.
Abb. 142: nach C. L. Woolley, JHS 58, 1938, 138 fig. 16.
Abb. 145: Zeichnung nach A. Spycket in: Ancient Persia: The Art of an Empire, ed. D. Schmandt-Besserat (1980) Taf. 21, Fig. 1.
Abb. 147. 154: Zeichnungen nach Rudenko I Abb. 162. 139. Abb. 149. 192: nach J. Curtis, Ancient Persia (Brit. Mus. Publ. 1989) 54 Abb. 64. 52 Abb. 61.
Abb. 157 (R 1900). Taf. 26: Karlsruhe, Landesmuseum.
Abb. 158: nach C. D. Curtis, Sardes XIII pl. I Nr. 1-3, 8, 12.
Abb. 159. 169. 193: Photo DAI Istanbul, Neg.-Nr. 68/93, 68/85, 68/84.
Abb. 160: Neapel, Nationalmuseum, Photo DAI Rom.
Abb. 161: nach Dandamaev-Lukonin 83 Abb. 17.
Abb. 166: nach R. Stucky, AntK 28, 1985, Nr. 11 Taf. 6.
Abb. 167: nach S. M. Goldstein in: Ancient Persia (s. bei Abb. 145) Taf. 36, Fig. 14.
Abb. 168: nach O. W. Muscarella in: Ancient Persia (a.O.) Taf. 9, Fig. 5.
Abb. 170: nach R. T. Hallock in Hinz II Bild 35.
Abb. 171. Photo New York, Brooklyn Museum.
Abb. 173: nach IrAnt 11, 1975, pl. 22 fig. 9 A.
Abb. 176: Photo Oxford, Ashmolean Mus. 1921.2.
Abb. 178. 182b: nach Dalton XXXVIII Fig. 19. 16
Abb. 195: nach L. Woolley, Ur Excavations IX (1962) pl. 16-18. 24
Taf. 7. 28–31. 36: Berlin, Katalog der Vorderasiatischen Museen.
Taf. 20: Holle-Bildarchiv.
Taf. 23: Abegg–Stiftung, Riggisberg.
Taf. 25: VAC–Archiv.

Nachträge und Errata

S. 9, 3. Absatz: „... den Fluß Jaxartes, den heutigen Amu-Darya.“ richtig: „... Sir-Darya.“
S. 10 Anm. 5 und S. 11 Anm. 8: „... H. Koch, Achämenidenstudien (im Druck).“ jetzt: „... H. Koch, Achämenidenstudien (1993) 49 ff.“
S. 17 Abb. 7: die rechte Figur des Skuncha muß weggenommen werden, da erst zur letzten Phase gehörig.
S. 92 Anm. 50: „..., s. oben Anm. XX.“ aufgelöst: „... Anm. 45.“
S. 102 Anm. 54: „... Xerxes-Grab, *Taf. 33.*“ richtig: „*Taf. 35.*“
S. 188 Anm. 89: „Palästina, Atiquot ...“ richtig: „..., Atiqot ...“
S. 201, vorletzte Zeile, und S. 215, 7. Zeile von unten: „(*Abb. 42*)“ richtig: „(*Abb. 41*)“.
S. 215 Abb. 156, Beischrift: „Ein Grieche besiegt eine Amazone, die mit ...“. richtig: „... besiegt einen Perser, der mit ...“
S. 234 Anm. 162: „... in Gedenkschrift O. Klima (im Druck).“ jetzt: „... in Iranian and Indo-European Studies. Memorial Volume of Otakar Klima (1994) 125 ff.“
S. 245 Anm. 171: „vgl. a. Kopfbedeckung ...“ richtig: „vgl. die Kopfbedeckung ...“.
S. 268, 8. Zeile: „... Lied, in dem 160 Arten der Verwendung ...“ richtig: „... 360 Arten ...“
S. 288, Marginalie: „*Abb. 196. 200*“ richtig „*Abb. 196. 199*“.

Band 33:
Marcus Junkelmann
Die Legionen des Augustus
Der römische Soldat im archäologischen Experiment
313 Seiten mit 24 Textabbildungen; 80 Tafeln mit 31 Farb- und 126 Schwarzweißabbildungen
7. Auflage

Band 34: *vergriffen*
Erika Simon
Die konstantinischen Deckengemälde in Trier

Band 35:
John Boardman
Griechische Plastik
Die klassische Zeit
323 Seiten mit 412 Abbildungen; 8 Farbtafeln
3. Auflage

Band 36: *vergriffen*
Thomas Hägg
Eros und Tyche

Band 37: *vergriffen*
Anne Johnson
Römische Kastelle

Band 38: *vergriffen*
H. W. Parke
Athenische Feste

Band 39:
Bernard Andreae
Laokoon und die Gründung Roms
220 Seiten mit 14 Abbildungen; 40 Tafeln mit 30 Farb- und 22 Schwarzweißabbildungen
3., überarbeitete Auflage

Band 40: *vergriffen*
Friedrich Karl und Eleonore Dörner
Von Pergamon zum Nemrud Dağ
Die archäologischen Entdeckungen Carl Humanns

Band 41: *vergriffen*
John M. Camp
Die Agora von Athen
Ausgrabungen im Herzen des klassischen Athen

Band 42: *vergriffen*
Bettina Schmitz/Ute Steffgen (Hrsg.)
Waren sie nur schön?
Frauen im Spiegel der Jahrtausende

Band 43: *vergriffen*
Werner Ekschmitt
Weltmodelle
Griechische Weltbilder von Thales bis Ptolemäus

Band 44: *vergriffen*
John S. Morrison/John F. Coates
Die athenische Triere
Geschichte und Rekonstruktion eines Kriegsschiffs der griechischen Antike

Band 45:
Marcus Junkelmann
Die Reiter Roms
Teil I: Reise, Jagd, Triumph und Circusrennen
293 Seiten; 49 Farb- und 234 Schwarzweißabbildungen
3. Auflage

Band 46: *vergriffen*
Michael Siebler
Troia – Homer – Schliemann

Band 47:
Arthur D. Trendall
Rotfigurige Vasen aus Unteritalien und Sizilien
343 Seiten; 595 Abbildungen

Band 48:
John Boardman
Rotfigurige Vasen aus Athen
Die klassische Zeit
287 Seiten; 566 Schwarzweißabbildungen

Band 49:
Marcus Junkelmann
Die Reiter Roms
Teil II: Der militärische Einsatz
222 Seiten; 27 Farb- und 91 Schwarzweißabbildungen
3. Auflage

Band 50: *vergriffen*
Karl-Wilhelm Weeber
Humor in der Antike

Band 51:
Karl Jaroš
Kanaan · Israel · Palästina
Ein Gang durch die Geschichte des Heiligen Landes
184 Seiten; 27 Karten; 31 Abbildungen
2. Auflage

Band 52:
Bernhard Kytzler
Lutz Redemund
Unser tägliches Latein
Lexikon des lateinischen Spracherbes
XXXIX, 994 Seiten
5., erweiterte Auflage

Band 53:
Marcus Junkelmann
Die Reiter Roms
Teil III: Zubehör, Reitweise, Bewaffnung
227 Seiten; 33 Farb- und 166 Schwarzweißabbildungen
3. Auflage

Band 54: *vergriffen*
Hans Georg Gundel
Zodiakos
Tierkreisbilder im Altertum

Band 55:
Heidemarie Koch
Es kündet Dareios der König ...
Vom Leben im persischen Großreich
V, 309 Seiten; 199 Textabbildungen; 36 Farbtafeln

Band 56: *vergriffen*
Stephanos Geroulanos
René Bridler
Trauma
Wund-Entstehung und Wund-Pflege im antiken Griechenland

Band 57:
M. Carroll-Spillecke u. a.
Der Garten von der Antike bis zum Mittelalter
293 Seiten; 95 Textabbildungen; 39 Farbtafeln

Band 58: *vergriffen*
Werner Ekschmitt
Ugarít – Qumrán – Nag Hámmadi
Die großen Schriftfunde zur Bibel

Band 59:
Ralf-Bernhard Wartke
Urartu
Das Reich am Ararat
189 Seiten mit 90 Textabbildungen, 64 Farb- und 26 Schwarzweißtafeln, 2 Karten
2. Auflage

Band 60:
Geoffrey Thorndike Martin
Auf der Suche nach dem verlorenen Grab
Neue Ausgrabungen verschollener und unbekannter Grabanlagen in Memphis
283 Seiten mit 128 Abbildungen, 16 Tafeln mit 27 Farbabbildungen

Band 61:
Paul Zanker
Pompeji
Stadtbild und Wohngeschmack
238 Seiten mit 113 Schwarzweißabbildungen, 16 Farbtafeln mit 22 Abbildungen

Band 62:
Alfred Stückelberger
Bild und Wort · Das illustrierte Fachbuch in der antiken Naturwissenschaft, Medizin und Technik
139 Seiten mit 61 Abbildungen, 37 Farb- und 2 Schwarzweißtafeln

Band 63:
Karl Jaroš
Wurzeln des Glaubens
Zur Entwicklung der Gottesvorstellung bei Juden, Christen und Muslimen
277 Seiten mit 54 Schwarzweiß- und 2 Farbabbildungen

Band 64:
Rainer Hannig
Die Sprache der Pharaonen
Großes Handwörterbuch
Ägyptisch – Deutsch
(2800 bis 950 v. Chr.)
LIX, 1414 Seiten, 21 Karten
2. Auflage

Band 65:
Conrad Stibbe
Das andere Sparta
316 Seiten mit 143 Abbildungen, 16 Farbtafeln

Band 66:
Bernard Andreae
»Am Birnbaum«
Gärten und Parks im antiken Rom, in den Vesuvstädten und in Ostia
148 Seiten mit 32 Abbildungen, 32 Farbtafeln

Band 67:
Orhan Bingöl
Malerei und Mosaik der Antike in der Türkei
147 Seiten mit 96 Abbildungen, 32 Farbtafeln mit 59 Abbildungen

Band 68:
Nikolaus Himmelmann
Minima Archaeologica
298 Seiten mit 149 Abbildungen

Band 69:
Karol Myśliwiec
Herr Beider Länder
288 Seiten mit 22 Strichzeichnungen, 87 Schwarzweißabbildungen und 15 Tafeln mit 24 Farbabbildungen

Band 70:
Dietrich Sahrhage
Fischfang und Fischkult im alten Ägypten
174 Seiten mit 77 Schwarzweißabbildungen; 21 Tafeln mit 37 Farbabbildungen

Band 71:
Karl Jaroš
Esther · Geschichte und Legende
125 Seiten mit 7 Abbildungen, 7 Farbtafeln

Band 72:
Rainer Hannig und Petra Vomberg
Wortschatz der Pharaonen nach Sachgruppen
Kulturhandbuch Ägyptens
IX, 1029 Seiten

Band 73:
Wolfgang Schiering
Minoische Töpferkunst
Die bemalten Tongefäße der Insel des Minos
VIII, 253 Seiten mit 73 Abbildungen, 8 Farb- und 80 Schwarzweißtafeln

Band 74:
Thomas G. Schattner (Hrsg.)
Archäologischer Wegweiser durch Portugal
236 Seiten mit 5 Karten und 204 Abbildungen; 19 Farbtafeln

Band 75:
Marcus Junkelmann
Panis Militaris · Die Ernährung des römischen Soldaten oder der Grundstoff der Macht
254 Seiten mit 10 Farb- und 84 Schwarzweißabbildungen, 18 Tafeln mit 33 Farbabbildungen

Band 76:
Christoph Müller
Ikarus fliegt weiter – Ursprung und Rezeption geflügelter Worte und Sprachbilder
ca. 160 Seiten mit ca. 12 Farb- und ca. 75 Schwarzweißabbildungen

Band 77:
Bernard Andreae
Schönheit des Realismus
Auftraggeber, Schöpfer, Betrachter hellenistischer Plastik
336 Seiten mit 353 Abbildungen

Band 78:
Karl Schefold
Der religiöse Gehalt der antiken Kunst und die Offenbarung
Unter Mitarbeit von Mirjam T. Jenny
580 Seiten mit 106 Abbildungen

Band 80:
John Boardman
Griechische Plastik
Die spätklassische Zeit und die Plastik in Kolonien und Sammlungen
319 Seiten mit 377 Abbildungen

Band 81:
Maria Alföldi
Bild und Bildersprache der römischen Kaiser
Beispiele und Analysen
304 Seiten mit 260 Schwarzweißabbildungen

Band 83:
Wolfgang Zwickel
Der salomonische Tempel
212 Seiten mit 81 Schwarzweißabbildungen; 16 Farbtafeln mit 25 Abbildungen

Band 86:
Rainer Hannig
Die Sprache der Pharaonen.
Großes Handwörterbuch
Deutsch – Ägyptisch
XXII, 1753 Seiten

Sonderband:
Werner Ekschmitt
Die Sieben Weltwunder
Ihre Erbauung, Zerstörung und Wiederentdeckung
293 Seiten; 100 Abbildungen; 28 Farb- und 50 Schwarzweißtafeln
10. Auflage